REPÓRTERES E REPORTAGENS
no jornalismo brasileiro
Candice Vidal e Souza

Copyright © 2010 Candice Vidal e Souza

EDITORA FGV
Rua Jornalista Orlando Dantas, 37
22231-010 | Rio de Janeiro, RJ | Brasil
Tels.: 0800-021-7777 | 21-3799-4427
Fax: 21-3799-4430
E-mail: editora@fgv.br | pedidoseditora@fgv.br
www.fgv.br/editora

Todos os direitos reservados. A reprodução não autorizada desta publicação, no todo ou em parte, constitui violação do copyright (Lei nº 9.610/98).

Os conceitos emitidos neste livro são de inteira responsabilidade da autora.

Grafia atualizada segundo o Acordo Ortográfico da Língua Portuguesa, em vigor no Brasil desde 2009.

1ª edição – 2010

PREPARAÇÃO DE ORIGINAIS: Daniela Duarte Candido e Soraya de Oliveira Ferreira

REVISÃO: Adriana Alves e Tathyana Viana

DIAGRAMAÇÃO: Leo Boechat

CAPA: André Castro

Impresso no Brasil | Printed in Brazil

**Ficha catalográfica elaborada pela
Biblioteca Mario Henrique Simonsen / FGV**

Souza, Candice Vidal e
    Repórteres e reportagens no jornalismo brasileiro / Candice Vidal e Souza. – Rio de Janeiro: Editora FGV, 2010.
    248 p.

    Inclui bibliografia.
    ISBN: 978-85-225-0769-6

    1. Reportagens e repórteres – Brasil. 2. Jornalismo – Brasil. I. Fundação Getulio Vargas. II. Título.

CDD – 070.430981

Para Isadora e Cecília, sóis do dia e da noite.
Para Tarcísio, por todos os presentes da vida.

SUMÁRIO

INTRODUÇÃO   9

1. REPORTAGEM E ESTILO JORNALÍSTICO   25

   Jornalistas e literatos   29

   O estilo jornalístico   35

   Os manuais de redação e estilo   39

   Aprendendo a escrever como jornalista   45

   Jornalistas x jornalistas   48

   Reportagem: técnica jornalística ou arte literária?   71

2. REPORTAGEM: VIAGEM PARA A DESCOBERTA DO BRASIL   81

   Viagem e aventura: um trabalho para homens   84

   Repórteres na terra, na água e no ar   90

   Ver e fazer crer que viu   96

   Viajantes reveladores da nação: repórteres e outros narradores do Brasil   99

   Reportagem como narrativa da alteridade   112

3. CARTOGRAFIAS JORNALÍSTICAS DA NAÇÃO:
REPORTAGENS DA *FOLHA DE S. PAULO* (1974-1994)   117

Reportagens de longo curso: *Folha de S. Paulo*, 1974-1990   126

Reportagens por rotas certas: *Folha de S. Paulo*, 1991-1994   138

Descrição jornalística e os percursos da representação
da alteridade: a reportagem sobre o "homem-gabiru"   165

O encontro das alteridades internas: a construção
do Brasil nas reportagens   174

4. A CONSAGRAÇÃO DA REPORTAGEM:
O PRÊMIO ESSO DE JORNALISMO   181

A primeira vez   189

Prêmio Esso de Jornalismo 2000   202

O *mana* do Prêmio Esso de Jornalismo   209

Nacional e regional: classificações do jornalismo
brasileiro no PEJ   213

Reportagens vencedoras   219

CONSIDERAÇÕES FINAIS   225

REFERÊNCIAS   235

INTRODUÇÃO

> *O olho é a verdade. Se dois homens disputam entre si, devemos dar razão àquele que diz "eu vi" e não àquele que diz "contaram-me".*
>
> "De um texto sagrado do hinduísmo",
> Manual de redação e estilo de O Globo

No Brasil, desde o ano de 1897, com o envio de repórteres ao local da Guerra de Canudos pelos jornais *Diário de Notícias* (de Salvador), *O Estado de S. Paulo*, *Gazeta do Rio de Janeiro*, *A Notícia* e *Jornal do Comércio* (os três últimos do Rio de Janeiro), inicia-se a prática de imprimir as observações colhidas diretamente no local dos acontecimentos por jornalistas itinerantes. Euclides da Cunha, Favila Nunes, Manuel de Figueiredo, Alfredo Silva, Lélis Piedade, Siqueira de Menezes (pseudônimo Hoche), Manuel Benício e outros nomes identificados nos jornais apenas como "nosso correspondente", enviaram registros da batalha para suas redações, por meio de cartas ou telegramas, durante os últimos meses do confronto. Após sucessivas derrotas das forças governamentais para os aliados de Antonio Conselheiro, os leitores citadinos estavam sendo informados pela primeira vez dos movimentos dos combatentes na forma de comunicados relativamente regulares, escritos por assistentes alojados em pleno *front* da batalha ou em seus arredores. Apesar das dificuldades técnicas para a transmissão das mensagens e da censura que os comandantes impunham ao material jornalístico, perceptível nas entrelinhas, as notícias que circulavam foram mais que suficientes para provocar a opinião e a ação daqueles que recebiam os jornais. Provavelmente é este o esforço de reportagem pioneiro na imprensa brasileira por dois motivos: a ação simultânea de vários jornais encarregando correspondentes do envio regular de notícias; e o reconhecimento da existência de um fato e de um *outro* lugar pelas elites citadinas letradas, que a imprensa convertia em um debate sobre a nacionalidade.

A série de reportagens sobre Canudos tem um sentido fundador, segundo registros variados da memória do jornalismo local, no surgimento da figura do repórter na imprensa brasileira e no aparecimento da reportagem como narrativa da observação direta realizada pelo autor presente.[1] Surge um tipo de texto (que conta o que aconteceu, com quem, em que local, em que dia; introduz personagens e suas falas, descreve o cenário dos eventos e permite análises sobre o ocorrido) e um tipo de narrador que escreve para o jornal as impressões daquilo que viu ou tomou conhecimento. Esse modo de intervenção propiciada pelos jornais ao explorar as realidades internas da nação era ainda um acontecimento novo. Aqueles correspondentes revelaram Canudos e o que depois se chamou de sertão e sertanejo para muitos outros brasileiros; paralelamente, instituíram e/ou reproduziram formas de autocompreensão do país.

A partir de então, notadamente no século XX, os repórteres serão as figuras de proa do mundo jornalístico brasileiro, a síntese da imagem do jornalista dentro e fora das redações. Se Canudos revelou um homem de jornal nômade, atento aos acontecimentos de um povoado estranho e distante para a maior parte dos patrícios do litoral, outros repórteres percorrerão territórios

---

[1] Os últimos dias da Guerra de Canudos foram registrados pelo fotógrafo baiano Flávio de Barros, que se apresentava como "fotógrafo expedicionário". As fotografias de Barros foram utilizadas por Euclides da Cunha em *Os sertões*, contudo, jamais tiveram a projeção das reportagens e livros escritos sobre o confronto por outras testemunhas. Além de algumas fotografias marcantes, como a de Antonio Conselheiro morto, o fotógrafo e sua história profissional são pouco conhecidos (Zilly, 1998). Mais algumas décadas seriam necessárias para ocorrer mudanças no estatuto da fotografia como registro jornalístico. O fotógrafo brasileiro da segunda metade do século XX em diante continuará "expedicionário", mas com uma diferença notável: seu prestígio e reconhecimento social o farão constar da galeria dos heróis jornalísticos, em pé de igualdade com o repórter (ver Peregrino, 1991; Coelho, 2000).

menos longínquos, mas igualmente afastados da realidade presumida para o leitor. Os lugarejos interioranos e também as cidades grandes serão o objeto de reportagens pioneiras no jornalismo brasileiro, como aquelas assinadas por João do Rio.

Paulo Barreto, o João do Rio, foi um dos primeiros jornalistas brasileiros a narrar as realidades urbanas através da observação direta dos lugares e de suas populações. Entre 1900 e 1920, em suas crônicas sobre a cidade, relatava o que seus olhos viam, em vez de se basear no "já ouvi falar". Inaugurador da figura do *repórter* na imprensa brasileira, publicava textos que informavam ao leitor "outros mundos" localizados no território urbano. A reportagem, a forma textual do relato desse descobridor da cidade, inaugura muitas vezes a descrição e a qualificação de uma determinada região ou prática social. É o caso do morro de Santo Antônio, visitado por João do Rio em 1908, na época já denominado "favela", designando o conjunto de casas encarapitadas no morro, com suas ruelas tortas e pouca iluminação. Estar lá era sentir-se "na roça, no sertão, longe da cidade" (João do Rio, apud Valladares, 2000:9). Tal é a impressão do narrador a ser fixada por seu público. Por certo, poucos entre eles poderiam percorrer, com suas próprias pernas, os caminhos explorados pelo repórter. Assim, a informação do jornal era a única disponível para muitos habitantes letrados da cidade.

Tanto no caso de Canudos como no do morro de Santo Antônio, o repórter constituiu-se como agente mediador entre realidades sociais diversas, afastadas pela distância física e social. O surgimento da reportagem mudou o conteúdo dos jornais, que passaram a falar dos acontecimentos do dia a dia da cidade em crescimento, tornando-se presentes na vida de um número crescente de leitores, que já não buscam apenas a crônica política ou a opinião de eloquentes articulistas sobre a vida cultural e literária. O jornal, que pouco a pouco povoava-se de repórteres, passou a oferecer retratos vivos da cidade, do país e do mundo.

A definição do espaço profissional do repórter e o aperfeiçoamento da narrativa que caracteriza o seu ponto de vista entre outros tipos de jornalista são eventos centrais da constituição do moderno jornalismo brasileiro.

Tratarei neste livro da gênese desse *ator intelectual* que se investe da habilidade e da autoridade de descrever o país para os brasileiros, considerando a relação entre a construção identitária do jornalismo e a especialização que se traduz em termos profissionais e estilísticos. O processo de demarcação das propriedades específicas da narrativa jornalística se realiza por movimentos de aproximação e distanciamento da literatura, os quais nunca se estabilizaram por completo, como o mostra a retomada constante da questão sobre as fronteiras entre literatura e jornalismo. Quando os jornalistas querem discutir os territórios próprios e os territórios comuns da literatura e do jornalismo, a reportagem é a modalidade do trabalho jornalístico preferida, para simbolizar a identidade do jornalismo que possui alianças ocasionais com a literatura, mas que também precisa lutar contra ela.

O repórter constrói a si mesmo quando afirma o que é a reportagem: o que ela deve contar e de que modo deve se exprimir. Apresento aqui o narrador andarilho, que entende o ato de reportar como um estado de trânsito e a impressão escrita dos lugares visitados e seus personagens como uma rota de compreensão do seu próprio papel de repórter, construindo neste processo imagens e definições de Brasil. A interseção entre *fazer reportagem* e *descobrir a nação* — seja nas cidades, seus arredores e subterrâneos, como em lugares "ermos" do interior brasileiro —, e que reputo como uma marca do jornalismo brasileiro, é o ponto de chegada deste livro. Entretanto, a afirmação de qualquer singularidade no modo de fazer reportagens aqui desenvolvido, e eleito como valor na comunidade de seus realizadores, deve considerar que o surgimento do repórter e da reportagem teve impactos semelhantes na configuração do jornalismo, dos jornais e na profissão de jornalista em outras tradições nacionais. Esse desenvolvimento similar resultou em concepções de reportagem aparentadas quanto à forma de elaboração, ao manejo de certos parâmetros estilísticos e à função pública que fariam única a voz do repórter na edição de um periódico. Referências comparativas devem ser buscadas para melhor situar o material brasileiro que aqui exponho, sobretudo os estudos acerca dos significados da emergência do repórter e da reportagem no jornalismo da França e dos Estados Unidos em finais do século XIX e primeiras décadas do século XX (Schudson, 1978; Delporte, 1999). Creio ser possível chegar a alguns aspectos gerais desse fenômeno para alcançarmos maior acurácia etnográfica na análise de repórteres e reportagens na construção do Brasil.

O repórter e a reportagem são fenômenos que aparecem no jornalismo a partir do final do século XIX. O novo tipo de profissional, que trabalha pela observação direta dos acontecimentos e pela coleta de informações no local dos fatos e depois retorna à redação para escrever o registro do que assistiu, marca uma nova era dos jornais em países como a França e os Estados Unidos. O sujeito que faz reportagens — o tipo inédito de texto baseado em informações sobre acontecimentos do cotidiano — inaugura um novo perfil de profissional. Ele passa a conviver com os jornalistas encarregados da crítica literária ou da crônica política, que dividiam a atividade jornalística com suas outras profissões de escritores, advogados, políticos, médicos. Começam a surgir pessoas que podem viver unicamente da profissão de jornalista, e que continuarão figuras anônimas caso não atinjam a popularidade advinda de seu trabalho exclusivo, fato que caracteriza uma nova configuração sociológica desta área, culminando no processo de autonomização dessa profissão (Elias, 1995).

Dotado de uma identidade diversa dos habitantes mais antigos das redações, o repórter ocupa seu tempo em diligências e inquéritos pela cidade, descrevendo *aquilo que viu e soube* aos leitores. Como a sua inserção no jornal consiste em fazer julgamentos baseado no testemunho de seus próprios olhos, o repórter torna-se *exclusivamente* um *jornalista*, pois consome a maior parte de seu tempo à caça de notícias. Esta tarefa exige não só maior exclusividade como a necessidade de especialização quanto ao modo de obter dados e de narrá-los. O repórter, em suma, é um tipo particular de jornalista que se distingue pela maneira de trabalhar. Ele será o tipo "nômade" da redação, em contraste com seus colegas "sedentários", que colaboram com o jornal por meio de textos opinativos ou analíticos. Para elaborar textos contendo notícias, o repórter enverada pelas ruas, repartições municipais, delegacias de polícia, bairros pobres e periferias das grandes cidades. Logo seu território de deslocamento se amplia — percorre outras regiões de seu país e viaja pelo mundo, principalmente quando está na função de correspondente de guerra.

Na França, essa diferença se traduz na classificação *petit reporter* e *grand reporter*, segundo a qual o primeiro cuidaria dos assuntos da categoria dos *fait divers* (fatos da vida urbana), e o último trataria de grandes temas de importância nacional e internacional. O *grand reporter* origina a imagem do jornalista aventureiro, heroico, curioso, que arrisca a vida por uma notícia e busca terras e povos distantes. O repórter que circula na cidade (*petit reporter*) é o descobridor de temas e situações que sinalizam distâncias sociais, mais que físicas. Nos dois casos, nos defrontamos com um novo ator no jornalismo: o *flâneur salarié*.[2] O repórter que surge é "um intelectual que, preferindo o vivido à ficção, a aventura humana ao ar impuro dos escritórios, *decidiu ver por seus semelhantes*, informá-los, exercer o jornalismo plenamente" (Delporte, 1999: 239, grifos meus).

O reconhecimento do repórter se associa a grandes ações heroicas de reportagem. Nos Estados Unidos, conforme relato de Schudson (1978), entre 1880 e 1890, feitos como a volta ao mundo em 80 dias — realizada por Nelly Bly — ou a ida de Henry Morton Stanley para a África no intuito de descobrir o paradeiro do então desaparecido explorador David Livingstone, receberam o clamor popular e sintetizaram o espírito da vida de repórter para leitores e jovens interessados na profissão. Conta-nos Delporte (1999) que na França dos anos 1920 e 30, a publicação de grandes reportagens em livros torna-as um sucesso de público e configura um gênero literário popular que recebe relevantes investimentos editoriais. Enfim, o grande repórter se firma no imaginário popular como aquele que não apenas observa, mas é ele mesmo um ator dos acontecimentos. Seus relatos são construídos com base no ponto de vista de alguém que esteve lá e interagiu com as pessoas e suas circunstâncias. A excitação dos leitores em muito se deve à habilidade narrativa daquele que lhes conta histórias de lugares não familiares, exóticos ou desconhecidos.

---

[2] Expressão cunhada pelo repórter francês Henri Béraud (Delporte, 1999:238).

Enquanto as páginas do jornal ganham a presença da reportagem com os jornalistas contadores de histórias, acontecem mudanças também no perfil dos leitores. O público elitista do formato tradicional do conteúdo jornalístico (consumidor de opinião de articulistas renomados) será ampliado com as transformações e diversificações do mercado jornalístico. Surgem jornais em que predominam os textos informativos em detrimento dos opinativos, antes dominantes. A reportagem é o gênero que acompanha e possibilita a popularização dos jornais, decididamente um fenômeno de massa nesses novos tempos.

O autor da reportagem passa a selecionar os temas que interessam a esse novo público desenvolvendo uma forma única de comunicar-se com ele. Que notícias serão capazes de cativar novos leitores e vender mais jornais? Há todo um elenco de temas atraentes que marcam a atividade do repórter em definição, ao mesmo tempo em que os repórteres afiam as fórmulas de como narrá-los. Apesar de a reportagem derivar do contexto de valorização da informação em detrimento da opinião na evolução do jornalismo, permanece a qualidade da escrita como um critério distintivo deste gênero. Por exemplo, os primeiros repórteres norte-americanos "acreditavam firmemente que seu trabalho consistia tanto em captar os fatos quanto em ser expressivo (...) em seu intento de contar histórias, os repórteres estavam menos interessados nos fatos que em criar estilos de escrita personalizados e populares" (Schudson, 1978:71). De seu lado, os jornalistas franceses que inauguravam o novo gênero não romperam nem com o espírito crítico, nem com a tradição literária, que davam o tom dos jornais de seu país desde o nascedouro. A novidade da reportagem, argumenta Delporte (1999), se funda sobre a tradição da escrita literária.

No Brasil, a oscilação entre ruptura e diálogo com a tradição literária também marca a definição da reportagem como gênero e do repórter como escritor de/em jornal. As várias formas de pensar a relação entre jornalismo e literatura não invalidam, para os jornalistas, a marca da reportagem como gênero distinto por certa característica narrativa que chamo de estilo jornalístico. Literário ou não, tal estilo preserva o cuidado com a palavra escrita, utilizando armas estilísticas para seduzir o leitor. Esse assunto ocupa parte significativa da reflexão dos jornalistas nativos sobre o seu ofício e consiste mesmo em um eixo de definição da profissão em relação a outras atividades avizinhadas e concorrentes na seara intelectual. Aqui se repete o paradoxo no qual o repórter e a reportagem serão, respectivamente, o autor e o texto que resguardam a alma do jornalismo moderno; sem deixar de representar, contudo, o vínculo com as raízes literárias de todo o jornalismo.

O jornalismo brasileiro vive, a partir das décadas de 1940 e 50, a afirmação da reportagem como o gênero narrativo responsável pela definição de uma identidade estilística e social para os jornalistas ao longo dos anos seguintes. Desde então, a conquista da identidade profissional desses "trabalhadores intelectuais" se concentrou em duas frentes: o reconhecimento legal da atividade jornalística e a diferenciação — quanto a métodos de trabalho e padrões para a escrita — e as colaborações não jornalísticas. Inicia-se um processo de imposição de regras para a confecção de um jornal, que deveria possuir características próprias — leia-se, jornalísticas. Para tanto, o texto do jornal foi recriado e surgiu a necessidade de formar profissionais com o perfil do novo jornalista. Nesse contexto, a reportagem impõe-se como parâmetro da nova orientação estilística, e o repórter assume o papel do jornalista típico.

A formulação construída pela década de 1950 — segundo a qual a reportagem é a especialidade profissional dotada de maior eficácia para executar a missão de revelação e entendimento do que se passa com a nação — tem sido, desde então, objeto de lutas centrais na definição do papel do jornalismo feito por brasileiros. O compromisso de "descobrir o Brasil" para os leitores teria sido aceito ou rejeitado, inteira ou parcialmente, por jornalistas que sucederam aos "tempos heróicos" da reportagem, sintetizados pela época áurea de *O Cruzeiro*. Entre eles, alguns procurariam reavivar, enquanto outros enterrariam, a experiência dos primeiros repórteres, que saíam "à cata" do Brasil em viagens aventureiras. Não encontrei depoimento de nenhum repórter que negasse esse objetivo "resgatador" da reportagem. A acusação de *não enxergar a nação* é imputada àqueles (muitas vezes de geração diferente do acusador) que *não fazem boa reportagem*. Portanto, estamos aqui situados entre lutas de classificação que envolvem os jornalistas-repórteres. Os repórteres que acreditam fazer da reportagem um caminho para o encontro do país consigo mesmo compõem o cerne de todos os capítulos a seguir.

A percepção dos jornalistas sobre o seu próprio trabalho e o compromisso que estabelecem com o país revela sua posição entre outros agentes do mundo intelectual, igualmente empenhados na definição e transformação da vida nacional. Os mundos microscópicos que compõem o Brasil são registrados pelo olhar do fotógrafo e relatados no texto do repórter. É essa tarefa de prospecção da realidade local, oculta em diversos pontos das cidades e no vasto interior, que o jornalismo deve cumprir e preservar por meio da atividade da reportagem. De outro modo, ficaria enfraquecida a contribuição específica que o jornalismo pode dar para a reflexão sobre a identidade nacional.

Este livro pretende explorar a posição representativa do universo intelectual brasileiro, ainda tão desprezada nos estudos sobre a influência das camadas letradas na definição e transformação da realidade nacional. Meu propósito central é a apresentação da reportagem como uma *narrativa da nacionalidade*, tal como a definem e a realizam, em textos impressos, os agentes que conquistaram historicamente a autoridade sobre esse modo de descrição e explicação da "vida do brasileiro". Os jornalistas não só se incumbiram da missão de descobrir o Brasil, como avaliam outros agentes com quem compartilham essa função. Fazer e falar da reportagem são ações privilegiadas pelas quais se anunciam o compromisso dos jornais e dos jornalistas com a comunidade nacional.

A pesquisa realizada constata que a reportagem é uma categoria de acesso para as fronteiras estilísticas vigentes no jornalismo brasileiro e ainda uma prática profissional que institui valores e justifica diferenciações internas neste meio. Desse modo, trato a constituição da reportagem como o gênero que produz uma identidade narrativa ao ofício jornalístico, concentrando-me especialmente na figura de seus executores: o repórter e o fotógrafo. São eles os personagens do livro.

A análise da trajetória social desses profissionais tornou compreensível a lógica de distribuição de prestígio dentro do jornalismo. Isso porque a hegemonia da reportagem e do repórter como o melhor modelo para a profissão de jornalista será estabelecida em compasso com o processo de profissionalização desta atividade. Contudo, a definição da boa reportagem e as características do bom repórter serão palco de constantes disputas. Desenvolveremos o processo de construção da figura do jornalista e de seu ofício mais à frente, na etapa de exposição do argumento.

Inicialmente apresento reflexões sobre o significado da reportagem na caracterização do jornalismo brasileiro, quais são suas normas e valores. Em seguida, sua prática é situada de acordo com as recomendações de como deve ser feita e o que deve mostrar. Estará em destaque o repórter como viajante e a reportagem como crônica da aventura de exploração do país. Partirei, então, para a análise minuciosa de sua composição. Reportagens e repórteres serão considerados no enquadramento editorial de um periódico específico (a *Folha de S. Paulo*), para olharmos mais de perto a rotina de confecção dos textos e o tipo de jornalista aí envolvido. As reportagens se assemelham por serem todas narrativas de apresentação e problematização de aspectos da sociedade brasileira expressas em um código "naciocentrado" (Neiburg, 1999). Defendo que os repórteres enxergam o país por meio de "padrões de pensamento centralizados na nação", como a eles se referiu Norbert Elias (1990:232). Por último, relato a exposição ritualizada dos critérios de mérito em vigor no mundo jornalístico brasileiro por meio de um concurso limitado ao grupo profissional — o Prêmio Esso de Jornalismo. No caso, a reportagem é o produto do jornal no qual se concentra a competição. Esse é um terreno etnográfico no qual notamos que a associação entre reportagem e compromisso com o Brasil pauta os rituais de consagração dos jornalistas. O fato de o evento ser limitado à participação de brasileiros e ainda restringir tematicamente a concorrência a assuntos relacionados ao Brasil indicaria ser a nacionalidade uma classificação de fato operativa no universo da imprensa escrita. O roteiro dos capítulos detalhados a seguir compõe um retrato do jornalismo apoiado nessas linhas de exposição: *por que se aprende, como se faz e como se consagra* a reportagem.

No primeiro capítulo, "Reportagem e estilo jornalístico", trato da proposição de uma linguagem própria ao jornalismo, que será especialmente aplicada no tipo de texto da reportagem. Considero as lutas para a autonomização do jornalismo em oposição a outra construção narrativa: a literatura. A competência especializada para comunicar os fatos noticiosos constitui-se no sustentáculo da identidade desses agentes em processo de profissionalização. Daí a ocorrência de uma série de operações de diferenciação dos jornalistas quanto a outras expressões estilísticas. Essas lutas serão captadas em depoimentos memorialísticos, interpretações das transformações do jornalismo brasileiro e nas referências aos manuais de redação, compilações prescritivas sobre a escrita jornalística e o processo de produção da informação que são integrados às redações a partir dos anos 1950. A fórmula para a reportagem sofre mudanças de acordo com as transformações no processo de trabalho na imprensa escrita que ocorreram no Brasil nos últimos 50 anos. Esse impacto incide sobre o modo de fazer jornalismo e transforma o perfil social da profissão, notadamente a partir da década de 1970, com a substituição de portadores de capitais profissionais de um dado tipo — formação prática, generalista — por outros já advindos da formação universitária específica e da reserva instituída legalmente no mercado profissional do jornalismo no curso da legislação trabalhista brasileira. Como veremos, essas mudanças serão dramáticas e representam um confronto de jornalistas contra jornalistas. Apesar disso, a crença de que um dos compromissos básicos da reportagem é promover a "descoberta do Brasil" permanece com vigor. Para cumprir essa tarefa, os repórteres viajam pelo país à caça de novos registros de lugares e populações, no intuito de revelar a "realidade brasileira". Percebendo-se como aventureiros, os profissionais que saem a documentar o espaço nacional possuem a ambição de dominar cognitivamente o Brasil, missão já cumprida por tantos outros atores cultos pelo nosso território.[3]

---

[3] Podem ser incluídos na categoria de investigadores nômades da nacionalidade e suas formas de movimentação interessada pelo Brasil os viajantes estrangeiros, os cientistas naturalistas,

No capítulo 2, "Reportagem: viagem para a descoberta do Brasil", acompanho a gênese da reportagem como narrativa da diferença cultural encontrada na figura do jornalista expedicionário. Para a reportagem que aqui se faz, ressalto o encontro do registro escrito e visual da nacionalidade, ilustrando-o com algumas das formas de sua apresentação em momentos determinados da imprensa brasileira. A mutação do olhar jornalístico se faz no texto (suas temáticas e a interlocução com o público) e na introdução e uso da fotografia como representação visual de regiões físicas e sociais do Brasil, além de ser o atestado da presença dos repórteres no lugar descrito. São esses sujeitos, munidos de caderneta de anotações e equipamento fotográfico, os produtores de visões do Brasil divulgadas em revistas e jornais. Na verdade, a investigação de temas nacionais como pauta legítima e desejável na reportagem é um critério de julgamento tanto para as publicações como para seus profissionais. É o que revelam as reflexões analíticas dos próprios "nativos" sobre o passado e o presente da reportagem no Brasil. Incluo nessa categoria o discurso de repórteres que transmitem a sua experiência pessoal com intenções didático-biográficas, na forma de obras publicadas. Neste capítulo, lancei mão de dados sobre reportagens oriundas de várias publicações, pontuando trabalhos realizados em épocas e contextos diferentes do jornalismo brasileiro.

Mas como este desejo de percorrer o Brasil, fotografando e escrevendo sobre sua gente e paisagem, se apresenta entre gerações de jornalistas e contextos diferentes da atividade na imprensa escrita? Para responder a esta questão utilizei uma coleção mais diversificada de reportagens e de trajetórias de autores, que mereceram um investimento de pesquisa mais circunscrito no tempo e no espaço.

No capítulo 3, "Cartografias jornalísticas da nação: reportagens da *Folha de S. Paulo* (1974-1994)", é o momento de apresentar os repórteres e

---

as expedições militares e técnicas, as excursões turístico-culturais de escritores e artistas, os intelectuais folcloristas, alguns intelectuais universitários em viagem de pesquisa (ver Lima, 1999; Vilhena, 1997, Süssekind, 1990).

reportagens abordados na sua relação com um lugar de publicação preciso: o jornal *Folha de S. Paulo*. Meu objetivo, com essa opção empírica, foi tratar da lógica editorial de investimento em reportagem no periódico que ocupa desde meados da década de 1980 o polo modernizante no campo jornalístico brasileiro. Este jornal se apresenta, e assim é reconhecido no meio, como cenário de experiências bem-sucedidas de racionalização do processo de produção e de uso intensivo da tecnologia. A *Folha de S. Paulo* exemplifica a transformação de um jornal regional em um jornal de grande circulação nacional. Proponho que tal condição se conquistou não apenas com estratégias mercadológicas e publicitárias agressivas, calcadas na imagem de jornal afinado com a redemocratização do país, mas com novas orientações para a elaboração das reportagens, que expandiram seu olhar, investindo sistematicamente na ampliação da cobertura nacional.

Este capítulo traz ainda as reportagens que resultaram da passagem de repórteres e fotógrafos deste jornal por inúmeros recantos do Brasil; as matérias foram escolhidas em função do seu interesse jornalístico, sobretudo as que se debruçaram nas mazelas nacionais, exemplos do Brasil "real". Foram publicadas na *Folha de S. Paulo* entre 1974 e 1994, e reunidas em dois intervalos temporais: 1974-1990 e 1991-1994. Os dois conjuntos de trabalhos são capazes de informar a carta geográfica do Brasil pontuada por logradouros visitados por jornalistas. Nestas reportagens me deparei com narrações de duas ordens: as que contam as peripécias dos observadores para conseguir a informação e as que descrevem os fatos que destacam aquele lugar para o olhar jornalístico, formando o conjunto um retrato quase etnográfico de lugares, pessoas e seu modo de vida. Proponho que esse mosaico jornalístico, composto de notícias do Brasil, é, na sua essência, uma representação do espaço geográfico brasileiro, que é também social, descontínuo, diferenciado e hierarquizado. Os temas de reportagem apontam não só para onde se localizariam as "realidades" nacionais, mas, sobretudo, onde estão os "problemas" nacionais.

A consagração da reportagem e de seus autores atesta a centralidade desse gênero na constituição da identidade do jornalismo brasileiro.

Os prêmios instituídos para reportagem são a forma de emulação mais visível entre os membros desse grupo profissional. O quarto capítulo, "A consagração da reportagem: o Prêmio Esso de Jornalismo", aborda o concurso mais antigo e renomado existente no Brasil, exclusivo para a imprensa escrita até o ano de 2000, edição em cuja festa de entrega de prêmios estive presente. Ocorrendo anualmente desde 1955, o Prêmio Esso de Jornalismo (PEJ) é considerado aqui como evento de definição e nomeação da excelência jornalística. Acompanhar o desenvolvimento da competição, os seus mecanismos de regulamentação e premiação, bem como o perfil de reportagens escolhidas e o ponto de vista de alguns dos ganhadores e julgadores do PEJ, torna compreensíveis representações sobre a reportagem e a posição dos trabalhos de mérito de repórteres e fotógrafos nas hierarquias organizadoras desse grupo profissional. Essa aproximação etnográfica pretende detalhar o funcionamento do concurso, a evolução das categorias de premiação e as divisões que segmentam o campo jornalístico brasileiro em clivagens regionais e geracionais quanto à especialização temática e ao veículo de publicação.

A reportagem será posta, pois, no espaço dos conflitos e consensos jornalísticos. Ela é a forma do exercício profissional de registro dos fatos nacionais prestigiada nos formatos considerados ideais segundo os critérios do concurso. O PEJ é a ocasião festiva por excelência de afirmação de modelos positivos de reportagem para os que a praticam aqui no Brasil. Aliás, os prêmios (Joseph) Pulitzer (EUA) e Albert Londres (França) cumprem, em outros contextos nacionais, a função de exemplaridade dos prêmios instituídos para o trabalho jornalístico. Ambos homenageiam a memória de repórteres inovadores na fórmula da reportagem em seus países e instituem com base neles uma tradição de referência para as gerações de jornalistas vindouras. No Brasil, o concurso com posição homóloga (em termos de antiguidade, regularidade, prestígio) e efeito semelhante na distribuição de honrarias e atribuição de mérito profissional não leva o nome de uma personalidade do meio jornalístico, mas de uma empresa multinacional petrolífera cuja atividade não se relaciona diretamente com a imprensa. O PEJ resulta, pois, do entrelaçamento (nada óbvio) entre o campo empresarial e o campo jornalístico. Ele significa a criação de um espaço de concorrência para os jornalistas como indivíduos, para as empresas jornalísticas e, claro, para a Esso contra suas adversárias nos negócios de seu setor empresarial.

Este último capítulo e o capítulo 2 trazem dados que permitem conhecer a dinâmica do campo jornalístico, ainda que esta pesquisa não seja uma análise de campo. Elementos como as trajetórias sociais dos jornalistas, os momentos de reconhecimento, as formas de consagração e os efeitos que provocaram em suas carreiras — assim como a intervenção de variáveis, como a de gênero e a de pertencimento regional, na produção de diferenciações internas ao campo — surgem na discussão em torno da reportagem e do repórter, contribuindo para a compreensão das relações nesse universo social.

Com o apoio dos diversos materiais empíricos enumerados acima, que são capazes de nos aproximar dos jornalistas brasileiros por meio das relações, das práticas e dos valores que os mobilizam, concluo com observações sobre a reportagem e a produção das classificações jornalísticas a respeito das divisões do espaço nacional. O repórter, narrador que persegue os problemas brasileiros, vai encontrá-los preferencialmente nas regiões periféricas e entre grupos sociais subalternos, situados em vários lugares deste país. As implicações dessa fórmula de olhar e de relatar alteridades internas da nação devem ser compreendidas naquilo que possuem de produção e reprodução de estereótipos sobre quem, de fato, só possui o lugar do silêncio, pois foi falado pelo repórter e será julgado pelo leitor com base no que o repórter disse que ele/ela era.

1
REPORTAGEM E ESTILO JORNALÍSTICO

O brasileiro leitor de jornais do século XIX lia, sobretudo, comentários políticos sobre os acontecimentos do Império e das nações europeias. O conteúdo das muitas folhas que aqui circularam, com maior ou menor longevidade, desde 1808, era dominado por assuntos políticos e governamentais. A produção literária do romantismo introduziu novas temáticas nas páginas dos jornais, que publicavam em folhetim romances só depois organizados na forma de livro. Um exame sobre os assuntos abordados pelos jornais cariocas dessa época notará a dominância do comentário político, da crítica literária, da literatura nacional ou estrangeira, traduzida e apresentada ao público edição a edição.

A expectativa de encontrar informações sobre os fatos ocorridos no dia anterior não existia no leitor brasileiro durante quase todo o século XIX. O jornal que traz notícias e conta novidades só aparece em fins dos oitocentos. O relato da atualidade, às vezes combinado com o testemunho do narrador que observou o lugar e as pessoas envolvidas no ocorrido, vai aos poucos apresentando-se como o conteúdo dominante dos diários. É o momento em que o conteúdo do produto jornalístico começa a mudar, seguindo a tendência ao declínio do folhetim, substituído pelo colunismo e, pouco a pouco, pela reportagem; a tendência para a entrevista, substituindo o simples artigo político; a tendência para o predomínio da informação sobre a doutrinação; o aparecimento de temas antes tratados como secundários, avultando agora, e ocupando espaço cada vez maior, os policiais com destaque, mas também os esportivos e até os mundanos.

(Werneck Sodré, 1983:296)

A reportagem é uma das inovações que se destaca dentre as modificações do texto dos jornais; o repórter também será uma novidade no cenário da cidade e das redações a partir da virada para o século XX. Com eles são transformados não só os objetos jornalísticos, mas também o perfil do sujeito narrador e o estilo de escrita. Enfim, uma nova ordem temática, um ponto de vista inovador sobre os fatos e uma modalidade de expressão estilística surge com a reportagem. O jornalista escrevente de reportagens teve de desenvolver habilidades narrativas antes dispensadas para os autores do comentário e da crônica. Assim, o ato de reportar vem diferenciar-se de qualquer outra escrita em jornal, principalmente dos textos considerados "literários". Na percepção dos jornalistas, a reportagem estabelece a diferenciação do jornalismo como linguagem e estilo e pode ser invocada como um marco da autonomização do jornalista no campo das outras profissões intelectuais.

O estilo é, pois, o argumento para a proposição de uma teoria nativa da especialização jornalística, assentada sobre "o fazer e o escrever" da reportagem. A padronização da linguagem, formulada sobre o princípio de que o relato dos fatos deve se orientar por valores como *precisão* e *objetividade*, é posta em prática por um novo tipo de jornalista, treinado para escrever em um "jornal jornalístico".[4] O que seria então o jornal não jornalístico? Como proceder para superá-lo? Jornalistas brasileiros, desde o início do século XX, vêm apresentando diversas respostas a essas questões pertinentes ao problema da

---

[4] A expressão "jornal jornalístico" é usada por Carlos Drummond de Andrade, ele mesmo jornalista do *Diário de Minas* na década de 1920, em referência ao jornal *O Estado de Minas*, fundado em 1928 (*Estado de Minas*, 8 mar. 1977, p. 1, apud França, 1998:105).

identidade do jornal e do jornalista. Nesse debate entre jornalistas de várias gerações, são formulados os modelos de repórter e de reportagem estabelecidos sobre os alvos temáticos, os procedimentos de apuração e o relato escrito nas páginas de jornais e revistas.

Neste capítulo, apresento o processo de constituição da linguagem própria do jornalismo tal como narrado por jornalistas brasileiros, considerando, pois, o princípio metodológico dos "jornalistas vistos por eles mesmos" (Delporte, 1999). A referência desses testemunhos são jornais e revistas publicados em sua quase totalidade no Rio de Janeiro e em São Paulo. Belo Horizonte aparece modestamente como cenário jornalístico distante, mas relacionado com os dois grandes palcos onde se faz o que eles mesmos chamam de "imprensa nacional". Descrições e comentários sobre o jornalismo contemplam as duas primeiras décadas do século XX, a década de 1950, finais da década de 1960, as décadas de 1980 e começo da década de 1990. São esses os marcos temporais significativos para as histórias que os jornalistas contam.

A definição das propriedades da linguagem jornalística é um processo compreendido como separação das culturas do jornalismo e da literatura. Entendo a constituição de especialidades no campo intelectual por meio da proclamação de fronteiras estilísticas entre ofícios narrativos distintos. A inspiração é, pois, o trabalho de Wolf Lepenies (1996) sobre os estilos da sociologia, da literatura e das ciências em constituição a partir do século XIX. Estendo ao campo do jornalismo a proposta de considerar a identidade social de um grupo intelectual através da definição de um estilo e de uma narrativa próprios. São as vozes jornalísticas sobre o texto jornalístico que contam aqui. Elas falam de figuras proeminentes (heróis fundadores?), de grupos reformistas, de ações decisivas que pouco a pouco fundaram o terreno para os "jornalistas plenos" nas redações dos jornais brasileiros. Mas, como sugere Lepenies, os processos de especialização e autonomização no mundo intelectual não são nem lineares, nem irreversíveis. A literatura pode ser reconvocada em determinadas circunstâncias de produção do texto jornalístico. Ou se pode mesmo rever a separação definitiva desses dois estilos. O que importa é que essa divisão é efetiva entre os jornalistas que considerei, seja para constituir sua imagem social para fora da corporação, seja para unificar ou provocar fissuras internas a ela. A competição entre jornalismo e literatura pode ser sintetizada nos seguintes confrontos: modo de produção jornalística x modo de produção literária; modo de narração (exposição) jornalística x modo de narração (exposição) literária; reportagem x ficção; verdade x verossimilhança, e outras oposições que, como estas, não são nem definitivas nem totalmente rígidas.

Contemporânea a esses processos de especialização revistos por Lepenies (1996) é a diferenciação da narrativa jornalística, que se mostra mais evidente e decidida nos Estados Unidos, referência para as mudanças propostas aos jornais brasileiros (Schudson, 1978; Lins da Silva, 1991). A categoria "objetividade" surge então como característica da identidade jornalística no que se refere a um modo de narrar distinto da tradição literária em superação. A questão, lá e cá, consiste em estabelecer parâmetros narrativos e encontrar soluções estilísticas para garantir objetividade ao texto de jornal, no qual passa a predominar o texto noticioso.

Trato, em um primeiro momento, das relações entre jornalismo e literatura sob a ótica da historiografia local do jornalismo e da literatura. A seguir, são os próprios jornalistas que repensam a convivência possível com a literatura em memórias da história recente dos jornais brasileiros. Também utilizo manuais de redação e estilo publicados por jornais brasileiros e acessíveis ao público de não jornalistas; além de depoimentos sobre a experiência de aprendizagem do estilo jornalístico extraídos de pesquisas em redações de jornais ou de jornalistas em atividade. As iniciativas de reforma editorial ocorridas são consideradas aqui quanto ao aspecto de revisão estilística e profissional nelas contido. Em um "sobrevoo" etnográfico sobre o universo das redações, pude observar o constante movimento de superação e criação de padrões jornalísticos. Considero, ao longo do capítulo, o debate literatura contra (ou junto ao) jornalismo, em relação à reportagem e ao repórter, sintetizado na adjetivação "repórter escritor" ou "repórter jornalista" (Talese, 2000:65), ambos personagens convocados nas querelas retóricas que subsistem aos confrontos pessoais e aos atos de poder nesse meio intelectual.

Jornalistas e literatos

Os pioneiros do jornalismo no Brasil eram vistos pelos seus leitores e colegas de ofício como *escritores em exercício da atividade literária em jornal*. No século XIX, as qualidades estilísticas faziam a fortuna de um periódico e tornavam o seu redator digno de participar do embate retórico entre jornais. A cena impressa no nascedouro do jornalismo brasileiro, como nos mostra Isabel Lustosa (2000), foi se compondo por enfrentamentos políticos registrados nos estilos personalizados de retórica e de expressão literária dos escritores de então.

Nas primeiras décadas de nossa imprensa, o jornal foi de fato o meio privilegiado para a expressão literária. O jornalista e o escritor eram uma só figura social. Não surpreende que nomes de jornalistas constem da história literária brasileira ou mesmo que muitas produções do jornalismo possam ser classificadas dentro dos gêneros literários. Sílvio Romero descreve os múltiplos talentos de nossos letrados oitocentistas:

> No Brasil, mais ainda do que nos outros países, a *literatura* conduz ao *jornalismo* e este à *política*, que, no regime parlamentar e até no simplesmente representativo, exige que seus adeptos sejam oradores. Quase sempre as quatro qualidades andam juntas: o *literato* é *jornalista*, é *orador* e é *político*. Às vezes aparecem, pelo menos, conjugadas as duas primeiras.
>
> (Romero, 1949:203, grifos originais)

José Veríssimo refere-se à publicística como "literatura das questões públicas" (Veríssimo, 1981:264). Antonio Candido (1981) classifica o jornalismo de então como "literatura pública", um dos gêneros que, junto com a oratória e o ensaio político-social, dominaram a vida do pensamento nos anos próximos à Independência.

Trata-se então de um período em que jornalista e escritor são (auto)denominações intercambiáveis. Adiante, quando a literatura se constitui como uma expressão pública de peso (notadamente com o romantismo), muitos "homens das letras" passam a referir-se a si próprios como escritores, ainda que não sobrevivessem da atividade literária. O jornal, presente em inúmeras biografias intelectuais de finais do século XIX e pelo menos metade do século XX, será o sustento principal ou complementar daqueles envolvidos na produção literária extrajornalística. Como diz Nelson Werneck Sodré (1983:292), "os homens de letras buscavam encontrar no jornal o que não encontravam no livro: notoriedade, em primeiro lugar; um pouco de dinheiro, se possível". Desde a década de 1880, os jornais recebem material literário. Quando se inicia o novo século, o mundo letrado — os produtos, as polêmicas e personalidades do mundo literário — está presente nos principais periódicos. Havia de fato uma integração entre jornais e literatos, "[nesta imprensa] que vive tanto da literatura, como esta vive da imprensa" (Werneck Sodré, 1983:294).

A combinação da qualidade de literato e jornalista foi a ocorrência mais constante entre os ilustrados no século XIX, fato comprovado pela trajetória de muitos de nossos reconhecidos escritores, que tiveram ampla atuação no jornalismo. Todavia, com as alterações na composição dos jornais (em termos de texto e perfil de seus empregados/redatores), estes escritores-jornalistas pouco a pouco passaram a conviver com profissionais que, apesar de ainda não subsistirem exclusivamente do trabalho no jornal, já se autointitulavam jornalistas. Se por um lado podemos notar uma diferenciação sociológica em processo entre esses dois personagens das redações, por outro, afastando-nos do contexto de unidade escritor-jornalista das primeiras décadas do século XIX, temos de admitir que ambos os trabalhadores do jornal geram o mesmo produto final. Isto é, o jornal — resultado do esforço de jornalistas em tempo integral ou parcial. O texto que o leitor recebe não apresenta diferenças de estilo, tenha sido produzido pelo redator também escritor ou pelo redator tão só jornalista.

Essa situação perdurou até que o conteúdo do produto jornalístico começou a mudar. As tarefas para os que escrevem o jornal são renovadas e tendem a exigir um estilo diverso de relato. Já não tarda o momento em que a linguagem jornalística será o campo de combate para a garantia de domínios próprios dos indivíduos com tino e texto jornalístico. Inicia-se um processo de reflexão sobre qual o modo de escrita mais conveniente para o jornal e suas diferenças em relação à expressão puramente literária. A preocupação em definir as propriedades da linguagem que cabem a cada um pode ser tomada como indício da separação entre as culturas do jornalismo e da literatura.[5] No momento em que passam a escrever de modo distinto (ou a pensar que assim o devem fazer), esses dois personagens começam a existir separadamente. Se a literatura pode ser feita ao sabor das habilidades e talentos individuais, o jornalismo se impõe regras sobre como e o quê dizer sobre o mundo no espaço do jornal. Trata-se da "especialização narrativa" do jornalismo, que se expressa no esforço de padronização da linguagem pela via do expurgo de vícios adquiridos na coexistência com a liberdade literária e da purificação de excessos retóricos, em benefício daquilo que se define como a tarefa básica e a habilidade exclusiva dos jornalistas: informar.

No Brasil, as vicissitudes da ruptura entre jornalismo e literatura na feitura dos jornais estão presentes no caso de João do Rio,[6] personagem marcante da cena urbana e jornalística carioca das décadas de 1900 a 1920. João do Rio é o jornalista que passeia pelas ruas, o observador dos movimentos das gentes pelos espaços urbanos, dos meios de vida no Rio de Janeiro em tempos de modernização e industrialização. Relata o que vê, transcreve os diálogos com seus informantes, descreve os acontecimentos sociais e os lugares em que são dramatizados. Ele é o repórter da cidade e do seu tempo. Leva aos jornais pontos de vista e lugares desconhecidos do Rio aos seus leitores, descreve o que foi por ele presenciado, inaugurando a notícia contada por quem esteve no local dos fatos.

---

[5] Os suplementos literários que aparecem nos jornais brasileiros desde a década de 1950 indicam a separação de espaços específicos para literatos e jornalistas. As trajetórias dessas "trincheiras de escritores" que já não podem mais escrever na posição de jornalistas revelam a concorrência entre esses agentes intelectuais. A respeito dessas publicações, ver Abreu (1996); Pontes (1998) e Travancas (2001).
[6] Pseudônimo de Paulo Barreto (1881-1921).

João do Rio atuava em várias frentes literárias, escrevendo romances e peças de teatro, além das reportagens publicadas na *Gazeta de Notícias* e depois em *A Pátria* (de sua propriedade). No entanto, ele parece apresentar a consciência de ser um novo tipo de literato quando escreve para o jornal, pois

> o literato do futuro é o homem que vê, que sente, que sabe porque aprendeu a saber, cuja fantasia é um desdobramento moral da verdade, misto de impossibilidade e sensibilidade, eco de alegria, da ironia, da curiosidade, da dor do público — o repórter.
>
> (João do Rio apud Medina, 1988:54)

A reportagem seria um tipo de literatura "impressionista e documentada". Na pele do repórter, João do Rio produz textos apoiados no relato vivo, frutos de suas andanças pelos antros da cidade, da conversa com criminosos, da observação da vida cotidiana nos morros e cortiços. Esta nova concepção de jornalismo não aparece formalmente teorizada, mas está sendo gestada de fato no meio jornalístico de então. O trabalho de reportagem, como o de João do Rio, ocupa cada vez maior espaço nos jornais e ganha o entusiasmo do leitor médio urbano.

O surgimento do jornal noticioso e a formação de seu público comprador acontecem em um ambiente de reformas urbanas e crescente industrialização. Sobre a produção e circulação de jornais no Brasil entre fins do século XIX até meados do século seguinte diz Cremilda Medina (1988:47-48):

> No fim do século passado, por sua importância como centro administrativo do país e como polo econômico ligado à importação e exportação, o Rio de Janeiro reúne as condições mencionadas e aparece como centro do jornalismo brasileiro em termos modernos. A industrialização da região Sul, especialmente São Paulo, vai criar, no início do século, outro centro de importância. Estes núcleos do que já se pode chamar "indústria cultural" permanecem, até a década de 50, regionalmente

importantes, mas menos expressivos em termos nacionais. Por outro lado, desenvolvem-se nas unidades federais atingidas pelo avanço econômico (Rio Grande do Sul, Minas, Bahia, Pernambuco) jornais estruturados sob forma de empresa e com audiência relativamente importante. A única exceção dessa fragmentação de audiências pode ser atribuída à revista O *Cruzeiro*, que atinge circulação nacional.

Entretanto, é importante ter clareza que o número de leitores de jornal, ainda que em crescimento, é diminuto em razão dos altos índices de analfabetismo da população. Dados extraídos dos primeiros censos brasileiros mostram que o índice de analfabetos no Brasil era de 66,4% em 1872, 67,2% em 1890, 58,8% em 1900 e 60,1% em 1920 (Azevedo, 1971:639). Acontece que os contingentes letrados vão se concentrar nas áreas urbanas, constituindo o alvo do jornalismo baseado em reportagens sobre a vida das cidades (esportes, polícia e sociedade).

A percepção de que entrava em cena um novo tipo de jornalista, hábil na captação de informações e capaz de redigir um texto em estilo incomum, existia entre os colegas jornalistas contemporâneos de João do Rio. Para muitos, a novidade era ameaçadora. Na observação de Brito Broca (1903-1961), historiador e crítico literário, a situação era a seguinte:

> Na segunda fase de modernização de 1900 em diante, os jornais, sem desprezarem a colaboração literária, iam tomando um caráter cada vez menos doutrinário, sacrificando os artigos em favor do noticiário e da reportagem. (...) Foi ao que se amoldou logo um João do Rio, fazendo da reportagem um gênero literário e vindo assim a servir ao jornalismo e à literatura. *Nem todos, porém, se adaptavam à situação ou a ela se submetiam; daí o protesto contra o abastardamento da inteligência ao qual preferiam muitos a esterilidade das mesas de café e os expedientes da boêmia. Já que o jornal não lhes acolhia o soneto burilado ou o conto, não se conformavam em dar-lhes a reportagem ou o noticiário, como qualquer redator anônimo.*
>
> (Brito Broca apud Medina, 1988:61, grifos meus)

Foi estabelecida a concorrência entre literatos e jornalistas-repórteres da vida mundana, do dia a dia comezinho das novas classes leitoras de jornal. Quem antes escrevia para as classes letradas da alta cultura não consegue (ou se recusa a) se comunicar com o povo, ávido por notícias da cidade, do esporte às ocorrências policiais.

A condição de João do Rio como figura intermediária entre o "jornalismo literário" e o "jornalismo jornalístico" é notada por seus críticos contemporâneos, que o julgavam do ponto de vista literário. Foi acusado de ser um escritor de "literatura apressada", de menor expressão estilística. Como jornalista, foi reavaliado recentemente por estudiosos e historiadores do jornalismo. O parecer sobre o trabalho de João do Rio repórter e o alcance de sua contribuição à prática da moderna reportagem do jornalismo brasileiro já incide sobre seus acertos e faltas no preparo e na apresentação de seu texto segundo parâmetros jornalísticos. Em linhas gerais, a inovação de João do Rio é reconhecida no terreno do método de procura da informação. Ele teria apresentado a moderna reportagem ao leitor carioca. No campo da linguagem jornalística, porém, o texto dele ainda pecava pelos apegos ao estilo literário (Medina, 1988:59-60).

As deficiências das reportagens de João do Rio se mostram quando Cremilda Medina compara seu texto a padrões posteriores do jornalismo brasileiro — entre eles a posição impessoal do narrador e a descrição desprovida de comentários dos fatos observados. Sob o crivo jornalístico, "a reportagem de João do Rio apresenta um 'autor' e não um repórter como narrador intermediário, impessoal, do fato jornalístico" (Medina, 1988:62). Nem as formas mais contemporâneas da reportagem, permissivas quanto à utilização da primeira pessoa, teriam conseguido essa "narrativa egocêntrica", em que o autor é um personagem a quem o interlocutor se subordina. Nosso repórter incluía em seus relatos avaliações pessoais dos fatos observados ou das declarações ouvidas. Aos olhos dos cânones adiante construídos para o jornalismo, essa mudança de registro leva-o a cometer "erros", principalmente quando comete excessos retóricos, pois em João do Rio "a pior caída é a de 'fazer literatura', no sentido de enfeitar descrições com excesso de metáforas, adjetivos ou exclamações" (Medina, 1988:63).

João do Rio, pela escolha temática de seus textos, representou um tipo novo de escritor de jornal, fato que pode aproximá-lo da reportagem jornalística; contudo, seu estilo narrativo não é facilmente reconhecido como um antecessor acabado do jornal feito por repórteres-jornalistas. Os pensadores do jornalismo situam o intelectual carioca — que parece ter sido uma das primeiras ocorrências entre nós do *flâneur salarié*[7] — a meio caminho entre a literatura jornalística e o jornalismo antiliterário. Mas devemos lembrar que a condição de estar entre velhas e novas escritas em jornal foi notada por seu colegas contemporâneos, que o consideravam um mau escritor. Seu pecado foi então, para eles, o de *não* fazer literatura.

Se João do Rio não era um jornalista pleno por falhas de estilo, devemos nos lembrar de que a definição do que seria *o* estilo jornalístico por excelência ainda estava por ser definida. Em sua época, a única acusação possível era a de fazer uma literatura de "menor estilo". A cobrança de falta de estilo jornalístico em suas reportagens só poderá ser formulada com a definição posterior daquilo que é a narrativa propriamente jornalística.

O estilo jornalístico

Diz o *Manual de redação e estilo* do jornal *O Globo* que "há muitos anos, quando o jornalismo começou a abandonar a subliteratura, criaram-se normas destinadas a produzir *leads* simples e diretos" (*O Globo*, 1998:31).

Trata-se de um relato sintético (talvez mítico) sobre a origem do jornalismo como especialidade estilística, nascida ao separar-se da (sub)literatura pela imposição de regras para o texto, tais como o *lead* (ou *lide*). O símbolo do estilo a ser superado é o chamado "nariz de cera" — introdução empolada ao assunto da notícia. Essa prática de apresentação do fato, dizem alguns

---

[7] Renato Gomes mostra-nos que João do Rio enxergava sua atividade de repórter, observador da multidão na cidade e de seus recantos miseráveis, como passeio de um *flâneur*, praticante do "mais interessante dos esportes — a arte de flanar" (João do Rio apud Gomes, 1996:68).

jornalistas, adiava a informação objetiva sobre o acontecimento e frequentemente era aproveitada para a expressão dos dotes literários do redator. O *lide* é a fórmula de apresentação da notícia que elimina o nariz de cera ao recomendar que o texto de uma notícia comece respondendo cinco perguntas sobre o fato: o que, quem, quando, como, por que. O embate entre a linguagem jornalística em definição e a linguagem literária em jornal é expresso pelo confronto entre *lide* e nariz de cera, estilos-síntese dos padrões narrativos considerados marcos nas etapas da construção do modo de contar específico do jornalismo. A instituição do novo estilo prescrevia muitas outras modificações, todas elas com o propósito de eliminar do texto informativo qualquer intervenção literária.

A imposição de normas para a prática do jornalismo entre nós é uma história contada por indivíduos que se consideram (e são considerados) artífices de um processo entendido como um confronto demorado e paulatino, ao fim do qual foram deslocadas ou eliminadas formas arcaicas da escrita em jornal, compreendidas como sobrevivências literárias na narrativa informativa, que se definiu como rosto e alma do jornal no século XX. Recupero adiante tais iniciativas que são como assaltos sobre a cidadela literária que ainda resiste no jornalismo brasileiro. Considero então os primeiros atos de renovação, seus agentes e seus alvos, bem como outras ações de reestruturação estilística acontecidas desde mais ou menos 1950 até os dias atuais. Os significados desse processo de implantação de parâmetros para o bom jornalismo, que se sucedem entre gerações de jornalistas e redações de jornais e revistas, mostram que a vigilância dos jornalistas com aquilo que consideram próprio de sua especialidade narrativa consiste, sobretudo, em protegê-los da reincidência nas seduções do estilo antijornalístico, quase sempre personificado pelo estilo literário. A classificação do que pode ou não ser incluído do lado do jornalismo e do lado da literatura recai sobre o texto noticioso e a reportagem, mas atinge também seus autores, a quem se pode imputar a qualidade de ser bom ou mau jornalista, de não possuir nenhum talento jornalístico ou ainda de fazer literatura fora de lugar.

Caberia a Gilberto Freyre as primeiras medidas para modificação dos costumes estilísticos nos jornais brasileiros, segundo informa José Marques de Melo. Quando diretor do jornal *A Província*, de Recife, teria proposto a adoção de regras para a simplificação da escrita no final da década de 1920. Da sua temporada nos Estados Unidos, Freyre procurou adaptar aqui a *style-sheet* em busca de um texto simplificado e direto.

> [Gilberto Freyre] concita seus redatores a escreverem com naturalidade e simplicidade, estabelecendo um "código de redação": passariam a ser *multados* aqueles que chamassem pai, genitor; recém-nascido, interessante petiz; bispo, respeitável prelado; e assim por diante.
>
> (José Marques de Melo, apud Lins da Silva, 1988:117)

Outras iniciativas de transformação do "estilo de jornal" em "estilo jornalístico" teriam acontecido apenas na década de 1950 em dois jornais cariocas — *Tribuna da Imprensa* e *Diário Carioca*. No entanto, a experiência mais lembrada é aquela comandada por Pompeu de Souza no *Diário Carioca*, em razão dos efeitos gerados na construção da técnica jornalística no Brasil. Na ocasião, teriam sido introduzidos no Brasil o *lead*, o *copydesk* e o *style book*, inspirados nos procedimentos em voga na imprensa norte-americana, onde Pompeu de Souza estivera recentemente. Foi a derrocada do nariz de cera. Ao fim, todas as mudanças buscavam padronizar a linguagem jornalística e treinar o pessoal de jornal para o cumprimento de preceitos estabelecidos no manual de redação para superar "aquela massa de matéria impressa que o jornal publicava, uma massa inteiramente heterogênea e desnivelada em todos os sentidos" (Souza, 1992:24).

As inovações, como contam seus introdutores, sofreram reações dos jornalistas à moda antiga, que "usavam ponto de exclamação" (Souza, 1992:26). A saída foi recrutar jovens profissionais dispostos a fazer jornal pelo novo receituário, ou seja, criar uma escola dentro da redação para os iniciantes. Esses novatos eram alunos destacados de cursos universitários, em quem se enxergava pendores de jornalista (que se definem, à primeira vista, como boa escrita). Possivelmente, eram convidados por intermédio de professores relacionados com o meio jornalístico. Existiam outras formas de obter um emprego de jornalista. Há relatos de repórteres e fotógrafos que dispensaram as recomendações e bateram à porta de uma publicação, receberam o desafio do chefe de redação para fazer uma reportagem ou cobertura fotográfica e foram contratados (Mayrink, 2002).

Propostas de adequação da escrita e padronização estilística ocorreram em outros jornais após a iniciativa do *Diário Carioca*. Em 1959, são editadas as "Normas de Trabalho da Divisão de Redação, para a elaboração da *Folha da Manhã*, da *Folha da Tarde* e da *Folha da Noite*". José Nabantino Ramos, diretor de redação dos periódicos paulistanos, descreve a publicação de 275 páginas, que teria inserido "sinceramente" em sua capa a observação de que se tratava de "texto provisório, destinado a execução experimental" (Ramos, 1970:14). O *Jornal do Brasil*, em 1964, editou suas "Normas de Redação", sob a coordenação de Lago Burnett, quando o editor chefe do jornal era Alberto Dines. Seus 16 verbetes, sem nenhum princípio explícito de estruturação, são, pela ordem: *lead*, tratamento, nomes, países, hífen, estrangeirismos, lugares-comuns, siglas, títulos, aspas, números, abreviaturas, apóstrofo, assinaturas, caixa-alta e caixa-baixa e gírias (Burnett, 1991). No jornal *O Estado de S. Paulo*, sob o comando de Cláudio Abramo, a partir de 1952, acontecem renovações estilísticas modernizantes, acompanhadas por reformas nas áreas gráfica e editorial, marcadas pela substituição de profissionais.

Um aspecto comum, desde os primórdios da alteração consciente e articulada dos padrões do trabalho jornalístico, é a separação entre modelos profissionais, interpretada em termos de diferenças geracionais. Quando falam de geração, está em jogo mais uma distinção sociológica do que cronológica (Pontes, 1998:40). Jornalistas antigos são superados por jovens profissionais dotados de novas habilidades estilísticas, ou pelo menos da disposição para incorporar novas orientações de procedimento. Deste modo, o texto funcionou como um divisor de águas intraprofissional em vários contextos de mudança na imprensa brasileira durante o século XX: a luta do *lead* contra o nariz de cera foi, por fim, a luta do jornalismo contra a literatura.[8]

Os novos comandos das redações empreendiam, na prática, a pedagogia do estilo. Em alguns casos, as orientações foram registradas em códigos de normas para a escrita, restritos à consulta dos jornalistas de cada empresa. As investidas renovadoras demonstram que a precisão do ponto de vista narrativo do profissional jornalista é uma questão de definição em progresso e de demarcação cada vez mais precisa do estilo admissível nos jornais. Considero aqui que os manuais de redação são um emblema do projeto de especialização e diferenciação do trabalho jornalístico. Tornam-se cada vez mais numerosos, com conteúdo mais detalhado, e chegarão ao público leitor na primeira metade da década de 1980.

Os manuais de redação e estilo

Alguns jornais brasileiros organizaram e publicaram seus manuais de redação para o público externo. A *Folha de S. Paulo* divulgou em 1984 a primeira versão de seu código de estilo e procedimentos jornalísticos. Desde então, não apenas foram lançadas mais três edições revistas e ampliadas pelo jornal paulistano (1987, 1992, 2001), como outros jornais de relevância nacional

---

[8] Entretanto, há a oscilação de parâmetros estilísticos no jornalismo que podem ser mais ou menos próximos da literatura. Assim, não acontece de forma peremptória o afastamento em relação a qualquer maneirismo literário em jornal, e mesmo o *lead*, categoria nativa que melhor sintetiza o "modo de contar" jornalístico, pode vir a ser remodelado, embora seja uma ocorrência mais rara. A jornalista Adriana Chiarini informa sobre o aspecto narrativo da reforma iniciada em 1999 no *Correio Braziliense*: "O *Correio* proibiu o *lead* clássico, o modelo consagrado de responder as perguntas quem, o que, onde, quando, como e por que no começo do texto. (…) É recomendado abrir a matéria com uma historinha, com personagem fotografado e tantos detalhes quanto possível para então partir para o caso geral, se houver. (…) muitas vezes o texto é dramatizado e mostra pessoas comuns como heróis. Matérias de interesse humano, que o *Correio* valoriza, dependem de um tipo de narrativa mais pseudoliterário que objetivo (…)" (Chiarini, 2002:177). No mesmo estudo, ela observa que a reforma de *O Globo*, em 1995, mantém "a forma do *lead* clássico", que deve ser usada por cada repórter na abertura de seus textos (Chiarini, 2002:176-177).

e regional divulgaram seus manuais de redação próprios, alguns com várias edições contendo acréscimos e alterações em relação às anteriores. Tais iniciativas revelam um processo de autorreflexão dos jornalistas sobre sua prática narrativa e os marcos éticos de sua conduta profissional, posto que as regras que orientam a composição de cada jornal podem ser formuladas na feitura do manual. Esse conteúdo explica por que a apresentação da edição de 1992 do manual da *Folha de S. Paulo* (1992:7) diz que, com a primeira edição, "abriu-se acesso a um mundo de segredo corporativo".

Os manuais de redação trazem a proposta de identidade de cada jornal, na medida em que esta é demarcada, de modo significativo, pela feição da escrita apresentada pelo jornal no dia a dia (Torres, 1994; Ribeiro, 2001). Além do que, o fato de serem como uma vitrine de exposição para fora das redações e do círculo de iniciados, torna-os veículos de expressão das categorias e dos modos de operação do pensamento e da narrativa jornalísticos. Estes manuais são demonstrações da identidade editorial e estilística das publicações por seus elaboradores. Afinal, explica Eduardo Martins (1990:12), responsável pelo manual de redação de O *Estado de S. Paulo*: "como todo jornal, o *Estado* adota algumas formas próprias de redação, ortografia ou estilo". Já o pessoal da *Folha de S. Paulo* encontra outras significações em seus manuais, especialmente naquele lançado em 1984: "manuais de estilo já existiam desde a década de 1920. Pela primeira vez, porém, um manual de jornalismo não se limitava a prescrever opções de linguagem e reforçar regras gramaticais, mas procurava condensar uma *concepção de jornal*" (*Folha de S. Paulo*, 1992:7, grifo meu).

Mais complexo que a maioria de seus antecessores históricos, o manual de redação feito para o jornalista e o leitor é um documento que expõe princípios e conceitos jornalísticos, bem como parâmetros éticos, com a função de orientar a elaboração cotidiana de um determinado jornal. Nos anexos trazem assuntos variados, e sua temática e alcance são fatores utilizados na publicidade, visando, sobretudo, o comprador da banca de jornal.

Mas quem seria o leitor de um manual de redação de jornal e que motivos teria para comprá-lo? O consumidor externo ao meio jornalístico é compreendido de forma diferenciada entre os manuais consultados. A segunda edição do exemplar da *Folha de S. Paulo* (1987:23, grifo meu) informa que o manual serve "como ponto de referência para as *discussões internas*, instrumento da melhoria profissional e critério de qualidade". Nenhuma menção é feita a um suposto leitor de fora da própria redação. Essa situação muda nas edições de 1992 e 2001, nas quais os textos de apresentação se dirigem ao comprador *de banca*. Primeiro, esclarece-se a função de orientação para a boa escrita e informação acertada. Neste caso, o texto funciona como manual para consulta e interessaria a um público genérico. Outra formulação supõe que o comprador do manual é também comprador do jornal. Por isso, os organizadores se preocupam em informar os princípios editoriais do periódico. Para o jornal, a divulgação das normas adotadas na conduta jornalística faz do manual uma "pauta de compromissos", cabendo ao leitor fiscalizar sua obediência.

O manual de *O Estado de S. Paulo* dialoga com o comprador não jornalista, mas que não é necessariamente leitor do jornal. É dispensável, portanto, a inclusão de seções sobre a sua política editorial. A ideia de instrumento fiscalizador do jornal é estranha à compilação de normas estilísticas desse jornal paulistano.

A divulgação dos manuais de redação mostra que os jornais acreditam ser a referência contemporânea do bom uso da língua. A explicação mais geral — dada por todos eles — para colocá-los à venda em bancas e livrarias é que contêm orientações práticas e objetivas sobre a escrita correta e elegante. A contracapa do manual de *O Estado de S. Paulo* esclarece o leitor: "Este *Manual* é mais do que um guia destinado a jornalistas. Se você escreve com regularidade, está se preparando para exames de redação ou apenas quer conhecer melhor o português, não deixe de consultá-lo" (Martins, 1990).

A contracapa da edição de 1992 do manual da *Folha de S. Paulo* (2001:7), após a indicação do conteúdo do livro, recomenda-o "para casa, escola e trabalho". A edição de 2001

> procurou também atender ao interesse dos leitores que utilizam o manual como fonte de consulta. Assim, ela traz uma série de anexos

(gramatical, jurídico, médico e outros) cujo objetivo é oferecer ao público uma obra de referência — concisa, porém abrangente — e ao mesmo tempo dar subsídios à atividade jornalística.

Com as mesmas intenções, a contracapa do manual de *O Globo* (1998) diz:

> Profissionais de comunicação, estudantes, escritores, profissionais liberais e o público em geral encontrarão aqui noções objetivas e fundamentadas que os ajudarão na prática de redação e, mais do que isso, na formação de um estilo próprio e elegante de escrita.

De fato, o que apenas é estilo jornalístico, ou seja, uma forma particular de seleção das possibilidades sintáticas e semânticas do português, passa a ser reconhecido como um estilo genérico, parâmetro de manejo virtuoso da escrita, não mais apenas jornalística. O estilo para o texto contemporâneo deve se mirar em como escrevem os jornalistas. De outro modo, quais seriam as razões para colocar em bancas de jornal essas obras que outrora tinham sua consulta restrita à redação dos periódicos? Decerto uma delas é a crença de que cidadão comum pode e deve aprender a escrever com os jornalistas.

Os manuais de redação têm valor etnográfico porque ao exprimirem as propriedades da escrita jornalística definem os próprios agentes que a realizam. O ato de caracterizar o jornalismo pela perspectiva do manejo textual implica a diferenciação quanto a outras formas de uso da palavra. A literatura reaparece nos manuais de redação como a alteridade estilística preferencial para distinguir a boa e a má expressão jornalística. As receitas para o expurgo das intromissões literárias na escrita corrente dos jornais ainda se fazem necessárias ao jornalismo de hoje. Demonstram as prescrições dos manuais que a vigilância sobre o literário e o impulso romanceador deve ser mantida com atenção.

O objetivo de todos os manuais consultados é a definição do que é estilo jornalístico, verbete presente em todos eles. O capítulo "O texto e a edição no jornal", do manual de O *Estadão*, distingue o estilo jornalístico como *claro, preciso, direto, objetivo* e *conciso* — enuncia que "a simplicidade é a condição essencial do texto jornalístico". A busca da palavra mais simples se alia à evitação de preciosismos, formas empoladas ou rebuscadas, modismos e lugares-comuns. Recomenda-se cuidado com palavras ou expressões de "valor absoluto" ou "muito enfático". O uso de termos coloquiais ou de gírias é restrito a "casos especiais, nos textos mais leves, opinativos ou irônicos que realmente os justifiquem". Para escrever textos imparciais e objetivos, deve-se evitar as formas pessoais: o uso da primeira pessoa é restrito a crônicas e aos "'casos excepcionais', nos quais repórteres podem descrever os fatos como 'participantes', testemunhas ou mesmo personagens de coberturas importantes".[9] Os adjetivos têm sua utilização regulamentada por serem considerados palavras com maior carga poluidora do texto noticioso. Devem ser evitados aqueles "que envolvam avaliação ou encerrem carga elevada de subjetividade".

Há ainda uma lista de palavras e locuções vetadas pelo jornal por serem consideradas "*antijornalísticas*, pernósticas, desnecessárias, redundantes, malformadas ou inadmissíveis" (Martins, 1990:56, grifo meu). Estão, entre as 159 palavras e expressões citadas, as seguintes: afazeres, apoiamento, alavancar, elencado, elo de ligação, ente querido, flexibilizar, forças vivas, genitor(a), meliante, nosocômio, otimizar, parabenizar, posicionamento, questionar, profissional do volante, sofrer melhora, tratativa, transfusionado. Qualquer uma delas jamais pode figurar "nos textos de responsabilidade da Redação" (Martins, 1990:56).

Entre as edições consultadas, os manuais da *Folha de S. Paulo* não contêm grandes variações no capítulo sobre estilo e padronização da escrita; todos apresentam "convenções e recomendações para escrever um texto

---

[9] Todas as citações deste parágrafo foram retiradas de Martins (1990:16-19).

claro" (*Folha de S. Paulo*, 2001). *O novo manual da redação* (*Folha de S. Paulo*, 1992:47) introduz o capítulo "Texto", esclarecendo que:

> um bom texto jornalístico depende, antes de mais nada, de clareza de raciocínio e domínio do idioma. Não há criatividade que possa substituir esses dois requisitos. Deve ser claro e direto. Deve desenvolver-se por meio de encadeamentos lógicos. Deve ser exato e conciso. Deve estar redigido em nível intermediário, ou seja, utilizar-se das formas mais simples admitidas pela norma culta da língua. Convém que os parágrafos e frases sejam curtos e que cada frase contenha uma só ideia. Verbos e substantivos fortalecem o texto jornalístico, mas adjetivos e advérbios tendem a piorá-lo. O tom dos textos noticiosos deve ser sóbrio e descritivo. (...) Deve evitar fórmulas desgastadas pelo uso e cultivar a riqueza dos vocábulos acessíveis à média dos leitores.

Entre as palavras de uso regulamentado estão os adjetivos, advérbios — os quais devem ser usados com moderação — e conjunções — "vocábulos que começam a cair em desuso no jornalismo moderno" (*Folha de S. Paulo*, 1987:72). Uma conjunção merece observação específica. O item "E literário" diz que se deve evitar qualquer frase com esta conjunção porque "essa fórmula de início de frase diminui a velocidade da leitura, *confere caráter literário ao texto*, não acrescenta qualquer informação e impinge ao leitor uma palavra completamente supérflua" (*Folha de S. Paulo*, 1987:74). Hipérbole, ironia e metáfora são figuras de linguagem proibidas ou que devem ser empregadas com restrições. O ponto de exclamação é um sinal linguístico praticamente banido do texto jornalístico, ele é "quase sempre desnecessário". A razão é que "a força de um acontecimento jornalístico decorre de sua própria dramaticidade, não de recursos de estilo de qualquer espécie" (*Folha de S. Paulo*, 1992:101).

As iniciativas de normatização da escrita jornalística ocorridas nas décadas de 1950 e 60 nas iniciativas do *Diário Carioca* ou do *Jornal do Brasil*, independentemente da defesa de uma linguagem própria, são distintas dos manuais que apareceram a partir de meados da década de 1980.

As transformações no trabalho dos jornalistas explicam a diferença entre os simples folhetos que continham as "normas de redação" e os manuais de redação — livros sistematizados e abrangentes em seu conteúdo. Lago Burnett, autor, junto com o chefe da revisão, João Ribas, do material do *Jornal do Brasil*, compunha a equipe de copidesques, formada por jornalistas com reconhecida competência de redação, encarregados da revisão final de todos os textos escritos pelos jornalistas "apuradores".

As mudanças acontecidas na década de 1980, representadas principalmente pela chegada dos terminais de computador às redações brasileiras, têm como consequência mais imediata a dispensa dos revisores. Os próprios jornalistas são responsáveis pela checagem das informações e do estilo de seus textos. Portanto, o jornal não pode confiar o filtro estilístico ao grupo de copidesques. Para assegurar a qualidade do produto final, a solução é deixar, ao alcance de cada jornalista (muitos deles jovens recém-formados, sem a cultura linguística ou gramatical dos antigos revisores), as regras e as orientações minuciosamente compiladas. O manual ainda exerce a função pedagógica de orientar os iniciantes nas regras específicas de um jornal, outrora exercida por jornalistas experientes e velhos de casa. As redações informatizadas são mais numerosas do que no tempo do jornalismo menos especializado, que comportava setores mais enxutos nos jornais. As relações entre mestres e pupilos, descritas por jornalistas que começaram a trabalhar antes da década de 1980, ficam mais difíceis de se desenvolver no contexto de ampliação numérica dos jornalistas necessários para fazer um grande jornal, em que acontece ainda a especialização das tarefas envolvidas na confecção do jornal. O manual passa a ser o instrumento principal dessa socialização "preliminar" no novo emprego de um jornalista.

Aprendendo a escrever como jornalista

A socialização de um novato no jornalismo inclui o aprendizado da escrita jornalística. A passagem para o mundo dos profissionais é marcada profundamente pelo conhecimento e introjeção da lógica do pensamento e do estilo de texto admitido nos jornais, indicando que o reconhecimento se dá através desse modo próprio de narrativa. Materiais como os manuais de redação e estilo, e os livros sobre técnica de redação jornalística, servem para familiarizar o iniciante com o código formal da área. São instrumentos auxiliares em um percurso que somente se completa com a vivência prática das redações de jornal. Segundo um lugar-comum entre os jornalistas, o manejo básico do ofício só se aprende definitivamente no treino cotidiano; ou seja, é escrevendo que se aprende a escrever. Tal opinião é expressa em entrevistas coletadas por diversos jornalistas-cientistas sociais (Travancas, 1993; Lago, 1995; Ribeiro, 2001), além dos depoimentos publicados por repórteres em diversas ocasiões, seja em livros (Dantas, 1998; Abramo, 1988; Morel, 1999); sites sobre reportagem ("Profissão: repórter") e jornalismo em geral ("Observatório da Imprensa"); revistas e jornais especializados.

Transcrevo o relato de iniciação de José Maria Mayrink (2002:25) no *Correio de Minas* em 1962, do capítulo "Os focas",[10] de seu livro *Vida de repórter* (2002). São trechos do capítulo que tem como uma de suas partes o item "Aprendendo a técnica da pirâmide invertida".

> Ele [Dídimo Paiva] distribuía a pauta, conferia as informações, ditava o *lead* (abertura), cantava o estilo de cada matéria e, com sua voz metálica, destroçava quem tropeçasse na estrutura do texto ideal — claro para ele, inatingível para nós. (...) *Lead* e *sublead* em parágrafos corridos, entretítulos a cada 20 linhas, a matéria seguia, à risca, a técnica da pirâmide invertida, que teoricamente permitia cortar o texto pelo pé, sem maior prejuízo. Era uma boa regra, mas funcionava como uma camisa de força, da qual só consegui me libertar muitos anos mais tarde, a partir de 1968, na revista *Veja* e no *Jornal da Tarde*.

---

[10] "Foca", na gíria jornalística, é um aprendiz da profissão, quase sempre representado como ingênuo e atrapalhado, mas, quando dotado de talento, cheio de ânimo e vontade de aprender.

O depoimento acima refere-se a situações de aprendizado da escrita jornalística, e mais, do modo jornalístico de expressão do mundo. O episódio de iniciação profissional, ocorrido nos anos 1960, nos remete para a experiência de treinamento não sistemática, não objetivada e, às vezes, não verbalizada, das redações de jornal. O aprendiz se orientava por mensagens esparsas, era estimulado pelos erros concretos no dia a dia do trabalho e dependia de um superior que tivesse vontade de iniciá-lo no novo ofício. Com frequência encontramos nas memórias de jornalistas a menção a um profissional mais velho, em que destacam seu importante papel de guia/mestre da prática jornalística além de sua influência na trajetória de gerações de jovens repórteres (Morel, 1999; Mayrink, 2002; Dantas, 1998; Dines, 2003). A reprodução do estilo jornalístico depende dessas interações fortuitas, da experiência e desejo de ensinar de um, em consonância com o ânimo daqueles que, mesmo já possuindo o domínio da língua, se reconheciam ignorantes diante do texto correto para as páginas dos jornais.

A profissionalização do jornalismo brasileiro pode ser acompanhada por fatos que transformam o treinamento individualizado e pessoal do redator-repórter. A expansão dos cursos universitários de jornalismo e, posteriormente, a obrigatoriedade do diploma para o exercício profissional e a oferta de cursos de treinamento por alguns jornais e revistas para formandos ou recém-formados, garantem novas vias de inserção na produção do texto jornalístico.

Outro fator significativo é a generalização dos livros com as regras formais do jornalismo. Os manuais de redação deixam de ser iniciativas ousadas e pontuais de alguns jornalistas especialmente dedicados à correção, controle e uniformização do estilo, para se tornarem um instrumento jornalístico disseminado em vários jornais do país. Se os grandes jornais elaboram livros de estilo que alcançam leitores não jornalistas, outros jornais mantêm manuais de alcance restrito aos seus funcionários. Sem que se elimine a dimensão pessoal nos processos tradicionais de treinamento dos jornalistas, emergem as condições para o aprendizado impessoal dos processos burocratizados e rotinizados dos cursos e do acesso ao manual de redação.

Para os jornalistas, existem outras ocasiões de reaprendizado obrigatório de novas convenções de trabalho e de texto, mesmo que não haja transferência de emprego. É o caso das mudanças de editoria, que quase sempre são apresentadas como reformas editoriais e estilísticas de maior ou menor alcance. Novos chefes, novos estilos. São nestes momentos críticos que surgem as ocasiões para a emergência ou o reforço de divisões internas ao mundo dos jornalistas. Quando acontecem substituições e deslocamentos nos postos da redação,[11] chamam essas passagens de "dança das cadeiras". A tensão entre valores pertinentes ao jornalismo, assim como a ruptura de modelos para o texto jornalístico e a feitura da reportagem, trazem dramaticidade à substituição de chefias nesse universo profissional.

Mais adiante considero algumas dessas histórias utilizando o relato dos próprios jornalistas-participantes, registradas em livros de memórias, autobiografias ou em entrevistas para trabalhos acadêmicos, cujos autores também são jornalistas. Ao registrar e analisar tais eventos me preocupei em encarar os relatos como *versões*, sem deles extrair verdades absolutas, expressões fidedignas do que "realmente" aconteceu. Isso porque há um alto grau de controvérsia entre os jornalistas sobre os fatos que compõem a história do jornalismo. O ímpeto dos narradores nativos para impor a sua história como definitiva é de certa forma um movimento de exclusão e negação de episódios e de pessoas. O combate, tal como relatado, além dos pontos de vistas sobre ele, é o que nos interessa.

Jornalistas x jornalistas

Tenho proposto que a linguagem é um critério de diferenciação entre jornalistas, a marca de distância que se aplica a profissionais considerados de gerações dessemelhantes. O texto e a forma de construção da reportagem

---

[11] Para relatos sobre esses processos de mudança ver Abreu, Latmann-Weltman e Rocha (2003), especialmente a entrevista concedida por Augusto Nunes.

são, portanto, classificações de uso intenso e efetivo entre os jornalistas brasileiros desde que se pensa existir uma especificidade pertinente a sua narrativa. Nesta seção, apresento algumas reformas editoriais que significaram, na perspectiva de seus empreendedores e participantes, mudanças no estilo de texto e na prática da reportagem. Essas situações aparecem — no discurso que as acompanha e no conjunto de medidas editoriais e de reordenamento do perfil profissional das redações — como "refundações" do modo de contar jornalístico. Cada uma dessas reformas começa com a chegada de um novo demiurgo nas redações. Com ele, as fronteiras entre modelos de jornalismo e tipos de jornalistas se movimentam; isso frequentemente gera expurgos e/ou exclusões de padrões indesejáveis e das pessoas que os praticam (e que não quiseram ou não conseguiram se adaptar ao novo comando). Resta-nos, pois, observar em que consistem tais divisões e como elas operam em cada caso.

Na década de 1950 as reformas realizadas nos jornais do Rio de Janeiro e São Paulo foram definitivas para a implementação de sua feição moderna (informativa mais que opinativa; jornalística mais que literária).[12] Neste processo encontra-se a reforma fundadora do *Diário Carioca*, da qual tratei antes. Outras reformulações são desencadeadas, com efeitos no estilo do texto jornalístico e na organização das relações de trabalho dentro e fora das redações. São estes momentos que marcam, de modo turbulento e irregular, mas seguindo um rumo irreversível, a construção social da profissão de jornalista. Considero exemplares os casos do *Jornal do Brasil* e de *O Cruzeiro*, no Rio de Janeiro, e de *O Estado de S. Paulo* e *Folha de S. Paulo*, da capital paulista. As duas publicações cariocas têm em comum a presença de Odylo

---

[12] As transformações da imprensa brasileira, observáveis em mudanças ocorridas nas empresas jornalísticas e no mercado concorrencial de produção da informação, são avaliadas por Abreu (2002), trabalho no qual a autora observa como as relações de trabalho e as competências exigidas de um jornalista têm-se complexificado nas últimas seis décadas. Sobre as reformas jornalísticas dos anos 1950, ver também Abreu (1996). Os depoimentos de jornalistas que mudaram a imprensa brasileira, reunidos em Abreu, Lattman-Weltman e Rocha (2003), são interpretações nativas fundamentais para se entender esses processos ocorridos em vários contextos históricos e profissionais.

Costa Filho em suas histórias editoriais. Cláudio Abramo é o personagem central do episódio de reforma de *O Estado de S. Paulo* na década considerada. Para a *Folha de S. Paulo* tem relevo a ação de José Nabantino Ramos. Durante a década de 1960, continuam as iniciativas reformistas, desaceleradas pela censura dos anos de governo militar. Apesar das limitações legais, foram realizadas algumas mudanças, notadamente de conteúdo editorial e posicionamento político, reunidas na figura e atuação de Cláudio Abramo durante os anos 70 na *Folha de S. Paulo*. Contudo, é o período que ocupa as décadas de 1980 e 90 que reúne a maior ocorrência de transformações, mais uma vez drásticas (e tensas), nos jornais. Para entender esse processo, procuro analisar a reforma atribuída a Augusto Nunes em *O Estado de S. Paulo* (1988) e a instalação do chamado Projeto Folha, a partir de 1984, na *Folha de S. Paulo*, sob a direção de redação de Otávio Frias Filho.

Outro exemplo revelador é a reforma do *Notícias Populares*, pertencente ao mesmo grupo da *Folha de S. Paulo*. Classificado como *popular* e *sensacionalista*, excluído, portanto, do jornalismo de prestígio — direcionado aos leitores de classes altas e médias, no qual se situam os jornais antes considerados —, as transformações conduzidas no *Notícias Populares* incluem o texto e a linguagem, em substituição aos padrões tradicionais de antigas gestões, por uma nova ordem estilística trazida com profissionais jovens, afinados com o projeto modernizador da empresa Folha da Manhã S. A.

Desse modo, o caso deste diário, aparentemente diverso, revela a instituição de linhas editoriais fundadas em temas e formas da narrativa jornalística que, à maneira de outras reformas, hierarquiza o trabalho dos jornalistas feito antes e depois do "ponto crítico" da história do jornal. Há coincidências sociológicas entre os processos ocorridos em jornais de distintas concepções quanto ao estilo de jornalismo. Ao considerar esses dois períodos reformistas, temos então duas fases reputadas como divisores na história do jornalismo brasileiro: na forma como se concebe e se realiza o trabalho jornalístico, na definição do tipo de habilidades e competências necessárias ao jornalista.

Jornal do Brasil

Umas das questões mais disputadas no jornalismo brasileiro é a autoria da reforma do *Jornal do Brasil*, tanto que a datação da renovação editorial vivida pelo jornal depende da atribuição de quem foi o verdadeiro autor da reforma. Sobre as alterações na concepção gráfica (Lessa, 1995; Ferreira, 1996), pouco se contesta a responsabilidade de Amilcar de Castro. No entanto, a identidade do diretor de redação que "realmente" comandou a reforma editorial oscila entre os nomes de Odylo Costa Filho, Janio de Freitas e Alberto Dines.

Entre dezembro de 1956 e dezembro de 1958, Odylo Costa Filho comandou a redação do *Jornal do Brasil*. O que foi feito nesse período teria sido o começo da famosa reforma do jornal ou ela foi iniciada por seu sucessor, Janio de Freitas, e continuada por Alberto Dines a partir de 1962? Há vários pronunciamentos negativos, que ou silenciam sobre o nome de Odylo, ou claramente o excluem do processo. Aliado ao último caso, está o jornalista paulista Cláudio Abramo (1989:38, grifos meus):

> Depois da reforma do *Estado* [*de S. Paulo*, iniciada por Abramo em 1952] começou a do *Jornal do Brasil*, com Janio de Freitas — *e não com Odylo Costa Filho, que não tem nada a ver com a reforma*. Ela foi feita por Janio e Amilcar de Castro; *tudo saiu da cabeça de Janio*, um grande jornalista.

A falta de referência ao papel de Odylo nesse episódio da história da imprensa, considerado importante iniciativa modernizadora do texto e do modo de fazer reportagem, é documentada em um estudo biográfico de autoria da jornalista Cecília Costa (2000:116), sobrinha de Odylo. Em sua avaliação,

> há quem tenha chegado a tirar totalmente o mérito de Odylo, retirando-o da imprensa brasileira e apagando todos os seus passos desde o momento em que pisou os pés no Rio, em 1930, até a morte, 1979.

Como há também os que quando falam da reforma do *JB* só citam [Ferreira] Gullar, Janio [de Freitas] e Reynaldo Jardim, abrindo no máximo um espaço para Amilcar no pódio dos reformadores.

Isabel Travancas (1993:62), jornalista e antropóloga, entrevistou Janio de Freitas entre o grupo de veteranos que chamou de "os eternos jornalistas". O seu informante é assim apresentado:

> Janio de Freitas é considerado o "pai" ou um dos pais da reforma do *Jornal do Brasil* que influenciou todos os demais jornais que havia na época ou surgiram mais tarde. A reforma profissional representa um marco da história da imprensa e sua participação até hoje gera polêmica. Janio, então no *JB*, foi mandado para a editoria de Esportes, o que significava uma espécie de exílio. E foi justamente nessa seção que a reforma foi gerada. Decidiu experimentar novidades, começou a pensar soluções gráficas em função do que tinha aprendido anteriormente no *Diário Carioca*. Tirar os "fios", reformular as páginas e dar às fotos a dimensão que mereciam foram algumas das soluções encontradas por ele. Salienta que nesse período o Esporte não ficava no mesmo andar do resto da redação, mas junto à oficina.

Pelo que indica esta última frase, as informações apresentadas sobre a reforma do jornal (sobre a qual não oferece referências temporais) foram retiradas, em parte ou no todo, do depoimento do próprio Janio. Note-se que no trecho citado ele é o autor inclusive da reforma gráfica, entre outros aspectos relatados à entrevistadora. Logo adiante, fica mais claro que a história está na "fala" do jornalista. Conta Travancas (1993:63, grifos meus):

> Há vários aspectos da reforma de que realmente se orgulha, mas ressalta que eles em geral não são valorizados. Sempre enfatizam as mudanças puramente gráficas. "Gosto de ter feito um plano de cargos, salários e funções. *Foi o primeiro da imprensa brasileira*, com o qual os jornalistas passavam a ganhar um salário com o qual podiam viver sem

ter emprego público". Ele destaca também as modificações estruturais do jornal, como no caso do laboratório de fotografia, que até então era "imundo", com os fotógrafos sendo maltratados e ganhando uma miséria. Foram feitas novas instalações, *contratadas pessoas qualificadas*, e o horário de trabalho passou a ser respeitado.

Frente a tantas versões, cabe-me considerar *o que dizem ter feito* Odylo Costa Filho durante sua temporada como diretor de redação. A pesquisa de Cecília Costa, que inclui uma entrevista concedida por Odylo ao Centro de Memória da ABI, em 1977, e os depoimentos por ela recolhidos entre jornalistas que viveram esse momento no jornal, são os relatos disponíveis.

Na época da chegada de Odylo, o *Jornal do Brasil* era conhecido pela presença de pequenos anúncios, que estampava desde a primeira página. Conhecido como o "jornal das cozinheiras", tinha pouco espaço para o noticiário e menos ainda para fotos.

> Em 1956, o jornal ainda era escrito a mão, com raríssimas exceções de alguns colaboradores ou repórteres mais *up to date*. A maioria dos homens que lá trabalhava — não havia mulheres, elas começaram a chegar com Odylo — enchia a pena de suas canetas em tinteiros, com uma bombinha. E também não havia diagramação. Quem elaborava o texto escrevia o que queria e as matérias, decifradas pelos experientes linotipistas, sempre estouravam na oficina.
>
> (Costa, 2000:85)

O ambiente descrito por Cecília Costa representa um retrato geral do *laissez-faire* editorial com que eram feitos os jornais não *reformados*, realidade que foi sendo modificada pouco a pouco com a precedência do noticiário sobre o anúncio[13] e da redação sobre as oficinas.

---

[13] Sabe-se, com base em comentários de jornalistas (Torres, 1994; Talese, 2000; Ribeiro, 2001), que o espaço reservado à publicidade é desenhado previamente, devendo o texto noticioso se encaixar nesse "espelho" das páginas. Bourdieu (1994) atribui ao campo jornalístico uma distinção interna que posiciona os jornais e os jornalistas segundo sua autonomia relativa quanto

A equipe formada por Odylo Costa era composta por jornalistas egressos do *Diário Carioca* e da *Tribuna da Imprensa*, ambos locais que empreenderam reformas pioneiras nos aspectos estilísticos e gráficos. Os jovens contratados tinham o domínio da reportagem, à exceção de Amilcar de Castro, encarregado de redesenhar as páginas do jornal. A nova gestão caracterizaria-se pelas novas contratações e não pela demissão de antigos jornalistas, conciliando jovens e velhos profissionais na confecção do jornal. Olavo Luz, iniciado no jornalismo nesta época e cujo pai era um jornalista do antigo grupo, conta que Odylo teria dito aos recém-chegados: "Vamos fazer um jornal moderno, mas com esses velhinhos que estão aí". A atitude do diretor de redação, segundo Olavo Luz, transmitia-lhes "respeito pelos velhinhos que escreviam a lápis" (Costa, 2000:100-101). Na visão de Cecília Costa (2000:88-89, grifos meus), "integrando os novos aos velhos e evitando ao máximo demissões, foi montada no *JB* uma redação atuante e viva, *formando aquilo que sempre funciona tão bem em jornal*, uma equipe que aliava o sangue quente à experiência".

São citadas mudanças formais como a adoção do *lead* e do *sublead* e aspectos da "nova redação, do novo texto", implantados no tempo de Odylo. Ele teria aderido à presença do *copydesk*, indício de maior preocupação com a correção do texto e da informação. Combinada a essas novidades, havia a

---

a forças como o mercado publicitário e o mercado de leitores. Do ponto de vista jornalístico, as prerrogativas do setor de publicidade, raramente suspensas, são vistas como ameaças de contágio e impureza frente aos compromissos prioritários do jornal com a informação. Sobre esse desencontro existente, sobretudo em jornais onde trabalham jornalistas com elevada autoestima profissional, a descrição de Gay Talese para o *New York Times* em 1966 é bastante perspicaz: "Dos 5.307 empregados do *Times*, somente 700 trabalham no Departamento de Jornalismo, no terceiro andar. São editores, repórteres, copidesques, críticos, assistentes, e eles tendem a achar que são o jornal, sua encarnação e espírito único. Se não ignoram completamente outros grandes departamentos, como Produção, Promoção e Publicidade, admitem-nos com um certo ar de condescendência. Isso é particularmente verdadeiro em relação ao Departamento de Publicidade que, afinal, trata direta e constantemente com a mais contaminadora das mercadorias, o dinheiro. Centenas de homens são contratados para vender o que no Departamento de Jornalismo não pode ser comprado. Ele existe como o lado mundano do santuário de Ochs [Adolph Ochs, o *publisher* fundador da aura do NYT]" (Talese, 2000:84).

proposta de separar a notícia do comentário. Foram também introduzidas alterações na organização do trabalho cotidiano da redação do jornal e na estrutura dos cargos e funções jornalísticos, com a criação da pauta, os setores de cobertura, as reuniões de editores e uma maior liberdade de proposição e apuração de pautas próprias aos repórteres. A prioridade da gestão Odylo Costa Filho no *Jornal do Brasil* foi o texto e a reportagem.

Jornalistas desse grupo relatam que um dos principais resultados da reforma foi a gênese do *esprit de corps* atribuído aos repórteres do *Jornal do Brasil*. Olavo Luz (apud Costa, 2000:101) relembra o ambiente do jornal:

> Eu passei por muitos jornais e nenhum tinha o *esprit de corps* criado por Odylo. Ele sabia nos explorar muito bem, através do Araújo Neto, que era o chefe de reportagem. Soltavam um repórter na rua sem pauta. Ele trazia matéria. Mas ao mesmo tempo havia a pauta distribuída às nove horas, atualizada ao meio-dia. Não tinha nada de cada um por si. Ficavam soltos os identificados como os que tinham um afã maior de investigação. Esses repórteres podiam ir a Marajó, contanto que trouxessem de volta uma ótima matéria. Ou um furo.

Odylo saiu do jornal em 1958. As razões de tal decisão revelam o embate ocorrido entre valores jornalísticos e critérios administrativo-financeiros na condução do periódico. Uma sequência de confrontos e indisposições com pessoas da equipe que comandava e com M. F. Nascimento Brito, genro da condessa Pereira Carneiro e proprietário do jornal, motivaram seu desligamento do *JB*. Sua biógrafa nos informa que o ambiente de trabalho cooperativo e harmonioso sugerido pela ideia de *esprit de corps* terminou equiparando-se a qualquer outra redação de jornal, espaço dotado de especiais condições para desavenças, competições, confronto de vaidades e abusos de poder. Assim é o jornalismo, assim são os jornalistas. Assim foi com Odylo Costa Filho e o *Jornal do Brasil*.

> Bem, nem tudo eram flores. E nem podia ser. Quem vive em redação sabe disso. Em nenhum lugar são tão visíveis os choques humanos,

já que não há portas, muros, muralhas e secretárias entre as pessoas para amortecer os embates. Jornal é arena aberta, e os sentimentos e vaidades são transparentes como água. E como não há paraíso na terra, enquanto Odylo tentava criar uma redação com um bom clima no *JB*, houve também muita briga.

(Costa, 2000:108)

Contudo, Odylo Costa já tinha constituído fama nos meios jornalísticos cariocas quanto ao seu rigor com a qualidade estilística e a expressão objetiva no texto jornalístico. Em 1959 assumiu a direção da *Tribuna da Imprensa*, onde permaneceu até o ano seguinte. Segundo relato de Zuenir Ventura, que integrou a equipe de repórteres de Odylo, ele teria dado continuidade ao ânimo reformista por que já passava o jornal, conhecido como escola de bons jornalistas. Em sua definição,

Odylo era um verdadeiro curtidor de texto. Ele acreditava na autoria estética do texto jornalístico, sem misturar literatura com jornalismo. Jornalismo era jornalismo e literatura era literatura. Nada de narizes de cera, portanto. Nada de matérias muito comentadas. Quintino [de Carvalho] o ajudava na melhoria da linguagem do jornal, porque tinha adquirido experiência estilística no *JB*. Chegou a fazer um manual de redação na *Tribuna*, que eu creio que tenha sido um dos primeiros de redação do Rio.

(Ventura, apud Costa, 2000:122)

Em sua passagem pelo jornal de Carlos Lacerda, Odylo Costa Filho teria revolucionado "ao criar um bom clima de redação, estimulante, e ao exigir texto malicioso e correto. (…) quem não tinha texto, lá dentro da *Tribuna*, ficaria logo preocupado com a notícia da vinda de Odylo, com medo do desemprego" (Costa, 2000:122).

O Cruzeiro

Ao sair do *Jornal do Brasil*, Odylo Costa Filho passou pela *Tribuna da Imprensa* e pela revista *Senhor* entre 1960 e 1962. Em abril de 1963, chegou para empreender outra reforma, agora na revista O *Cruzeiro*,[14] desde o final dos anos 1940 um notável sucesso editorial brasileiro, sobretudo pelas reportagens de uma turma de repórteres denominada "esquadrão de ouro".[15] A fase gloriosa de vendagem de O *Cruzeiro* (consta que tenha chegado a vender 720 mil exemplares) havia passado, mas a publicação ainda conservava o prestígio de sua "época de ouro" de reportagens. O auge da revista deveu-se à "revolução da fotorreportagem", que foi realizada em suas páginas a partir da segunda metade da década de 1940 (Peregrino, 1991). As páginas de reportagem traziam o que havia de mais moderno e inovador em fotografia e texto para contar uma história ao leitor brasileiro. A maior novidade era a forma de execução da narrativa, baseada no relato pessoal e na imagem feita *in loco*. O *Cruzeiro* ganhou fama pelo incentivo à prática da reportagem, revolucionando a escrita jornalística. Esse será o terreno de atuação de Odylo e seu grupo.

---

[14] O *Cruzeiro* (durante seus dois primeiros anos, apenas *Cruzeiro*), revista semanal surgida em 10 de novembro de 1928. Institui na imprensa brasileira um padrão gráfico editorial assemelhado ao das revistas semanais ilustradas dos Estados Unidos, França e Alemanha, que se formula paulatinamente e se acelera nos anos 1940, com ênfase nas reportagens e no fotojornalismo, inédito no Brasil. Em 1973, a revista entra em crise, como todo o império Chateaubriand. Seu título é leiloado em 1975. Sobre O *Cruzeiro*, ver Morais (1994); Costa (1992); Peregrino (1991).

[15] A denominação aparece no artigo intitulado "Esquadrão de ouro", de David Nasser, publicado na revista em 2 de março de 1963. Trata-se de uma reação às reformas implantadas por Odylo Costa Filho na redação. Os repórteres e fotógrafos do grupo elogiado por Nasser são José Medeiros, Eugênio Silva, Indalécio Wanderley, Luciano Carneiro, Luiz Carlos Barreto, Mário de Moraes, Ubiratan de Lemos, Arlindo Silva, Henri Ballot, Jorge Ferreira, João Martins, Antônio Ronek, Ed Keffel e Jorge Audi. A tentativa de Nasser de atribuir uma identidade unitária ao pessoal que já trabalhava na revista, responsável pela marca da fotorreportagem, é uma resposta a Odylo. Com a sua chegada, todos os antigos passam a ser taxados de tradicionalistas. Os recém-chegados querem modernizar o jornalismo por eles praticado desde meados dos anos 1940. Essa classificação, fundada basicamente numa diferenciação estilística e, ocasionalmente, numa crítica de procedimentos de coleta de dados, passa a operar no confronto entre repórteres/fotógrafos e o novo editor. Como mostro adiante, a oposição entre modernos e tradicionalistas vigorava dentro do próprio grupo nomeado por Nasser.

Muitos dos repórteres que fizeram a popularidade de *O Cruzeiro* ainda estavam na publicação quando Odylo chegou. Entre eles, pontuava a figura controversa de David Nasser e profissionais experientes como Mário de Moraes e Ubiratan de Lemos, primeiros ganhadores do Prêmio Esso de Reportagem em 1955. Dessa vez, os choques com a tradição estilística preexistente aconteceram na chegada e se prolongaram durante toda a permanência de Odylo no cargo de diretor de redação. De acordo com o jornalista Luiz Maklouf Carvalho (2001b:399, grifos meus), autor de um estudo sobre David Nasser e *O Cruzeiro*, Odylo foi a "solução a que *O Cruzeiro* recorria em busca da *modernização jornalística* que estancasse a contínua e desesperadora queda de tiragem — de 720 mil exemplares, em agosto de 1954, para 425 mil em abril de 1963".

Considerando essas condições e os antecedentes profissionais de Odylo, o que significava *modernização jornalística*? O texto, e mais, a maneira de fazer e escrever a reportagem, foram os alvos principais da reforma pretendida por Odylo:

> a mudança mais expressiva foi a transformação do departamento de texto em uma editoria nobre e destacada do expediente, sob a responsabilidade de Wilson Figueiredo [egresso do copidesque do *Jornal do Brasil*]. (...) Wilson lembra do rigor de Odylo com a modernização da linguagem gongórica, antiquada e coalhada de narizes de cera.
>
> (Carvalho, 2001b:400-406)

O repórter Glauco Carneiro relata o que Odylo teria lhe dito ao justificar uma ordem para que reescrevesse um texto: "É que estou querendo implantar um *novo estilo*, o do *Jornal do Brasil*" (apud Carvalho, 2001b:406, grifos meus).

A adequação dos jornalistas já existentes na redação ao padrão de referência do novo diretor e da nova equipe (em grande parte migrada do *Jornal do Brasil*) parece ter gerado confrontos e ressentimentos duradouros, como o com David Nasser. Aconteceu o "conflito *inevitável* entre a velha guarda e os feudos cristalizados ao longo de muitos anos" (Carvalho, 2001b:400, grifo meu). A estrutura hierárquica e as posições de prestígio já assentadas no passado glorioso e no presente ainda respeitável da geração fundadora da aura de O *Cruzeiro* podem ter obrigado o diretor de redação Odylo Costa a enfrentar duramente os hábitos, e principalmente, o estilo de texto dos "velhinhos" da casa. Ao que parece, ninguém escapou de ter seu texto corrigido segundo as novas convenções jornalísticas trazidas por Odylo. Até mesmo

> repórteres experimentados, como os Prêmios Esso Ubiratan de Lemos e Mário de Moraes, tiveram que reescrever matérias — por Odylo achá-las incompatíveis com o novo estilo. "Ele foi lá para quebrar a nossa crista", diz Mário, lembrando a humilhação de ter que entregar um texto sobre uma partida de futebol para o *copy* do colaborador Araújo Neto.
> (Carvalho, 2001b:405)

Na expressão de Glauco Carneiro, "a cisão era total. O Odylo ignorava o pessoal da casa" (apud Carvalho, 2001b:406). A guerra interna teve na recusa dos costumes narrativos firmados em O *Cruzeiro* sua motivação maior. Afinal, "ele [Odylo] mandava reescrever tudo; queria precisão, informação checada, *lide* enxuto", diz Wilson Figueiredo (apud Carvalho, 2001b:406). A ordem foi abandonar o estilo *inventivo* e *romanceador* de fazer reportagem então existente (mas não exclusivo da revista), em prol da reportagem do fato real e da objetividade narrativa, pontos de honra do jornalismo moderno a que aderiu Odylo em seus cargos de reformador de redações. Ao que parece, a postura conciliatória, capaz de harmonizar gerações de jornalistas e seus respectivos métodos de trabalho e estilo de escrita — atribuída à passagem de Odylo pelo *Jornal do Brasil* — não foi acionada na convivência com o grupo de antigos repórteres da revista de Chateaubriand.

O Estado de S. Paulo

Reformas com objetivos modernizantes aconteciam na imprensa paulistana concomitantemente àquelas das publicações cariocas. Em 1952, sob o comando de Cláudio Abramo na secretaria de redação de O Estado de S. Paulo, inicia-se a transformação que significou a "adoção de novas práticas de controle da produção e da publicidade, reforma gráfica e mudança da cultura da redação" (Ribeiro, 2001:71). As novidades introduzidas, bem como aspectos da condução operacional da reforma, são descritas sob a ótica do jornalista responsável, que comentou em seu "memorial" jornalístico o momento vivido no jornal da família Mesquita.

Abramo trabalhou como repórter do jornal a partir de 1948: "quando entrei no *Estado*, o jornal estava num período de decadência jornalística, não por falta de imaginação, mas porque os quadros haviam envelhecido" (Abramo, 1988:29). Após um período afastado do jornal, que incluiu um curso de jornalismo na Europa, retorna para executar a reforma que foi "uma luta". O combate já começava na oficina do jornal, cujo trabalho era autônomo em relação à redação — como, por exemplo, o cálculo do espaço reservado para os anúncios, que gerava impactos imediatos, e importantes, no espaço reservado para o texto jornalístico. No geral, "a reforma implicava a modernização das operações do jornal e a introdução de métodos que não eram usados até então nos jornais de São Paulo ou do Brasil" (Abramo, 1988:32). Quanto às alterações da redação, elas incidem primeiro sobre a composição e o perfil dos profissionais, para então se estender à concepção e à feitura do texto.

Cláudio diz que "uma vez no posto [de secretário-geral], comecei a promover uma mudança total nos critérios de recrutamento de pessoal, treinamento e adestramento". *O pessoal de Abramo* era composto por jovens universitários, cursando jornalismo e outros cursos de humanidades. Eles substituíam os ditos "jornalistas de tipo antigo, boêmios, jogadores e pessoas esquisitas". O resultado, segundo ele, foi que "o pessoal novo criou um desnível brutal, não só com relação aos outros jornais, mas dentro da própria redação do *Estado*" (Abramo, 1988:33).

Contudo, as modificações reputadas por Abramo (1988:34) como pioneiras na imprensa brasileira não teriam sido obra de um único autor. Em sua análise,

> nesse período em que modernizamos o jornal havia uma convergência de situações e de oportunidades. Essas coisas nunca são obra de uma só pessoa, ou de um grupo de pessoas. São vários elementos que contam: o momento histórico, a época política brasileira, a circunstância de sermos todos jovens, de sermos amigos. Havia várias circunstâncias que favoreciam esse clima de reforma, de mudança e de acréscimo para o jornal. Formamos equipes excelentes, chefiadas por jornalistas de grande talento.

A reforma total na maneira de fazer o jornal, na expressão de Abramo, atingiu a escrita vigente até então em O *Estado de S. Paulo*. A principal concepção implantada foi a separação entre opinião e noticiário. Por isso, ele avalia ter sido essa "a grande reforma do *Estado*, a maior reforma já feita num jornal brasileiro porque mudou tudo e conseguiu manter, durante anos, um noticiário o mais possível "objetivo", ao lado de editoriais absolutamente antediluvianos (Abramo, 1988:37)".

Para tanto, o estilo do texto, notadamente o informativo, foi alvo do reformador, que agiu "tornando-o mais direto e coloquial, rompendo com uma série de *normas não ditas*, criadas pelo hábito, e movendo perseguição ferrenha ao falsamente literário *nariz de cera*" (Ribeiro, 2001:72).

Sobre os hábitos estilísticos da imprensa por volta do final da década de 1940, Abramo (1988:26-27, grifos meus) dá o seguinte depoimento:

> Nesse tempo, todas as matérias tinham nariz de cera. O sujeito começava dizendo assim: "O advogado Sobral Pinto, essa figura fulgurante do Direito brasileiro, veio para São Paulo e se hospedou no hotel Tal, de velhas tradições, e ontem gentilmente se dispôs a atender à nossa reportagem (…)". Era tudo assim. Fotografia era chamada de flagrante. *Só fui acabar com isso no* Estado, *anos depois.*

A depuração dos métodos e do estilo de *O Estado de S. Paulo* foi empreendida com grande ímpeto novamente em 1988, com o jornalista Augusto Nunes. A desabalada busca pela modernização editorial leva a pensar que o "moderno" deixado por Abramo ou se perdeu no tempo ou caducou diante dos novos sentidos atribuídos ao bom jornalismo. As mudanças ocorridas a partir de então na redação são consequência de transformações estruturais em processo no Grupo Estado desde 1982, tais como reorganização administrativa, profissionalização de alguns postos administrativos, construção de nova sede e ampliação de parque gráfico (Ribeiro, 2001:73-75).

Augusto Nunes assumiu a direção de redação aos 38 anos, com objetivo de remoçar o conteúdo e a forma do jornal, para "desfazer a imagem que o Estadão tem hoje, de um jornal zangado, pesadão, parado no tempo, e partir para a conquista dos leitores mais jovens" (apud Ribeiro, 2001:76). Para tanto, conta Ribeiro, "o projeto de Nunes tratou de emitir uma série de normas, impostas a ferro e fogo" (Ribeiro, 2001:76). Essas novas regras diziam respeito à correção linguística e estilística. O suporte da vigilância — só seriam tolerados três erros, antes da demissão dos faltosos — era o *Manual de redação e estilo*, concluído sob a gestão de Nunes.

A intenção de Nunes era "deseditorializar" o noticiário do jornal, combatendo vícios de estilo naturalizados ao longo dos anos. A meta de um texto imparcial, característica do que concebe como jornal "tolerante, moderno e verdadeiro", seria atingida com a suspensão de "regras não escritas" — aquelas em que não se consegue apurar nem a origem nem a paternidade.

> Por exemplo, o Brizola só era chamado de "caudilho". Antigamente, quando o jornal era mais militante, se encarava até com certa graça a citação do "A. de Barros", do "J. Quadros". Hoje isso confunde: tem que dar o nome. *Eu tirei os adjetivos e achei que devíamos tratar com imparcialidade e ouvir a versão de todo mundo.*
>
> (Nunes apud Ribeiro, 2001:77, grifos meus)

A renovação de profissionais acompanhava e, em larga medida, apoiava as ideias reformadoras do diretor de redação recém-chegado. De acordo com Jorge Claudio Ribeiro, Nunes "tratou de *montar sua equipe*, contratando *estrelas* com salários superiores aos praticados e trazendo novas chefias, que, por sua vez, tratam de montar a própria equipe. Houve grande número de dispensas e imperou na equipe antiga o medo de demissões" (Ribeiro, 2001:76, grifos meus).

Folha de S. Paulo

O jornal paulistano foi reformulado a primeira vez na década de 1950, sob a gestão de José Nabantino Ramos. A intenção de normatizar os procedimentos diários de produção do jornal e estabelecer regras para a composição do texto jornalístico foi acompanhada das "normas de trabalho para a divisão de redação" para os três jornais editados pela empresa, publicadas em 1959. Não encontrei registros de outras medidas reformistas sistemáticas na *Folha de S. Paulo* até 1984, quando começa a implantação do chamado Projeto Folha. Trata-se de um amplo programa para racionalizar, controlar e uniformizar o ritmo editorial e regular a linguagem e o estilo jornalístico na *Folha de S. Paulo*. Em sua implementação, iniciou-se uma cruzada contra o que concebiam como mau jornalismo e maus jornalistas. Como diz um dos homens de primeira hora do grupo liderado pelo diretor de redação, Otávio Frias Filho, tinha começado uma fase do jornal em que prevalecia a "preocupação com a técnica da atividade" e o empenho na "formulação de uma ideologia jornalística" (Lins da Silva, 1988:47).

O manual de redação é um componente central para o registro e a divulgação da "ideologia" que o grupo de jornalistas reformistas propunha, sintetizada na fórmula do jornalismo "crítico, pluralista, apartidário e moderno". Neste caso específico, ele foi a justificativa para excluir jornalistas inadequados e manter os afeitos aos novos parâmetros de trabalho. A reforma da *Folha de S. Paulo* se deu de forma bastante dramática e provocou rupturas no meio jornalístico paulistano, dada a forma coercitiva de sua implantação. Os próprios gestores da reforma assumem seu caráter violento em um primeiro instante, em razão das reações adversas dos jornalistas da redação e de fora dela (principalmente de seu sindicato), e da contrarreação firme dos novos diretores e editores. Na avaliação de Carlos Eduardo Lins da Silva, embora a primeira edição do manual tenha vendido muito nas bancas e os leitores do jornal tenham estranhado algumas modificações impostas, "o manual causou incômodos muito maiores aos jornalistas" (Lins da Silva, 1988:123).

A intenção da nova equipe de editores era conter ou extinguir a liberdade dos jornalistas quanto à maneira de escrever. As divergências quanto às normas estilísticas do manual vinham principalmente dos jornalistas mais experientes, defensores da criatividade narrativa e da liberdade de manejo individual do texto jornalístico. É particularmente notória a crítica do repórter Ricardo Kotscho (apud Lins da Silva, 1988:124, grifos meus):

> A dificuldade em uniformizar-se de acordo com o manual não é tão grande para quem está chegando, mas é muito maior para quem já tem muito tempo no jornal. Fica difícil, *cada um tem um jeito de escrever* (...) Aí, é uma discussão sobre se o jornalismo se aproxima mais de uma técnica do que de uma arte. Eu sou de um tempo, já tenho mais de vinte anos de profissão, e acho que é muito mais para o lado da arte que da técnica.

A adesão aos preceitos de um manual de redação e aos seus efeitos correlatos de uniformização do texto jornalístico está relacionada a uma clivagem geracional entre os jornalistas. A implantação do Projeto Folha e a institucionalização do manual de redação, para serem bem-sucedidos, dependeram do treinamento e do acordo de jovens profissionais afins às condições modernizantes do controle industrial da produção jornalística, das imposições estilísticas e da impessoalidade na forma de redigir o texto no jornal (que não deve ser confundida com anulação da autoria, pois a assinatura dos textos se mantém). O conflito opôs os reformistas — "jovens e inexperientes" — aos jornalistas — "veteranos e escolados". Estava em jogo, entre outras concepções a respeito de como deve funcionar um jornal e da natureza do trabalho dos jornalistas, a percepção do estilo jornalístico como livre e pessoal (literário?) ou regulado e padronizado. A reforma foi realizada e acarretou a demissão dos resistentes ou insatisfeitos com os "novos ares" — nos primeiros mil dias, contados entre 1984 e 1987, foram 474 demissões. Segundo Lins da Silva (1988:156) o maior número de saídas aconteceu em 1984 (116), 1985 (142) e 1986 (187).

A avaliação feita por Carlos Eduardo Lins da Silva desses primeiros anos conclui que até 1988 persistiam alguns dos vícios combatidos pelo manual de redação apesar da introdução, na rotina de trabalho da redação, de instrumentos práticos de vigilância e acompanhamento — tais como a crítica diária dos erros do jornal e consequentemente, do jornalista; a avaliação de desempenho e as planilhas de produção. Entre as falhas estilísticas, Lins da Silva aponta o uso da palavra "esposa" no lugar de "mulher"; textos com o verbo "falecer" no lugar de "morrer", com a palavra "elemento" para designar um acusado de qualquer crime; designação de uma Força Armada como Arma; erros de crase, de utilização do verbo haver e uso de cacoetes de linguagem. Além disso, "o nariz de cera, embora condenado pelo manual, ainda é o começo de um considerável número de textos publicados" (Lins da Silva, 1988:131). Naquele momento, achava-se que "o manual está ainda longe de ser inteiramente respeitado na redação da *Folha*, em especial os profissionais que trabalham fora de São Paulo" (Lins da Silva, 1988:131). O profissional ao mesmo tempo requerido e moldado pelo manual seria o jornalista que correspondesse à seguinte descrição: "O jornalista da *Folha* é bastante jovem, profissionalmente novo, competitivo e disciplinado". Venceram os propósitos homogeneizadores do manual — "os que não gostavam do manual já se calaram ou não estão mais na *Folha*" (Lodoño apud Lins da Silva, 1988:133).

Notícias Populares

O critério do estilo e da linguagem usado para distinção e hierarquização nas representações dos jornalistas sobre seus pares é válido para qualquer jornal, inclusive para aqueles de menor prestígio social, classificados como "populares" ou "sensacionalistas". O que assim os define é justamente a forma narrativa de tratar os fatos — que eventualmente coincidem com os acontecimentos trazidos pelos jornais "sérios" — tanto em textos como em fotos.

Para demonstrar essa afirmação, tratarei da reformulação editorial e gráfica no jornal paulistano *Notícias Populares*, pertencente ao grupo Folha da Manhã S. A. de 1965 a 2001, quando foi extinto. Sob a orientação dos valores profissionalizantes e modernizadores existentes no Projeto Folha, iniciou-se em 1990 a primeira reformulação sofrida pelo jornal em toda a sua história, desde sua criação em 15 de outubro de 1963 (Rocha, 1997). A era iniciada com a reforma é um divisor de águas entre estilos de texto e perfis profissionais, que separa os antigos editores da nova geração colocada pela direção da empresa para mudar o jornal sem perder sua inserção "popular".

O primeiro editor do jornal *Notícias Populares* foi o romeno Jean Mellé (outubro de 1963 a março de 1971), sucedido por Armando Gomide, que permaneceu no cargo até o ano de 1972. Em 31 de março deste mesmo ano, Ebrahim Ramadam passou a ser o editor chefe, posição que ocupou até 28 de fevereiro de 1990, quando Leão Serva assumiu, em 1º de março, a missão de reformar o jornal. Mas logo em julho de 1990 Serva foi substituído por Laura Capriglione, que por não possuir o diploma de jornalista, não podia assinar como editora responsável. Para resolver a questão, o jornal contratou, em agosto, o jornalista Álvaro Pereira Jr., e durante um ano foi ele quem assinou como editor chefe, apesar de efetivamente ser subeditor. Só no final de 1991, com a saída de Laura, Álvaro Pereira Jr. tornou-se editor chefe de fato, posto que ocupou até 20 de agosto de 1995.

Os depoimentos que utilizo foram recolhidos por Paula Melani Rocha e compreendem apenas o período até 1995.[16] A referência temporal dos discursos corresponde ao intervalo que se estende da gestão do editor Ebrahim Ramadan até Álvaro Pereira Jr. Foram entrevistados Ramadan, Capriglione e Pereira Jr., além do jornalista José Luis Proença, que acompanhou a transição de modelos jornalísticos vivida pelo *Notícias Populares*

---

[16] Para se conhecer as mudanças acontecidas no jornal desta data até a última edição de 20 de janeiro de 2001, ver Campos Jr. et al. (2002).

das posições de pauteiro, editor geral e secretário de planejamento, funções que ocupou entre 1974 e 1992. Os juízos feitos sobre a gestão de um e de outro revelam os códigos de nomeação e valoração do trabalho jornalístico manejados pelos agentes.

Algo inteiramente novo em relação às outras publicações consideradas, e que o exemplo do *Notícias Populares* evidencia, é a concepção de distância ou proximidade social entre jornalistas e leitores e entre jornalistas de gerações distintas. Com as reformas de 1990, transformou-se tanto a estrutura da redação quanto a apresentação visual e escrita do jornal. Na visão dos editores pós-reforma, ambos jovens com diploma universitário, oriundos de famílias de classe média e nascidos na capital, os "jornalistas da redação antiga" se diferenciam deles quanto à origem social e ao estilo de vida. Para Laura Capriglione (apud Rocha, 1997:70),

> eles circulavam por ambientes que os leitores do jornal circulavam. Você não tinha um jornalista do *NP* que morasse nos Jardins (bairros de São Paulo), você não tinha jornalistas do *NP* que frequentassem restaurantes legais. Era P.F. (prato feito), enfim, muito próximo do leitor do jornal.

Laura Capriglione (apud Rocha, 1997:42) continua sua argumentação sobre a proximidade entre jornalista e leitor:

> Era como se o leitor do jornal estivesse lá dentro. Coisa que acontece na *Folha* direto. O público interno dela funciona como uma boa baliza em relação ao que é o público externo. E no caso do *NP*, aqueles jornalistas, a velha guarda do *NP*, funcionava muito como isso, como uma referência sobre o que pensava o público do próprio jornal.

A nova geração de jornalistas que assume o jornal com a reforma quer se mostrar diferente dos antigos quadros em termos sociais, profissionais e estilísticos. Primeiro, acreditam romper com a suposta continuidade social entre quem faz o jornal e o seu leitor típico. Em seguida, proclamam novos métodos de trabalho como a investigação e a reportagem de fatos realmente existentes, em contraposição às notícias forjadas na redação, fato comum em outros tempos, e ao sedentarismo da cobertura jornalística de outrora. Há, pois, a proposição de uma nova ética do trabalho jornalístico. E, finalmente, a separação se completa com a diferença estilística: a linguagem do texto do *Notícias Populares* seria um dos fossos construídos entre os jornalistas antes e depois da reforma modernizante.

Segundo Rocha, Pereira Jr. diz que "a redação pós-reforma é mais moderna, a geração anterior desenvolvia o jornalismo romanceado, de crônicas e pseudo-literário" (Rocha, 1997:71). Capriglione e Pereira Jr. concordam que a reforma mudou a "linguagem" do jornal:

> Laura classifica a linguagem dele [*Notícias Populares*] como infantil, fazendo a redação na primeira pessoa, ao contrário dos jornais tradicionais que usam a terceira pessoa. Ela mostra que no *NP* o forte da notícia está no depoimento, ao contrário da *Folha*, *Veja* e *Estadão*.
>
> (Rocha, 1997:72)

A editora julga a linguagem do jornal antes da reforma um item primordial de intervenção:

> Uma coisa que eu quis arrumar logo foi o problema da linguagem do jornal. Porque por mais paradoxal que seja, o *NP* tinha uma linguagem até empolada e não podia ser assim, não deveria ser assim. O *NP* não usava gíria, era uma coisa engraçada ou usava pouca gíria. A gente começou a usar bastante essa gíria pedestre, da rua.
>
> (Rocha, 1997:76)

José Luís Proença (apud Rocha, 1997:76), jornalista de "transição" entre os dois modelos editoriais do jornal, critica a linguagem adotada na gestão de Capriglione:

A Laura tinha uma proposta de partir para um jornal mais escandaloso. A manchete era a grande sensação (...) o tipo de linguagem, se usava gíria no jornal há muito tempo, se usava uma gíria de bandido, que não é acessível a todo mundo, mas era uma coisa com uma certa parcimônia e eles radicalizaram em determinadas coisas. Passou a usar uma gíria muito pesada e restrita a determinados grupos.

Entretanto, Pereira Jr. considera que a linguagem "é simples e inteligível como tem que ser em todos os jornais, para o leitor entender o que está lendo" (apud Rocha, 1997:72). Porém, como o leitor do jornal é representado como uma entidade sociológica à parte, é para ele que o jornal deve falar, pressupondo-se os assuntos e o modo de contar que ele gostaria de ouvir.

As transformações na confecção do jornal alteraram a composição da redação. A exigência de dedicação exclusiva ao jornal teria diminuído

> o número de jornalistas antigos, que tinham ingressado no jornal no período anterior à reforma, pois a maioria tinha dois empregos e preferiu sair do *Notícias Populares*. *Automaticamente*, entraram pessoas novas para compor o quadro da redação. (...) Durante a gestão de Álvaro a redação ampliou para 55 jornalistas, sendo a maioria *jovens e recém-formados*.
>
> (Rocha, 1997:73, grifos meus)

Nota-se que as mudanças ocorridas em um jornal de baixa posição na escala simbólica dos jornalistas — lugar que, segundo Paula Melani Rocha, resulta do desprestígio social do seu público leitor — seguem muitas vezes o mesmo curso de enfrentamento de padrões jornalísticos ocorrido em redações dotadas de grande capital de respeitabilidade entre seus pares.

As situações de mudança e conflito, descritas nas redações entre jornalistas atuantes nos anos 1950, 1980 e 1990, apresentam algumas semelhanças e distanciamentos em função da natureza das disputas em questão. Em todas elas, são jornalistas *outsiders*, os quais se opõem a práticas jornalísticas estabelecidas, que são convocados pelas direções das empresas com o fim de promover reformas. A nova ordem deverá ser imposta graças ao enfrentamento dos jornalistas estabelecidos (seja por tempo de casa e/ou pelo prestígio adquirido que lhes faculta trabalhar de acordo com métodos pessoais e, principalmente, escrever no estilo que lhes aprouver). E, mais importante: é a chegada dos "forasteiros" que institui a divisão entre os grupos, ou seja, o conflito instalado funda identidades e confere atributos a perfis de jornalistas diferentes.

Nas experiências dos anos 1950 e 1980, acontecidas em publicações que poderiam, todas, ser classificadas como leituras de um público de classe média, o combate se travou entre modelos de jornal mais ou menos jornalísticos (traduzidos, no vocabulário dos contendores, pela diferença entre estilo literário e estilo jornalístico). Não encontrei depoimentos que as relatassem em termos de lutas entre pessoas de diferentes posições sociais. Nelas estava em jogo uma disputa entre pessoas de tradições jornalísticas diferentes, mas provavelmente de origem social assemelhada.

A exceção notável ocorre na emergência da profissão de repórter fotográfico, invariavelmente explicada, tanto nos relatos nativos, quanto nos estudos acadêmicos sobre a fotografia no Brasil (Coelho, 2000), como fruto da ascensão de indivíduos oriundos das camadas médias em oposição ao declínio dos fotógrafos com baixa escolaridade, recrutados entre as classes populares. Por sua vez, a reformulação acontecida na década de 1990 no jornal "popular" se traduz por um confronto entre linguagens jornalísticas. A diferença estilística é explicada por condições de classe, que separam os jornalistas antigos dos jovens recém-chegados, investidos do poder de mudança.

O estudo de Norbert Elias sobre as rivalidades entre *tarpaulins* e cavalheiros na gênese da profissão naval na Inglaterra ilumina as disputas travadas entre jornalistas no interior das redações. Como aconteceu com os marinheiros ingleses, "pode-se dizer que batalhas similares por *status* e lutas por posição, mais longas ou mais curtas, conforme o caso, podem ser encontradas sempre que indivíduos, inicialmente independentes, se reúnem em um grupo, ou grupos menores em maiores" (Elias, 2001:108). O autor atesta que na profissão naval nos séculos XVI e XVII, assim como na Força Aérea no início do século XX, havia a possibilidade de coabitação entre dois grupos sociais e profissionais distintos. Por um tempo, foi possível que essas pessoas "trabalhassem juntas como colegas e, ao mesmo tempo, lutassem umas com as outras como rivais" (Elias, 2001:107). Os jornalistas parecem tolerar menos essa convivência com a diferença social ou profissional, talvez porque os grupos em disputa façam o mesmo trabalho, não sendo possível, pelo que demonstram as demissões e os expurgos mencionados antes, complementaridade e interdependência entre aqueles que escrevem no jornal, nem por um breve período. Logo no início de uma reforma editorial, alguns vencem; os perdedores saem à procura de outro posto.

Reportagem: técnica jornalística ou arte literária?

> O repórter tem um inimigo, um agente desintegrador, um micróbio que cumpre eliminar de seu organismo profissional, de sua máquina de armar notícias: *esse inimigo é o poeta* que está em quase todo homem que procura a banca de redação, a mesa de jornal, como meio de ganhar a vida. Vimos, assim, que o repórter é um buquê de frustrações. *Ele precisa trazer o dom nato da poesia e esmagá-lo dentro de si mesmo*. Necessita ter imaginação e não usá-la, porque se *a verossimilhança é mais importante que a verdade*, o secretário de redação deixa de saber disso.
>
> (Nasser, apud Carvalho, 2001b:326, grifos meus)

O repórter David Nasser, possivelmente o mais popular da história da imprensa brasileira, formou com o fotógrafo francês Jean Manzon a principal dupla da revista *O Cruzeiro*, trazendo fama, poder e vendagem à publicação. Na expressão cunhada por ele mesmo, a revista abrigou o "esquadrão de ouro" da reportagem brasileira de finais dos anos 1940, que alcançou seu auge na década de 1950, até o seu fim, já em 1970. A força do estilo de Nasser certamente foi responsável pela leitura ávida de cada exemplar semanal que trazia peripécias dos homens de Assis Chateaubriand pelo Brasil afora e por outras partes do mundo. Contudo, Nasser pertencia àquela espécie de repórter dominado pela literatura e sucumbiu ao perigo de fazer ficção em seu jornalismo. Para ele, mais valia a verossimilhança que a verdade.

David Nasser é o personagem da galeria de jornalistas repórteres que sintetiza de forma emblemática o dilema entre literatura e jornalismo, suas misturas, seus confrontos, suas oposições. Basta acompanhar suas próprias digressões sobre o trabalho de repórter e a de seus pares, contemporâneos ou subsequentes, para entendermos suas posições a respeito do estilo jornalístico e do método de execução da reportagem. Dele se diz que foi um "ficcionista da reportagem", que era um repórter que "ouvia contar e contava"; que suas reportagens seriam "inventivas" e nelas procurava "romancear a verdade". Os recursos estilísticos usados incluem a "conversa com o leitor, em tom pessoal", antecedendo o começo do texto, as "declarações em aspas atribuídas a personagens anônimos", a autoaclamação de sua coragem e perspicácia na reportagem referida no texto — o repórter *é* a notícia —, a adjetivação desavergonhada, incisiva, e às vezes cruel.

Embora fosse considerado "o maior repórter brasileiro", Nasser recebeu apenas um prêmio jornalístico, em categoria não competitiva: a menção honrosa pela reportagem "Por uma menina morta" (publicada em *O Cruzeiro*) no Prêmio Esso de Jornalismo de 1960. Na ocasião, outras cinco reportagens mereceram distinção semelhante (Esso, 1995:20). Como escritor foi consagrado por dois prêmios literários, além dos constantes elogios de outros literatos. Tal foi o caso de Rachel de Queiroz, titular durante longo tempo da última página de *O Cruzeiro*, que louvou as qualidades de escritor do repórter Nasser, cujo texto teria "condições de legítima sobrevivência como matéria literária" (Queiroz, apud Carvalho, 2001b:149). Nelson Rodrigues também era um entusiasta do texto do repórter: "Suponhamos que o fato em si mesmo não é nada, não oferece nenhum conteúdo excepcional. Vem o sr. David Nasser e lhe dá a poesia, o ambiente próprio, o pitoresco muitas vezes secreto." (Rodrigues, apud Carvalho 2001b:128).

Sabe-se que o jornalista e escritor Nelson Rodrigues foi um adversário notório dos ares objetivistas e imparciais que se procurou impor ao texto jornalístico a partir da década de 1950, ridicularizando as normas estilísticas estabelecidas com este fim. As virtudes que enxergava no estilo de Nasser e na sua maneira de fazer reportagem foram justamente os pontos considerados pecados gravíssimos a serem extintos do "jornalismo verdade" — servil aos fatos, adepto da apuração rigorosa das fontes e da exatidão da informação publicada.

O estilo David Nasser conviveu e rivalizou com novas formas de fazer e escrever reportagem. Edmar Morel, seu companheiro em *O Cruzeiro*, declarou peremptoriamente: "Não gosto de fazer romances em minhas reportagens" (Morel, 1999:228). Luciano Carneiro era chamado pelo próprio Nasser de "repórter moderno", e discordando deste teria dito certa vez: "Somos duas escolas que se chocam na maneira de apresentar os fatos. Prefiro o jornalismo frio na apresentação, na superfície e na forma, porém objetivo e intenso no conteúdo" (Carvalho, 2001b:372). Críticos de Nasser, como Janio de Freitas, acusam-no de ter criado uma escola nociva ao jornalismo, por ser "mais ficcionista que repórter", o que não seria apenas uma falha de estilo, mas, sobretudo, de caráter. Além de fazer matérias pagas, era irresponsável em suas afirmações e recorria ao falso testemunho (Carvalho, 2001b).

Foram esses os hábitos formais e de procedimento combatidos na reforma intentada por Odylo Costa Filho, em sua passagem pelo território de Nasser. Como já foi dito, o jornalismo que ele concebia devia ser "moderno", praticado sob parâmetros semelhantes àqueles descritos por Luciano Carneiro. Daí a ferrenha oposição, tanto em texto aberto como nos subterrâneos jornalísticos, que o repórter empreendeu contra o editor (Costa, 2000; Carvalho, 2001b).

Seriam muitos os jornalistas que compartilhariam a proposta do jornalismo antiliterário que representou naquele momento a modernização da imprensa do Brasil. Ainda há, porém, aqueles que defendem a associação do texto jornalístico com a literatura, mas em um sentido diverso do que foi praticado por Nasser. Os valores deveriam ser "jornalísticos" no que se refere à pesquisa e publicação dos fatos, ou seja, não cabe a fantasia, a invenção ou a transcrição do depoimento sem "dono conhecido", práticas permitidas na literatura. A possibilidade, hoje admissível, de "fazer literatura" em uma reportagem, reside no uso de maneirismos narrativos, à aplicação ao jornalismo de algumas técnicas literárias. A confusão feita por Nasser, tão admirada por alguns escritores que com ele conviveram, não teria espaço nas gerações seguintes de jornalistas.

O caso David Nasser é fundamental porque através dele é possível vislumbrar os mecanismos utilizados pelo meio jornalístico quando em ambiente crítico para sua reprodução, através da destruição/combinação ou emergência de novos modelos profissionais e, consequentemente, de seus agentes representativos. O combate dos jornalistas pelo domínio do jornal foi vencido. Mas os escritores, derrotados, nem sempre foram totalmente afastados, tornando-se então "alteridades profissionais" dentro da redação. São os jornalistas de estilo indomesticável, resistentes em obedecer às novas regras do texto objetivo (ou seja, não literário). As categorias *literato, romancista, ficcionista* são empregadas como forma de classificação (e acusação), sobretudo para distinguir as gerações e seus modos de produzir e escrever o texto jornalístico. Isabel Travancas (1993) refere-se ao repórter como o tipo paradigmático da profissão de jornalista. Seguindo sua linha de reflexão, o texto modelar e identificador máximo desta ocupação profissional é aquele feito pelo repórter, em outras palavras, a reportagem. Assim, mesmo que o jornalismo tenha concluído a elaboração de sua "especificidade narrativa" a ponto de autonomizar-se no campo das profissões intelectuais, a literatura persiste como parâmetro de comparação e fonte de hierarquização entre jornalistas e modelos de reportar no jornalismo brasileiro.

Reconhecer em um repórter dotes de literato ou romancista pode sinalizar juízos negativos ou positivos — no exemplo das opiniões sobre David Nasser estes adjetivos soam, muitas vezes, como condenações. Entretanto, em outras oportunidades (e exemplos), podem soar como elogios. Por isso, é preciso entender a autonomia da escrita jornalística em relação à literatura como um processo não linear e muito menos irreversível. A literatura não foi expulsa de uma vez por todas. Para compreender tal fenômeno deve-se ter clareza sobre a natureza e as fronteiras de cada uma, em um esforço de definição, que procurei demonstrar em várias frentes e contextos.

Se a literatura já serviu para exprimir as diferenças entre os primeiros jornalistas e os últimos escritores coabitantes no espaço das redações, ela continua a ser invocada na disputa entre jornalistas de hoje e de ontem, entre velhos e novos. A "questão literária" no jornalismo brasileiro é reativada nos debates entre adversários e concorrentes dentro do campo jornalístico, apesar de ser vista como parte de uma tradição já superada por novos padrões de linguagem e novos estilos, distintos pela forma e por certa moralidade característica na coleta dos fatos jornalísticos.

Na coletânea *Repórteres* (Dantas, 1998), 11 jornalistas considerados repórteres "exemplares" — por razões que incluem a habilidade escrita — tiveram seus perfis e recordações reunidos. Esses repórteres pertencem a uma geração de jornalistas chamada de "romântica", mais afeita ao trabalho de reportagem e à estilização literária em seu texto. Ela se opõe aos "jovens promissores", que representam a geração "burocrática", hábeis nas tarefas da edição e da racionalização industrial, mas inexperientes como repórteres. Enquanto os primeiros têm na "rua" seu *habitat* próprio, os segundos permanecem confortáveis no espaço da "redação" (Lago, 1995). De maneira similar, Travancas (1993) observa uma distinção intergeracional baseada na preocupação com a construção do texto. Os "jovens jornalistas" e seus informantes não enfatizam de maneira especial o "bom texto", considerando-o mais necessário nos cadernos de cultura e política. Eles se distinguem dos jornalistas veteranos — os "eternos jornalistas" — que ressaltam a qualidade do texto entre as exigências para o exercício do jornalismo.

Os trechos que reproduzem os elogios feitos às reportagens reunidas na publicação nos aproximam do significado do jornalismo entre seus praticantes, que muito têm a dizer sobre a fronteira do jornalismo com a literatura. É a escrita que distingue um repórter entre os demais. Audálio Dantas (1998:18), por exemplo, se destacou com "reportagens, quase sempre tratando de temas sociais, em textos considerados excelentes, às vezes com tratamento literário e, por isso, até criticado por 'transgredir' certas regras do jornalismo estabelecido". Já o trabalho de Marcos Faerman "situa-se na fronteira quase imperceptível entre o jornalismo e a literatura" (Dantas, 1998:146). Alguns desses repórteres declaram que se veem como escritores — é o caso de Mauro Santayana (1998), que acredita não haver diferenças entre quem escreve livros e quem escreve para jornais, pois seriam todos redatores, como bem expressa o termo inglês *writers* — e insistem que a habilidade para escrever é imprescindível para alguém se tornar jornalista. O conhecimento literário amplo seria, pois, um requisito do aprendizado e do aperfeiçoamento da própria técnica de redação em jornalismo. Não se vê oposição, e sim mediação, entre literatura e jornalismo nos relatos desses repórteres veteranos.

Contudo, fala-se de uma ameaça comum ao desenvolvimento do estilo e da criação da escrita jornalística: o treinamento pelas regras dos manuais de redação. Esses "guias", já incorporados pelas novas gerações, são responsabilizados pela repressão à experimentação estilística (literária) nas páginas dos jornais, em particular, na reportagem. Para Marcos Faerman (1998:162), o

> estudante de jornalismo, por exemplo, que condiciona sua vida a saber escrever textos como os manuais de redação prescrevem está cometendo uma burrice inominável. Só ganha espaço, mesmo nas piores redações, quem tem o mínimo de inventividade e não escreve como se estivesse lidando com uma bula de remédios.

O mesmo repórter afirma que os manuais de redação estão "mais ligados a uma visão castradora da imaginação e do texto jornalístico" (Faerman, 1998:150). Os bons repórteres, diz Audálio Dantas (1998:10), são "desses que vão além das prescrições dos manuais ou das receitas da pauta diária".

Se essas influências consideradas ruins para o jornalismo brasileiro caracterizam os tempos de hoje, não surpreende a visão pessimista do cenário atual das redações. De uma forma geral, as comparações entre eras jornalísticas na segunda metade do século XX (período em que se formaram esses repórteres) se aproximam da descrição de Ricardo Kotscho (1998:187, grifos meus):

> Quando você vai hoje a uma redação, pode achar que errou de endereço e entrou por engano numa repartição pública. Encontra lá cada um quietinho diante do seu terminal, *cumprindo uma função determinada pelo manual, burocraticamente*. (...) Nada de comer poeira ou sujar os sapatos para conhecer pessoalmente a realidade em que vive o chamado povo brasileiro.

Os profissionais reunidos em *Repórteres* representam a excelência da reportagem, segundo o padrão de trabalho dominante em um tempo passado (o "jornal de antigamente", nas lembranças de Kotscho). Mesmo que continuem atuantes, são valorizados pela prática da reportagem em uma época de ouro, já perdida. Daí a presença e descrição das redações de periódicos em que iniciaram suas carreiras, geralmente ambientes cultivadores da reportagem na *melhor forma* desenvolvida no Brasil. As *Folhas* no final dos anos 1950, a *Folha de S. Paulo* na década de 1960, a revista *Realidade*[17] no final desta mesma década e o *Jornal da Tarde*[18] nos anos 1970, são lembrados como ninhos dos melhores repórteres brasileiros.

---

[17] *Realidade* foi uma revista mensal lançada pela editora Abril em abril de 1966 e extinta em março de 1976. Jornalistas e estudiosos consideram os anos de 1966 a 1968 o período áureo da reportagem na revista, interrompido por acontecimentos ligados ao AI-5. Seu primeiro número teve uma tiragem inicial de 250 mil exemplares e se esgotou em três dias. Em fevereiro de 1967 sua tiragem estava *na casa* dos 500 mil exemplares (Lima, 1995:167-168). Audálio Dantas, repórter da *Realidade*, comenta: "a grande marca que a revista deixou na imprensa brasileira foi *o jornalismo de texto, a busca de um texto jornalístico que se impunha por si mesmo*" (apud Fernandes, 1989:23, grifos meus).

[18] O *Jornal da Tarde*, pertencente ao grupo editor de *O Estado de S. Paulo*, surgiu em janeiro de 1966. De acordo com José Salvador Faro, o jornal "foi para as bancas como um vespertino inovador na diagramação e na linguagem. O novo veículo rompia com a sisudez de *O Estado de S. Paulo* (...). E o editorial de seu primeiro número falava em 'estilo vibrante, irreverente', para 'atingir um público diferente daquele que, normalmente, lê apenas matutinos, cujo estilo deve ser forçosamente mais pesado e prolixo'" (Faro, 1996:13).

* * *

A reportagem encontra seu lugar por meio de aproximações e distanciamentos com a literatura. Constituída como forma narrativa própria no jornalismo brasileiro ao longo do século XX, a reportagem se diferencia de outras modalidades de escrita em jornal, tais como os artigos, ensaios, entrevistas e editoriais, também escritos por jornalistas, mas raramente por repórteres. O afastamento de outras formas de jornalismo foi uma preocupação constante nos primeiros tempos de afirmação do gênero. Depois de reconhecido, passam a ser mais intensos os combates entre tipos de reportagem, retomando-se o diálogo com a alteridade literária para municiar o debate sobre a receita da boa reportagem.

Neste capítulo, concentrei-me nos aspectos de constituição do modo de escrever dos jornalistas repórteres. Mais que uma mera querela formal, estão aí envolvidos os processos centrais da identidade do jornalismo e dos jornalistas. O texto da reportagem é jornalístico quando encarna as características que os jornalistas atribuem ao seu estilo profissional. Mas há muito mais a dizer sobre quem (e como) pratica o gênero reportagem, que supõe uma operação, também especializada, que antecede a escrita.

Os repórteres — aqueles que vão à cata dos fatos, que ouvem e veem os sujeitos que participarão de seu relato e que andam pelos lugares descritos — devem inserir em sua narrativa a experiência da obtenção da informação. Ou seja, o repórter deve explicitar ao leitor como chegou ao fato. Não raro, o caminho até a notícia é narrado pleno de aventuras, obstáculos e desafios; e é na astúcia do repórter heroico que reside a vitória. O repórter torna-se então personagem na arte da escrita jornalística. Exemplo dessa narrativa é o depoimento de Ubiratan de Lemos, repórter de *O Cruzeiro*, ganhador do primeiro Prêmio Esso de Reportagem com uma história típica da aventura jornalística pelo Brasil. Diz ele, em texto em homenagem a David Nasser, quando de sua morte, em 1980: "Assim é, meus irmãos, que um repórter vive dos perigos aéreos e terrestres, políticos e amorosos, marítimos e subterrâneos, *perigos que vocês imaginam mais do que ele na realidade os experimenta*" (apud Carvalho, 2001b:59, grifos meus). Passemos das artimanhas do "contar" jornalístico para as aventuras de "fazer" reportagem, tomando a observação de Ubiratan de Lemos como princípio de interpretação. Para um repórter, ver e contar o que viu são etapas de uma coisa só: a reportagem.

2
REPORTAGEM: VIAGEM PARA A DESCOBERTA DO BRASIL

A reportagem incorpora-se às tradições jornalísticas ocidentais em finais do século XIX com a característica de ser o relato da observação e da experiência de um ou dois sujeitos que, juntos, vão até o local dos acontecimentos. São eles o repórter de texto e o fotógrafo (também chamado de repórter fotográfico), que passam a ocupar uma posição privilegiada no registro e participação dos fatos descritos aos leitores. Neste capítulo, considero o trabalho da reportagem definida como aventuresca e heroica, e que exige do repórter uma viagem particularmente desafiadora e arriscada. Parte significativa das narrativas jornalísticas sobre o ofício do repórter — compostas por livros de memórias e entrevistas/depoimentos de "grandes nomes" da reportagem veiculados por jornais, *sites* e livros da área de comunicação — dedica-se a contar histórias sobre as viagens dentro e fora do país onde o profissional publica seus textos.

Cabe agora compreender a importância da experiência pessoal e direta (isto é, não mediada por outra pessoa ou recursos tecnológicos) para o trabalho jornalístico de registro visual e escrito. Nesse ponto, a reportagem pode ser comparada à etnografia pelo valor do testemunho que oferece — "do ver com os próprios olhos". Ambas as formas de conhecimento compartilham relações com o gênero *relato de viagem*, retirando sua autoridade narrativa do fato do autor ter "estado lá". Outra semelhança está no registro de alteridades culturais que reportagens feitas no exterior — em outras nacionalidades — ou no interior de uma nação efetivamente realizam, tal como faz o texto etnográfico. Os repórteres entendem seu trabalho como uma espécie de revelação de realidades sociais desconhecidas ou mal sabidas para os leitores. Eles fazem com que pessoas e espaços, até então ausentes do registro jornalístico, passem a existir posto que descrevem, nomeiam e fixam sua imagem.

Essa tarefa é algumas vezes concebida como semelhante à do etnógrafo; em outras situações, pode mesmo anteceder a chegada do antropólogo, cabendo ao jornalista a primazia do registro inaugural de um povo recôndito ou de diferentes modos de vida. Raramente se encontram comparações entre o repórter e o antropólogo, pois a discussão sobre as relações com a literatura mobiliza a principal luta de demarcação dos jornalistas e, em particular, dos repórteres.[19] Já a relação entre procedimentos etnográficos e jornalísticos surge da interpretação do material recolhido. Por isso, é importante notar as diferenças em torno dos debates literatura/jornalismo e jornalismo/etnografia no corpo deste capítulo e em outras partes deste livro.

A reportagem combina escrita e imagem de modo a construir uma narrativa eficaz e com enorme poder de representação. O sucesso dessa fórmula — que a distingue como produto jornalístico excepcional na visão de repórteres e de leitores comuns de jornais e revistas — teve início na primeira metade do século XX. Quando o uso da imagem se intensificou nesse período, o texto passou a se adequar à fotografia, técnica que se incorporou aos objetivos jornalísticos e ganhou o qualificativo de fotorreportagem. Dessa forma, a fotografia seguiu a mesma linha temática e argumentativa do texto. A história da fotorreportagem no Brasil merece ser pontuada porque a fotografia e o fotógrafo no jornalismo partilham, com o

---

[19] No capítulo 1 apresentei exemplos de como a negação ou a incorporação do "estilo literário" são estratégias de diferenciação internas ao campo jornalístico.

repórter, da viagem e da aventura à procura da diferença, do inusitado e das curiosidades que serão oferecidos primeiro ao editor, e depois ao leitor.

Proponho que a constituição do gênero reportagem aqui no Brasil continua e reinventa a tradição bastante assentada entre nossos intelectuais de conhecer o país de perto, palmilhando as terras do interior e as regiões ignotas do litoral e da cidade para descobrir a realidade nacional. O repórter e o fotógrafo seguem rotas antigas e fazem, a seu modo, viagens de encontro do Brasil, muitas já realizadas por outros tipos de narradores. A reportagem feita com o deslocamento espacial ou social, em especial aquela que envolve risco de morte e muitas adversidades, torna-se a modalidade síntese do trabalho jornalístico. Contar como a viagem foi feita, detalhar os percalços para chegar ao destino e o difícil retorno para casa, torna-se uma seção obrigatória da reportagem em si, ou da coletânea dos trabalhos de um profissional.

Ao me debruçar sobre o modo de fazer uma reportagem, concluí que esta especialidade é um domínio masculino. Portanto, o fato de o jornalista ser homem ou mulher influencia trajetórias e o rumo das carreiras nesta profissão. O ponto de vista de gênero dá-nos a conhecer um critério de demarcação de fronteiras entre jornalistas repórteres e não repórteres. Outro critério, igualmente operante, é a filiação "geográfica" das publicações, que determina se o jornalista pertence à imprensa nacional ou à regional, classificação que deve ser compreendida como uma divisão entre jornalismos de centro e de periferia.[20]

No meio jornalístico local, a aclamação da reportagem que desvenda o Brasil para os brasileiros constituiu um modelo profissional de repórter e fotógrafo, caracterizado pelo gosto em "cair na estrada" e visitar os "grotões do Brasil". Foram esses indivíduos, quase sempre homens e reconhecidamente especialistas nesse tipo de trabalho, que operaram a mudança de lugar e tempo do narrador. Essa experiência de imersão em busca da história valiosa parece interessar aos jornalistas bem mais do que a realidade observada e as pessoas entrevistadas. Nas conversas interpares, aprecia-se mais a forma como se realiza um trabalho do que suas conclusões, ressaltando assim mais a travessia e menos o achado.

---

[20] Abordarei melhor essa temática no capítulo 4.

Viagem e aventura: um trabalho para homens

A obrigação de viajar não se impôs desde sempre aos jornalistas, mas a observação pessoal como fonte principal de um texto jornalístico é um procedimento inseparável da reportagem desde seu surgimento. A aventura inaugural do gênero é atribuída ao repórter Henry Morton Stanley, do *New York Herald* (Schudson, 1978; Ferenczi, 1996). Em 1871, seguindo as instruções do diretor de redação James Gordon Bennet Junior, ele partiu para a África com a missão de encontrar o então desaparecido explorador David Livingstone.[21] Meses depois, finalmente encontra-o. Com essa expedição de resgate, o repórter Stanley "confere ao trabalho do grande repórter o brilho e o prestígio que tornarão a profissão invejável" (Ferenczi, 1996:47).

Entretanto, será o repórter enviado para os terrenos de batalhas quem vive exemplarmente as características de aventura, viagem e perigo atribuídas a esta atividade jornalística emergente. A presença de jornalistas entre as tropas pode ser notada desde as guerras napoleônicas. A partir da Guerra da Crimeia (1854-1855), a reportagem toma novos ares com a inovação do registro fotográfico (Delporte, 1999:76). Ainda no século XIX, jornalistas franceses e britânicos acompanham as guerras Franco-Prussiana (1870-1871) e Turco-Russa (1877-1878), além de inúmeros outros conflitos que agitaram a Europa e suas colônias. Susan Sontag (2003:22) afirma que

> a Guerra Civil Espanhola (1936-1939) foi a primeira guerra testemunhada ("coberta") no sentido moderno: por um corpo de fotógrafos profissionais nas linhas de frente e nas cidades sob bombardeio, cujo trabalho era imediatamente visto nos jornais e nas revistas da Espanha e do exterior.

---

[21] David Livingstone (1813-1873), médico e missionário protestante escocês, famoso por suas viagens pelo interior da África, que se prolongaram de 1841 até sua morte. Em 1866, partiu em expedição para encontrar a nascente do rio Nilo e foi encontrado pelo repórter às margens do lago Tanganica (atual Tanzânia), quase morto. Ao vê-lo, Stanley teria dito "*Dr. Livingstone, I presume*" (Ferenczi, 1996).

A marca dessa iniciativa é que o jornalista nessas condições de risco não é apenas um observador, mas sim um ator dos acontecimentos. Um *observador participante*, pode-se dizer.

O caráter de testemunho da reportagem é expresso no ato de narrar o que se viu de perto — *Ce que mes yeux ont vu*, como explicita o título do livro do jornalista francês Arthur Meyer, publicado em 1911. O repórter é o sujeito que permanece sempre atento, com os olhos e ouvidos permanentemente alertas. Esses novos aventureiros, "para examinar os homens, as nações, os acontecimentos não se remetem mais que ao testemunho de seus próprios olhos" (Delporte, 1999:238).

Dadas as condições de seu trabalho de campo, o repórter será consagrado como o herói dos tempos modernos por seus colegas, pelos leitores e até mesmo por outros intelectuais, como revela o reconhecimento dado ao grande repórter pela Academia Francesa (Delporte, 1999:235). Como notou Delporte (1999:61), a existência da palavra "repórter" precede a "reportagem". Entende-se que o sujeito que escreve em jornal sobre os fatos que observou, utilizando-se de informações colhidas no local entre testemunhas e protagonistas dos eventos, pode ser reconhecido antes do aparecimento de uma forma narrativa particular chamada reportagem. O ator social surge antes da padronização da história escrita sob os parâmetros do estilo jornalístico.

A imagem do repórter está associada ao risco e audácia. A reputação heroica mantém-se desde os tempos das primeiras incursões de reportagem até os dias de hoje como o emblema máximo da profissão. Funda-se no jornalismo a divisão entre aqueles que são sedentários e os repórteres, o tipo de jornalista nômade. Este último assume (na França, principalmente depois da década de 1930; no Brasil, em finais dos anos 1940 e 1950) o lugar de figura modelar do ramo, e a reportagem passa a ser considerada a melhor escola de jornalismo.

No jornalismo francês, ao passo que o trabalho de reportagem se sobressai na hierarquia dos jornais — nas redações e no espaço impresso de todo dia —, ganha força a clivagem entre *petit reportage* e *grand reportage*.

A primeira denominação serve ao noticiário de assuntos classificados como *fait divers* (crimes, acidentes e demais fatos corriqueiros do dia a dia nas cidades). O repórter encarregado da cobertura desses setores foi, durante muito tempo, percebido como um jornalista menor em sua qualidade técnica e pelo caráter que exibia ao escarafunchar a intimidade da metrópole e de seus personagens grotescos, desesperados ou infelizes. Esse conceito vai-se transformando nas últimas duas décadas do século XIX com a ascensão da grande reportagem e de seus autores, conhecidos por grandes repórteres. Ambas as formas passam a ser incluídas na categoria *reportagem*, prática dotada de prestígio e reconhecimento popular. A reportagem — destituída de seu significado espúrio expresso pelo termo *pequena reportagem* — caracteriza a passagem de um "jornalismo de ideias" para um "jornalismo de fatos" (Delporte, 1999:62). A transição no modo de fazer e pensar o que é o jornalismo, representada pela invenção da reportagem, pode ser reconhecida na evolução do jornalismo americano, francês e brasileiro (Schudson, 1978; Delporte, 1999; Ferenczi, 1993; Bahia, 1990; Werneck Sodré, 1983).

O repórter é herói porque corre riscos e é atraído por assuntos dramáticos. É um viajante que não se interessa por paisagens plácidas. A ebulição, o combate, o sofrimento humano chamam sua atenção e o convocam a sair de casa. Eis a razão pela qual o emblema da reportagem, desde os seus primórdios, são os enviados especiais dos jornais para todos os recantos do mundo.

Os correspondentes internacionais se apresentam como a "nobreza" do jornalismo — os horizontes globalizados de sua aventura na contemporaneidade sustentam a mesma imagem de cosmopolitismo, coragem e astúcia construída nas primeiras aventuras de seus antepassados. Mas o ápice do desafio ainda é a cobertura de guerras. Ulf Hannerz (1995) observou a ação dos repórteres ao narrarem localidades problemáticas e pessoas em apuros; mais precisamente, analisou os textos memorialísticos de repórteres célebres, com larga experiência na cobertura de fatos ao redor do planeta e ao tratar esse material como fonte etnográfica, Hannerz concluiu que formam um gênero próprio de publicações. O culto à excepcionalidade do trabalho do repórter se renova a cada grande reportagem, e esses momentos de autoexaltação também não deixam de ser um elogio a toda classe, como mostram as autorrepresentações jornalísticas analisadas por Hannerz (1995) e Delporte (1999). Qualquer ocasião para falar aos pares e introduzir os noviços no ofício pode ser aproveitada para ressaltar as qualidades de heroísmo e coragem que enxergam na reportagem.

Os repórteres que viajam e se arriscam pelo mundo são, em sua maioria, homens. Desde os primeiros tempos da reportagem, a atividade nômade do jornalismo é exercida por eles. Christian Delporte faz referência a três mulheres que viajavam para seus jornais nas primeiras décadas do século XX: Andrée Viollis, Louise Weiss e Alice La Mazière. Esta última era casada com o repórter Pierre La Mazière e ambos trabalhavam no *Petit Journal* (Delporte, 1999:239).

Entretanto, raras são as mulheres que figuram na lista de autores de grandes reportagens, apesar da crescente presença feminina nas redações jornalísticas (acelerada a partir da década de 1980), pois poucas são aquelas que se dedicam às expedições de longo curso e alto risco. As mulheres, em geral, dedicam-se mais a tarefas sedentárias ou a atividades de pouca mobilidade dentro do espaço da cidade, só viajando quando a pauta não envolve perigos exagerados (Clifford, 1997:31-32). Assim sendo, pode-se dizer que a associação entre masculinidade e aventura prevalece (Lutz e Collins, 1993:67).

Se de fato há uma desproporção inquestionável entre a quantidade de repórteres homens e de repórteres mulheres atuando em reportagens heroicas e aventurescas, existe pouco destaque para aquelas que praticam a *grande reportagem*, inclusive a cobertura de guerras. Ou seja, o silêncio sobre o trabalho dessas mulheres nos faz crer em sua quase total ausência nesse ofício. A coletânea *Arte da reportagem* (1996), organizada pelo jornalista brasileiro Igor Fuser, elege 54 textos (alguns com mais de um autor) publicados no Brasil e no exterior; entre eles, sete são reportagens feitas por mulheres. As repórteres que se lançam em aventuras são poucas e solitárias nesse terreno em que circulam tantos homens. Quem são elas?

Vilma Gryzinski, correspondente da revista *Veja* na Guerra do Golfo (1990-1991), acompanhada do fotógrafo Antonio Ribeiro, conseguiu chegar à zona de combate. Os outros jornalistas brasileiros tiveram acesso bloqueado pelo comando militar dos Estados Unidos, que só permitia a entrada de jornalistas americanos. Segundo Fuser, a posição privilegiada da correspondente foi conseguida graças à ajuda do comandante das forças do Egito — um dos países integrantes da expedição multinacional liderada pelos Estados Unidos. "'Deve ser muito difícil para uma mulher trabalhar assim na cobertura de uma guerra', comentou o brigadeiro Said, militar egípcio que ajudou os dois jornalistas brasileiros" (Fuser, 1996: 443).

Os jornalistas homens parecem pensar como o militar egípcio. Especialmente aqueles que são correspondentes internacionais e, ocasionalmente, correspondentes de guerra. A percepção da atividade da reportagem através de categorias de gênero foi registrada por Ulf Hannerz em sua análise dos repórteres *globe trotters*. Na busca de notícias do estrangeiro, "correspondentes internacionais que são mulheres, até mesmo correspondentes de guerra, estão presentes, mas no geral esse é um mundo representado como masculino" (Hannerz, 1995:15). Quando falam delas em suas memórias, os correspondentes acusam-nas de usar o tempo para tomar sol nos hotéis, ou ainda de só aproximarem-se de um colega para conseguir proteção durante a missão. Dizem também que as mulheres só vão ao campo de batalha depois que a guerra termina (Hannerz, 1995:15). As repórteres estão excluídas dos encontros em bares, que os correspondentes sempre descrevem em suas viagens. A *communitas* jornalística no estrangeiro é composta por homens. Os *newspapermen* formam um espaço de sociabilidade e companheirismo fora de casa, em meio ao caos que normalmente os circunda, posto que sua tarefa primordial é sair à cata de problemas.

Há ainda, na mencionada coletânea brasileira, a reportagem de autoria de Laura Greenhalgh, publicada em abril de 1996, na revista *Marie Claire*. O trabalho foi feito por uma repórter, publicado em uma revista feita para mulheres, tratando da condição e dos projetos das "guerrilheiras zapatistas". O levante promovido pelo Exército Zapatista de Libertação

Nacional em 1994, analisa Fuser (1996:641), não foi capaz de "abalar a inércia das redações". Laura Greenhalgh resolveu viajar até lá, sendo uma "entre os poucos repórteres brasileiros que se aventuraram pelas montanhas rebeldes de Chiapas". No México,

> durante onze dias, Laura percorreu as estradas empoeiradas de Las Cañadas, dormiu em barracas no meio da selva e compartilhou com os nativos a *tortilla* e o feijão, para trazer aos brasileiros — e, principalmente às brasileiras — o lado feminino da guerrilha: as mulheres zapatistas, índias pequenas, frágeis e valentes que representam trinta por cento do EZLN.
>
> (Fuser, 1996:641)

A ocupação feminina dos terminais de jornais e revistas pode ser constatada em visitas a redações de todo o Brasil. As mulheres jornalistas têm tido seu trabalho reconhecido nos espaços de consagração que são os prêmios jornalísticos, inclusive no mais prestigiado deles, o Prêmio Esso de Jornalismo. As reportagens cujo mérito vem sendo reconhecido ou em concursos da área, ou em publicações como a coletânea de reportagens citada, são, em sua maioria, aquelas que resultam de um trabalho de investigação feito perto de casa. Ainda que a repórter tenha se deslocado para um universo desconhecido do leitor e diferente de suas próprias referências sociais e culturais, ela se movimenta pelas ruas da cidade, o que é diferente de "cair na estrada". Ilustra esse modo de fazer reportagem o trabalho das jornalistas da *Veja* Flávia Varela, Valéria França e Eliane Azevedo, apontadas como exemplo da arte de reportar por Fuser (1996). A reportagem "Pretos, pobres e raivosos", publicada em janeiro de 1994, mostrou o universo desconhecido da cultura jovem da periferia, dos bailes funk, dos cantores de hip-hop, grafiteiros e dançarinos de *break*.

Hoje, as mulheres estão sendo reconhecidas como boas repórteres. No entanto, há nichos extremamente prestigiados entre jornalistas que são exclusivamente de domínio masculino (simbólica e concretamente).

A reportagem de aventura, os riscos da estrada e da observação de conflitos ainda são tarefas reservadas aos homens da redação, são naturalmente missões masculinas. Quanto à imagem, fundada há mais de cem anos, do repórter heroico desbravador dos perigos da água, da terra e do ar, manteve-se intacta até hoje.

Repórteres na terra, na água e no ar

Vida de repórter é vida sem descanso, exige disposição para seguir viagem a qualquer hora, para qualquer lugar onde exista uma boa notícia. Essa definição é enfatizada nos relatos memorialísticos de repórteres brasileiros. O heroísmo do *viajante ousado* é uma qualidade que adere ao repórter em geral e pode ser observada no registro da carreira de alguns profissionais da área.

Edmar Morel (1912-1989), cearense de nascimento, jornalista de destaque na imprensa carioca desde os anos 1930, trabalhou no *Jornal do Brasil*, *O Globo*, *O Cruzeiro*, *Última Hora*, entre outros. No prefácio ao livro *Histórias de um repórter* (1999), Nelson Werneck Sodré (1999:12) define "Morel, o repórter" como portador das

> qualidades excepcionais de coragem, audácia, faro para o acontecimento insólito, capaz de atrair as atenções e prendê-las a ponto de absorver o interesse do público por dias e dias. (...) E partia para realizá-la [a reportagem], quaisquer que fossem os obstáculos, enfrentando qualquer perigo, desafiando os impedimentos mais variados e incríveis.

Na lembrança das reportagens realizadas destacam-se as aventuras vividas por Morel. "A volta ao Brasil em doze dias" foi uma das mais grandiosas, nascida da ideia de fazer uma viagem pelas fronteiras do Brasil, somando 20 mil quilômetros e 200 horas de voo, portanto 12 dias.

Dada a partida, o repórter conta o que viu. Em Recife, "estive nos mocambos, e jamais vi miséria igual. Milhares de famílias morando na lama, em inteira convivência com os caranguejos. O Brasil começava a desfilar pelos meus olhos". Chegando a Fortaleza, sua cidade natal,

> João Calmon, diretor local dos Associados, estava na Barra com um exemplar do *Correio do Ceará* estampando a minha cara em meia página com o título: *Morel passou por Fortaleza*. Estes detalhes, secundários, servem para mostrar *o quanto era sensacional um repórter percorrer vinte mil quilômetros aéreos*. Era recebido como um *herói das Cruzadas antigas*; no fundo, tremia de medo quando o avião baixava ou subia.
>
> (Morel, 1999:91, grifos meus)

A confissão do medo que o repórter sentia de avião não fere a impressão de coragem que o relato lhe confere. O feito era sensacional, inclusive para os próprios jornalistas, que insistiam no seu ineditismo.

Outra viagem memorável de Morel surgiu da ordem dada por Assis Chateaubriand em novembro de 1943: "Vá às selvas de Mato Grosso e descubra tudo sobre o coronel Fawcett!". A primeira tarefa do repórter foi saber quem era o tal Fawcett:

> Fiquei sabendo que o coronel Percy Fawcett era um "cientista" enviado pela Real Sociedade Geográfica de Londres para descobrir na Amazônia vestígios da Atlântida, o continente desaparecido. O explorador sumira nas selvas desde 1926 em companhia de seu filho Jack e do companheiro Ralleigh Rimell.
>
> (Morel, 1999:113)

O repórter, pronto para cumprir a missão, deixou o Rio de Janeiro:

> Atirei-me aos braços da aventura com entusiasmo juvenil. Nesse estado de espírito desembarquei em Cuiabá depois de uma viagem de dois dias de avião. Começava a expedição dos Diários Associados. Parti para a região do Paranatinga-Xingu numa comitiva que carregava 38

pesadas malas. Poderia impressionar os leitores narrando perigos nas selvas, onças e serpentes venenosas. Nada disso aconteceu. Viajei sob a segurança do Serviço de Proteção aos Índios (SPI) (...). *Experimentava o privilégio de ser o primeiro jornalista a entrar na região do Xingu.*

(Morel, 1999:114-115, grifos meus)

Morel descobriu que os Kalapalo não só tinham eliminado a expedição Fawcett, como matado o repórter americano Albert de Winton, desaparecido nos anos 1930, e que chefiava uma das inúmeras buscas ao coronel na Amazônia. O repórter brasileiro trouxe do Xingu a história de um índio branco, chamado Dulipé, que seria neto de Fawcett, filho de seu filho Jack com uma índia. As fotos de Dulipé compõem a famosa reportagem de Morel, que rendeu ainda um livro publicado em 1944 e uma narrativa da expedição publicada em quadrinhos.[22] O trabalho de Morel foi comparado à famosa expedição do repórter Stanley em busca de outro explorador perdido, o missionário Livingstone, na África equatorial.

Vê-se aqui como as façanhas aventurescas e os achados sensacionais constroem uma história da reportagem que unifica fatos da tradição jornalística local com o evento fundador da imagem do repórter heroico. Morel, e os que elogiaram seu trabalho, estavam construindo uma versão do mito da reportagem que cruzava acontecimentos nacionais e internacionais. As histórias dos feitos marcantes da reportagem podem ser classificadas, segundo Edmundo Leach (1996), como "mitos de tipo não ortodoxos". Contrastando com o mito clássico, que fala sobre "deuses, semideuses e ancestrais de *status* semidivino" (Leach, 1996:318), neles os eventos são recentes e as personagens seres humanos comuns. Nas memórias dos repórteres, em

---

[22] Luiz Maklouf Carvalho critica o episódio Dulipé na carreira de Edmar Morel nos seguintes termos: "Morel não fez nenhuma checagem sobre a paternidade de Dulipé — e também omitiu dos leitores o fato de que a história já era conhecida. Confiou nos depoimentos que ouviu e mandou brasa. Quebrou a cara mais tarde, quando um simples exame de sangue provou que o índio era albino. Os veículos de Chatô nunca corrigiram o erro. Morel também não. Nem no livro que escreveu sobre a história, nem no mais recente *Histórias de um repórter*, em que mantém a versão original" (Carvalho, 2001b:94). O autor não informa se a existência de Dulipé era conhecida por ter sido noticiada por outros jornalistas antes de Morel.

geral, e inclusive nesta de Morel, ocorre, tal como nas versões recontadas dos mitos kachin, que o ato de contar uma história tem como propósito validar o *status* do indivíduo que conta a história (Leach, 1996:308).

Ainda que Edmar Morel se recuse a exagerar os perigos vividos ou a romantizar sua narrativa, quando, por exemplo, reconheceu ter sido amparado pelo SPI em sua expedição ao Xingu, sua postura deve ser encarada como incomum. Outro contemporâneo seu, também funcionário de Chateaubriand, não se acanhava em aumentar o quesito aventura ao relatar suas viagens.

David Nasser, acompanhado de Jean Manzon, realizou uma reportagem célebre, também em terras indígenas. "Enfrentando os chavantes!" foi publicada em junho de 1944 em *O Cruzeiro*. O texto e as 26 fotos ocupavam 20 páginas da revista e a foto mais conhecida mostra os índios tentando flechar o avião que sobrevoava a aldeia.[23] Foi um feito espetacular, pois, segundo a matéria, "era a primeira vez que esses índios apareciam na imprensa" (Carvalho, 2001b:109). O "furo" jornalístico foi, inclusive, reproduzido em publicações internacionais.

Recentemente, o repórter Luiz Maklouf Carvalho investigou a história dessa reportagem, reunindo pistas que nos permitem duvidar que Nasser e Manzon realmente estivessem nesse voo (Carvalho, 2001b:109-118). Um dos argumentos mais fortes arrolados por Carvalho é a ausência de uma foto que ateste a presença dos dois jornalistas nas terras dos xavantes. Até porque era costumeiro no trabalho da dupla fazer um registro no local reportado. A cobrança do "documento" que comprovaria a presença dos dois no local demonstra o valor do relato daquilo que *realmente* foi visto com os próprios olhos — nisso reside a credibilidade do trabalho de um repórter. Se o texto fala de uma viagem ou expedição, é preciso comprovar tal participação.[24]

---

[23] As fotografias dessa reportagem foram comentadas por Maria Beatriz Coelho (2000) especialmente no capítulo "Índios".

[24] Na reportagem de 24 de junho de 1944 há um mapa que indica o "roteiro da viagem do cap. Basílio e dos repórteres David Nasser e Jean Manzon ao Território Chavante". Lê-se no mapa que o voo teria sido de 6 mil quilômetros entre a partida e a chegada ao Rio de Janeiro. Sem a comprovação fotográfica, o papel dos mapas da viagem como autenticação da presença do repórter é completamente esvaziado.

O tempo das reportagens épicas não se esgotou. As gerações que se seguiram à de Morel e Nasser, que começaram no jornalismo na década de 1930, continuaram a praticar a busca pelo extraordinário percorrendo distâncias. De fato, nunca se deixou de valorizar os repórteres viajantes. Veja-se, por exemplo, a coletânea de depoimentos de 11 jornalistas identificados todos como *Repórteres* (Dantas, 1998).[25] Na apresentação, o organizador Audálio Dantas (1998:11) comenta:

> A alma dos repórteres, diz Marcos Faerman em seu excelente texto, alimenta-se do espírito de aventura. O fascínio pela descoberta, pela história ainda não contada, alimenta a alma desses seres que perguntam. Por esse ângulo se descobre que todos os autores deste livro são, cada um a seu modo, aventureiros.

Dois relatos fazem, logo no título, referência a esse sentido da experiência de ser repórter. O primeiro deles, do repórter Carlos Wagner (*Zero Hora*), chama-se "Lições da estrada". Definido como um "devorador de caminhos", Wagner comenta que aprendeu, em suas excursões Brasil afora, a "andar por estradas vasculhando os horizontes em busca de coisas para entender e escrever". (Wagner, 1998:64). Por sua vez, Marcos Faerman (1998:152), também gaúcho, em "A grande aventura da reportagem", afirma ser o espírito aventureiro a marca da reportagem, que pode ser exemplificado em personagens brasileiros e estrangeiros.

A viagem do repórter objetiva, afinal, encontrar as histórias "do outro". Ele atua como um mediador entre mundos distantes ou distanciados pela

---

[25] Dos 11 repórteres, apenas Joel Silveira começou a atuar em reportagem na década de 1940, tendo ganhado projeção como correspondente na Itália em 1945, acompanhando a Força Expedicionária Brasileira. Audálio Dantas começou a carreira em 1954, José Hamilton Ribeiro no final dos anos 1950, Luiz Fernando Mercadante em 1954 e Mauro Santayana em 1953. Marcos Faerman, Domingos Meirelles e Ricardo Kotscho iniciam-se no jornalismo na década de 1970. Enquanto Caco Barcellos e Carlos Wagner são atuantes desde os anos 1970. Não há informações que permitam dizer quando o repórter paraense Lúcio Flávio Pinto começou a fazer reportagens.

diferença. Como isso acontece na feitura de um relato jornalístico? Esse efeito foi descrito por Ruy Mesquita, diretor responsável de *O Estado de S. Paulo*, a respeito do trabalho do enviado especial do jornal ao Afeganistão e ao Paquistão em 2001, Lourival Sant'Anna, da seguinte forma:

> *Lourival nos faz superar as diferenças que a cultura e as circunstâncias interpõem entre o nosso mundo e aquele*, mas enquanto demonstra o quanto elas são superficiais postas ao lado dos outros atributos comuns a todos os humanos, sublinha o quanto é importante tê-las em mente para se preparar para compreender o que se tem passado naquele, *para nós remotíssimo no espaço geográfico e no tempo histórico, pedaço do mundo*.
> (Mesquita, 2002:13-4, grifos meus)

Esse observador quase se tornou o outro. Tal processo de assemelhação àqueles com quem o jornalista conviveu foi notado na reportagem de Lourival Sant'Anna. Na contracapa do livro *Viagem ao mundo dos Taleban*, esclarece-se que Sant'Anna "foi o único jornalista brasileiro e um dos únicos do mundo a entrar, depois do atentado de 11 de setembro, no território governado pelos taleban, no destruído Afeganistão, e a entrevistar integrantes do regime". À condição exclusiva do jornalista, somou-se a adoção de um ponto de vista próximo sobre a intimidade dos homens afegãos com quem conviveu. Como diz Ruy Mesquita (2002:16), o mundo de lá vai sendo desvendado por Sant'Anna, mas "a esta altura ele próprio [já estava] transformado fisicamente num 'quase afegão'". Há fotografias no livro que mostram o repórter entre os locais, parecido com os nativos.

De fato, o tipo de registro que mostra o repórter no convívio das pessoas entrevistadas — fazendo o que eles fazem, vivendo em sua morada, quase um *igual* a eles — aparece com frequência nestas reportagens. São trabalhos que exigem mais que o deslocamento e a observação pessoal, pois o repórter vive a experiência do outro por algum tempo. Caso não tenha se estabelecido esta relação, ainda assim a marca da presença do repórter é comprovada pelas suas fotos, em trajes comuns, junto ao grupo de pessoas com quem estivera.

Ver e fazer crer que viu

Como se percebe, a história da reportagem só pode ser contada e comprovada através da fotografia. A imagem é um dado revolucionário, constituindo uma nova narrativa jornalística em que se articulam foto e texto: a fotorreportagem. A autoridade da descrição se fortalece sobremaneira com o atestado de realidade conferido pela fotografia. Dessa forma, não apenas o registro da situação e dos personagens ganha uma representação visual como o trabalho do repórter e do fotógrafo pode ser transmitido ao leitor, confirmando o caráter verídico da aventura contada.

O desenvolvimento dessa relação íntima e indissolúvel entre palavra e imagem no jornalismo nascido no século XX tem significados semelhantes em diversos contextos de florescimento da fotorreportagem. Surgida na imprensa alemã em finais da década de 1920, a fotorreportagem torna-se um fenômeno internacional nas revistas *Life, Look, Paris Match, Picture Post* e *Der Spigel* (Costa, 1998:139). No Brasil, a introdução da fotografia como narrativa, abandonando-se o seu uso como mera ilustração do texto, aconteceu na revista *O Cruzeiro* com a chegada do francês Jean Manzon em 1943, depois de trabalhar no Departamento de Imprensa e Propaganda (DIP). Manzon produziu, entre agosto de 1943 e agosto de 1951, o material de 346 reportagens para *O Cruzeiro* (Costa, 1998:141). Como se sabe, a parceria com David Nasser no texto tornou notável a primeira dupla repórter-fotógrafo na imprensa brasileira. Instituído e assentado o lugar da fotografia na composição das páginas da revista mais popular do Brasil, outros fotógrafos e estilos de fazer a fotografia jornalística foram surgindo (Peregrino, 1991; Coelho, 2000).

Essa mudança provoca adaptações na forma de compor as reportagens. Na descrição de Helouise Costa (1992:82-83), acontece o seguinte:

> O texto, que antes detinha a exclusividade na construção do discurso jornalístico, passou a atuar no contexto da fotorreportagem numa nova relação com a imagem, modificando-se não só no que diz respeito ao conteúdo, como na ocupação do espaço físico da revista.

A forma de contar histórias transforma-se de maneira irreversível, distanciando a descrição e a narração jornalística feita com ou sem a versão visual dos acontecimentos. Para se ter uma ideia, note-se a visualidade que a escrita de um repórter anterior à era fotojornalística tinha de conter para dar conta de comunicar/descrever um fato ao leitor. O exemplo abaixo é um trecho do relato publicado, em 1938, por Luiz Edmundo, sobre uma visita ao morro de Santo Antônio no Rio de Janeiro, localidade antes visitada por João do Rio em 1908:

> Alcançamos, enfim, uma parte do povoado mais ou menos plana e onde se desenrola a cidadela miseranda. O chão é rugoso e áspero, o arvoredo pobre de folhas, baixo, tapetes de tiririca ou de capim surgindo pelos caminhos mal traçados e tortos. (…) Construções, em geral, de madeira servida, tábuas imprestáveis das que se arrancam a caixotes que serviram ao transporte de banha ou bacalhau, mal fixadas, remendadas, de cores e qualidades diferentes, umas saltando aqui, outras entortando acolá, apodrecidas, estilhaçadas ou negras.
>
> (Edmundo, apud Valladares, 2000:10)

Diante da imagem, o texto dispensa a descrição de lugares e pessoas, deixando a visualização dos fatos a cargo do fotógrafo. Contudo, no fotojornalismo a imagem não tem autonomia em relação ao texto. Seu entendimento pelo leitor depende, primordialmente, da legenda que a acompanha. Como observa Susan Sontag (2003:28), o significado de uma foto e a reação do espectador depende de "como a imagem é identificada ou erroneamente identificada; ou seja, depende das palavras". Lutz e Collins (1993) chamam a atenção para o constrangimento que a legenda provoca à leitura de uma fotografia. Na extensão de uma legenda, os mandamentos jornalísticos de dizer quem, onde, quando, o que, devem ser cumpridos para esclarecer de que se trata aquilo que se vê. Os outros itens obrigatórios da composição de uma reportagem — o como e o porquê — ficam a cargo da parte escrita da narrativa.

No jornalismo, a fotografia produz o efeito de legitimar o relato do repórter. Tem o poder de transportar o local descrito ao leitor de forma eficaz, posto que a percepção sensorial da fotografia é distinta da imaginação provocada pelo texto descritivo. A fotografia tem sido utilizada ainda para documentar os autores da reportagem em ação. Nesse sentido, ela participa decisivamente da construção da imagem heroica e aventureira da profissão. Nas reportagens ditas "grandes" ou "de longo percurso", ou seja, as que demandam demorada observação e denso mergulho nas condições de vida dos reportados, as fotografias sempre mostram a dupla de repórteres de forma audaciosa.

Outra possibilidade do uso da fotografia, que chamo de *malandragem* da narrativa jornalística, é forjar os perigos da viagem e focar a exaustão decorrente dos longos percursos de ida e volta, além das difíceis condições de permanência nesses distantes recantos. Isso pode acontecer pela cumplicidade entre texto e foto. Entre nossos jornalistas, parece que ninguém foi mais suspeito em realizar essa ficção de aventura que David Nasser e Jean Manzon. O exemplo mais contundente, rastreado por Luiz Maklouf Carvalho, refere-se à reportagem sobre os xavantes. A principal desconfiança é de que Nasser não fez o famoso sobrevoo da aldeia. O fotógrafo Eugênio Silva, que em 1947 passa a integrar a redação de *O Cruzeiro*, afirmou categoricamente que ele não fez a viagem. A única foto — verifiquei que não há nenhuma outra na reportagem — em que Nasser aparece, teria sido feita na volta de Manzon, já no aeroporto Santos Dumont, no Rio de Janeiro. Silva ainda revelou ao jornalista Luiz Carvalho que David Nasser não fez a viagem ao Polo Sul com o fotógrafo Henri Ballot, apesar de ter publicado uma reportagem sobre essa expedição.

Parece-me que o compromisso de só se afirmar testemunha ocular daquilo que realmente foi visto com os próprios olhos demorou a se fixar como regra de conduta jornalística.[26] O que mais importava no tempo dos

---

[26] Antes disso, era permitido realizar o tipo de reportagem que David Nasser chamou de "ficcionista", tal como a que realizara com Manzon, descrevendo a morte do fotógrafo em um atropelamento ("A vida dos mortos", *O Cruzeiro*, 6/5/1944). Outra reportagem desse gênero,

feitos heroicos da dupla jornalística mais conhecida do Brasil era a habilidade de fazer com que o leitor acreditasse na aventura contada, na adversidade supostamente enfrentada, nas peripécias inventadas para conseguir revelar os fatos em primeira mão. Em suma, a credibilidade alcançada pela narrativa valia mais que a verdade.[27]

Insisto em argumentar que as ficções de aventura provavelmente inventadas por Nasser, com a eventual colaboração de fotógrafos, atestam, acima de tudo, a associação íntima que vinha se constituindo entre reportagem e observação pessoal, fotografia e presença. Assumir que contava uma história de ouvido ou puramente imaginada seria a ruína do conceito de um repórter. Seu texto seria qualquer coisa, mas nunca o que se conhecia por reportagem. Neste caso, os desvios em relação ao curso de desenvolvimento dos parâmetros da fotorreportagem fazem é apontar para suas características em definição.

Viajantes reveladores da nação: repórteres e outros narradores do Brasil

Marlyse Meyer realizou uma interessante análise sobre como o Brasil vive, nas formulações de seus pensadores, um contínuo processo de redescoberta, desde a primeira descrição de Pero Vaz de Caminha, passando por várias outras formas de expressão literária e escrita. Muitos intelectuais quiseram

---

reconhecida como "a maior fraude da história de *O Cruzeiro*" (Carvalho, 2001b:264), foi realizada pelo fotógrafo Ed Keffel e o repórter João Martins, baseada em imagens de um disco voador na Barra da Tijuca, Rio de Janeiro (*O Cruzeiro*, 17/5/1952). A mistura entre literatura e jornalismo é seletiva, pois apenas uma versão realista de literatura pode encontrar lugar nas páginas jornalísticas. Experimentações demasiado imaginativas ou fantásticas como estas de *O Cruzeiro* serão banidas e condenadas, jamais podendo se passar por material informativo.

[27] Quem melhor expressou as tramas do fingimento narrativo foi o colega de Nasser, Ubiratan de Lemos, em texto citado no capítulo anterior: "assim é, meus irmãos, que um repórter vive dos perigos aéreos e terrestres, políticos e amorosos, marítimos e subterrâneos, perigos que vocês imaginam mais do que na realidade os experimenta" (Lemos, apud Carvalho, 2001b:59).

efetuar sua própria descoberta do país e nesses cinco séculos, aconteceram inúmeros "descobrimentos retóricos" (Meyer, 1993:20). Meyer viu com perspicácia que os repórteres eram os "companheiros" mais recentes de viajantes, cientistas naturalistas, escritores e artistas que se empenharam na busca do que havia dentro do Brasil. O ponto em comum entre todos eles é que acreditavam que o cerne da nacionalidade residia no interior da nação, espacialmente falando.

Seguindo o texto de Meyer, procuro responder a duas questões: quais vínculos interligam esses "descobridores" e como realizam e divulgam seu "relatório do Brasil". Esta seção é dedicada a demonstrar o que pretende este explorador "genérico" do país com quem os repórteres têm parentesco. Para todos eles, a viagem é a condição *sine qua non* para conhecer o Brasil e o que permite narrar, aos que não saem de casa, aquilo que viram em suas andanças.

Os repórteres seguem os percursos tantas vezes trilhados pelos homens de ciência, de aventura ou de letras. Considerando apenas o viajante que se autodefine como brasileiro, o Brasil foi excursionado desde o século XIX. Tal foi o caso do escritor Gonçalves Dias, que integrou a Comissão Científica de Exploração. Chegando ao Ceará em 1856, a missão do escritor era estudar o que havia restado dos índios Cariri (Meyer, 1993:22). Na ocasião, Gonçalves Dias portava equipamento fotográfico comprado em Paris, onde aprendera a técnica recentemente inventada. Causou estranheza a passagem do grupo de exploradores, que, "além de camelos, possuíam máquinas que tiravam retratos" (Meyer, 1993:23). Essa característica estava muito presente na literatura regionalista, formada por "escritores-viajantes", reais ou imaginários, que tinham o propósito de revelar o Brasil (Vicentini, 1998). Outro grupo de escritores, estes interessados em ir até as regiões "típicas" da brasilidade, compõe as expedições realizadas pelos modernistas — desde amenas viagens a Minas Gerais até a trajetória de longo curso feita por Mário de Andrade pelo Norte e Nordeste do país, que registrou os sons e imagens do Brasil que se descortinava diante dos seus olhos (Lopez, 1993; Chagas, 1998).

As andanças de Mário de Andrade abriram caminho para outro tipo de viajante, os chamados *folcloristas*. Em sua maioria homens, estavam interessados em coletar os "fenômenos folclóricos", as manifestações "autênticas" da cultura do povo brasileiro em suas diversas regiões, muitas vezes situadas no próprio estado em que viviam. Como demonstrou Luís Rodolfo Vilhena (1997), o movimento culto de registro da cultura brasileira foi especialmente ativo entre 1947 e 1964, dada a força institucional que se forjou entre os "caçadores" da cultura popular Brasil afora. É importante registrar que as buscas feitas pelos folcloristas tinham por destino lugares do interior ainda resguardados das influências urbanas modernizantes.

Como já dissemos, a viagem rumo ao interior do país foi um componente central das diversas modalidades intelectuais de representação do Brasil, mormente das obras modelares do "pensamento social brasileiro" (Vidal e Souza, 1997; Lima, 1999).[28] Os cientistas foram seus visitantes constantes; no século XIX, os principais organizadores de grupos expedicionários formados por especialistas foram o Instituto Histórico e Geográfico Brasileiro e a Inspetoria de Obras contra as Secas. Nísia Trindade Lima (1999) rastreou as entradas pelos sertões brasileiros empreendidas pelas missões científicas nas primeiras décadas do século XX, neste período estimuladas principalmente pelo Instituto Oswaldo Cruz. Viagem exemplar foi a dos médicos Arthur Neiva e Belisário Pena, que de janeiro a outubro de 1912 percorreram a área correspondente ao "norte da Bahia, sudoeste de Pernambuco, sul do Piauí e de norte a sul de Goiás". O relatório da expedição científica foi publicado em 1916 e contém inúmeras fotografias da fauna, paisagens, condições de moradia e trabalho locais e, principalmente, das pessoas adoentadas desses lugares. O fotógrafo que acompanhava o grupo chamava-se José Teixeira. Há ainda um mapa com o "percurso feito

---

[28] Viagens que constroem carreiras e diferenciam obras podem ser constatadas em outros campos da produção cultural brasileira. Na construção da identidade de Heitor Villa-Lobos como músico nacional, as viagens (reais ou imaginadas) que teria realizado pelo Brasil desde a infância são um componente central para o argumento, defendido por seus biógrafos, de que sua música incorpora o aprendizado da cultura popular que teria sido descoberta nas andanças país adentro (ver Guérios, 2003).

pela expedição". Belisário Pena publicou uma série de 13 artigos sobre saneamento no jornal carioca *Correio da Manhã*, entre 1916 e 1917. Os registros, inclusive fotográficos, feitos durante as viagens científicas, foram divulgados para um público mais vasto.

A utilização dos jornais para divulgar os resultados de uma observação *in loco* foi iniciada com o episódio de Canudos, o que nos indica que já no final do século XIX podemos encontrar os antecessores diretos da reportagem brasileira contemporânea. As pessoas queriam estar o mais perto possível do combate entre conselheiristas e soldados republicanos, e diferentemente de todos os outros narradores antes citados, os enviados dos jornais foram até lá para fazer uma reportagem. Cobriram o evento os correspondentes de guerra dos jornais da Bahia, São Paulo e Rio de Janeiro, revelando para o resto do Brasil o que acontecia nesse Brasil "remoto".

Os jornalistas transmitiram suas impressões do cenário do combate através, primordialmente, da notícia escrita e só nos momentos finais o fotógrafo Flávio de Barros chegou ao local. Suas fotos foram usadas nos trabalhos de quem ganhou fama com o relato do conflito: Euclides da Cunha. O papel desempenhado pelo engenheiro na transmissão dos acontecimentos do interior baiano ao leitor do jornal *O Estado de S. Paulo* é reconhecidamente o de um repórter. Os registros mais "quentes" feitos por Euclides são compostos por reportagens e telegramas enviados à redação paulistana no ano de 1897. Durante sua estada de dois meses foram publicadas 31 reportagens — que na datação de Euclides foram escritas entre 7 de agosto e 1º de outubro, e publicadas entre 23 de agosto e 25 de outubro —, e 61 telegramas, expedidos entre 7 de agosto e 14 outubro, e publicados entre 8 de agosto e 15 de outubro (Galvão, 2000:30-36).

Conforme as características do jornalismo dos anos 1890, a escrita de Euclides continha opiniões e interpretações dos eventos feitas pelo próprio autor. De fato, antes mesmo de chegar ao local, o repórter já publicara artigos sobre o conflito que propunham uma leitura contundente dos acontecimentos que ele imaginava ou apenas sabia pelo que se contava nas ruas das cidades do Rio de Janeiro e São Paulo.

A transformação na forma de o autor considerar não apenas a guerra de Canudos e os conselheiristas, mas o sertão e os seus habitantes, o teatro e os personagens por onde se movia o exército saído do litoral, foram notados por alguns estudiosos de Euclides da Cunha (Galvão, 1974 e 2000; Avighi, 1987; Abreu, 1998). O curso dessa mudança de opinião passou por três etapas:

- o intelectual citadino (ainda longe de Canudos, distante social e culturalmente das pessoas que fundaram Belo Monte e foram combatidas pelo governo);

- o engenheiro-repórter (chegando a Bahia, viu de perto quem eram, onde viviam e o que pensavam os moradores da região);

- o autor de Os sertões (síntese de reflexão e experiência direta com os sertões vividos e observados).

Como trabalhou o Euclides repórter? Embora a produção intelectual de um escritor não deva ser "desmembrada", foi necessário, para esta análise, reconhecer e apontar no material que Euclides enviou ao jornal as marcas da reportagem: a viagem empreendida para conhecer de perto, o encontro com o povo e a terra, o registro do que se viu.

A chegada a Salvador aconteceu no dia 7 de agosto de 1897, quando desembarcou do navio Espírito Santo, procedente do Rio de Janeiro, de onde partira quatro dias antes. O primeiro registro em seu "diário de uma expedição" data do dia 7, portanto, foi escrito a bordo. Em telegrama transmitido neste mesmo dia fez o seguinte comentário: "Observo que nesta cidade [Salvador] há muito menos curiosidade sobre os negócios de Canudos do que aí [São Paulo] e no Rio de Janeiro". Após alguns dias na capital baiana, o correspondente finalmente tomou o caminho de Monte Santo, de onde mandou notícias em 6 de setembro. Entre 31 de agosto e 5 de setembro passou por Alagoinhas, Queimadas, Tanquinho, Cansação e Quirinquinquá. O repórter locomoveu-se de trem entre Alagoinhas e Queimadas, cavalgando dessa cidade em diante, até atingir Canudos (Galvão, 2000:15).

De Queimadas, dia 2 de setembro, escreveu: "acabo de obter as seguintes informações sobre as coisas em Canudos; são informações seguras. As forças continuam nas mesmas posições aguardando o resto de reforços para o ataque definitivo, ou complemento do cerco". Sabe-se que Euclides chegou para os últimos momentos da batalha. Alojado entre os oficiais, observou a resistência dos conselheiristas. Mesmo ocupando uma posição resguardada, Euclides estava presente, como comprova o que escreveu em 27 de setembro: "acaba de recrudescer o tiroteio e o assobio das balas ressoa sobre *todos nós* lembrando uma ventania furiosa. Não teremos outra noite" (grifo meu). Ele vivenciou a guerra como qualquer um que lá esteve:

> Felizes os que não presenciaram nunca um cenário igual (...). Quando eu voltei, percorrendo, sob os ardores da canícula, o vale tortuoso e longo que leva ao acampamento, sentia um desapontamento doloroso e acreditei haver deixado muitos ideais, perdidos, naquela sanga maldita, *compartindo o mesmo destino dos que agonizavam manchados de poeira e sangue*.
> (Canudos, 1º de outubro, grifos meus)

O fato de estar no meio dos tiroteios é comunicado ao leitor em passagens sobre a rapidez de uma ou outra nota. Circulando pelo acampamento dos soldados, o repórter acompanhou a conversa dos prisioneiros com os militares, de quem registrou trechos de suas falas. A linguagem dos sertanejos foi reproduzida. Euclides destacou suas expressões "nativas" e compôs um glossário desses termos locais. Na reportagem de 24 de setembro, uma moça, presa junto à mãe, revelou: "Vila Nova esta noite *lascou o pé no caminho* [fugiu] e há um *lote de dias* [muitos dias] que um *despotismo de gente* [muita gente] tem *abancado* [saído] para o Cumbe e Caipã. *Está com muitos dias* que há fome em Belo Monte" (Galvão, 2000).[29]

---

[29] Os grifos são originais e as expressões em colchetes constam do glossário de Euclides da Cunha. Nas reportagens encontram-se dados da fala dos sertanejos — "o falar enérgico dos sertões", como chamou o autor —, os quais apontam para a vivacidade do registro jornalístico feito no momento e no local dos acontecimentos. Esse tipo de registro é transposto para Os sertões, principalmente na parte sobre "a luta". Os grifos postos pelo repórter em certas palavras

O repórter atua como tradutor para o leitor paulistano. A missão do jornalista como mediador entre mundos, explicador do modo de dizer local, foi praticada por Euclides. Seus relatos contêm histórias pessoais, descrições de mulheres, homens e crianças capturados. Percorrendo junto com os militares as áreas dominadas, o espaço onde viviam os habitantes de Canudos vai sendo descoberto por seu olhar atento. O interior de uma casa, reproduzido com minúcias fotográficas no texto de 29 de setembro, é revelado por um repórter espantado com o que via — "o interior das casas assusta". Ele confessa que "não se compreende a vida dentro dessas furnas escuras e sem ar, tendo como única abertura, às vezes, a porta estreita da entrada e cobertas por um teto maciço e impenetrável de argila sobre folhas de icó!". A parte interna da casa recebe uma descrição etnográfica, desvelando o jeito sertanejo de morar: a mobília, os objetos de uso cotidiano, o nome das coisas em destaque (Cunha, 2000:202-203). Euclides também preocupa-se em fornecer horários, datas e locais de sua movimentação como repórter: "São duas horas da tarde e já temos 13 baixas" (24 de setembro) ou "À 1h45m cheguei à sede da comissão de engenharia e observei o combate" (1º de outubro).

Os jornalistas contemporâneos que avaliam seu trabalho têm opiniões divergentes sobre Euclides ser bom ou mau repórter. Mais uma vez se dá o processo de construção da história da reportagem de forma mitificada, pois observo que as maneiras de contar e, principalmente, de interpretar a posição do escritor carioca como um dos pioneiros da reportagem no Brasil possuem divergências notáveis, próprias da mitologia (Leach, 1996). Não raro, a lembrança dos feitos passados da reportagem (mais distante ou mais recente) serve para reafirmar as posições do narrador, que, ao legitimar seu próprio *status* e de seus semelhantes, denigre o *status* de um terceiro (Leach, 1996). Tal processo pode ser verificado nas disputas em torno da caracterização da "época de ouro" da reportagem brasileira — Quem dela participa? Quando começou? Quanto tempo durou? Morreu a reportagem?

---

e expressões ouvidas em Canudos, conforme observação de Walnice Galvão, são um "sinal de estranhamento". Um bom exemplo é a palavra jagunço, que nas reportagens está grifada; em *Os sertões* esta marca gráfica e semântica desapareceu.

O trabalho de Euclides da Cunha é um tema que anima o debate entre os jornalistas, explicitando a desintegração desta área no que se refere à definição do trabalho do repórter. Apresento dois juízos opostos. Carlos Marcos Avighi (1987:461) conclui que

> apesar da perplexidade da guerra e dos embaraços da frente de combate, Euclides da Cunha foi um repórter veraz e objetivo, qualidades mais salientadas em comparação ao noticiário tendencioso, e mesmo mentiroso, que habitualmente circulava sobre a guerra do sertão.

Por ocasião da publicação de nova compilação do *Diário de uma expedição*, o repórter Mario Sergio Conti escreveu para a *Folha de S. Paulo* a resenha "Anotações de um Euclides tolo" (29 de julho de 2000, caderno E, p. 4), em que comenta a atuação do correspondente em Canudos. As reservas quanto à qualidade do trabalho jornalístico de Euclides existem porque ele foi um

> jornalista que sai a campo para provar uma tese (Canudos é a barbárie, e deve ser esmagado pelo Exército, agente da civilização), manda reportagens de um subjetivismo tosco e ingênuo, impregnadas de preconceitos, intoxicadas de subliteratice, mais preocupadas em antever a vitória do que em contar o que estava acontecendo.

Mesmo reconhecendo as transformações que a realidade do interior baiano provocaram em Euclides nos dias lá passados, o repórter de hoje julga o repórter de 1897.

Como se nota, a percepção dos méritos ou dos defeitos do repórter Euclides está fundada no tipo de relato que gerou a sua observação. Ou o que ele contou em suas reportagens foi uma descrição convincente e informativa do que via no palco da guerra, ou ele viu o que queria ver, relatando os fatos sem objetividade, não investigando a contento a complexidade do evento que presenciava. Além do que, ele não forneceu ao leitor o testemunho resultante de sua presença no desfecho último daquela batalha de tantos recuos para o Exército.

É importante salientar que os juízos feitos por jornalistas sobre o trabalho de seus pares são expressões do que deve ser o jornalismo. Alguém como Euclides da Cunha, notável escritor dentro e fora dos jornais, pode se tornar pretexto para uma exposição normativa sobre a profissão. A reportagem é, sem dúvida, uma atividade afeita a esse tipo de exercício. As figuras a quem se atribui um lugar de honra na construção histórica dessa forma de contar histórias veem-se permanentemente sob o julgamento das novas gerações. A pergunta é a mesma: foi um bom ou um mau repórter? Respondê-la significa definir o que é e como deve agir um repórter, ou seja, explicitar os fundamentos da avaliação jornalística sobre a reportagem.

As reportagens publicadas em vários jornais brasileiros sobre a Guerra de Canudos, precisamente por terem dependido do envio de correspondentes especiais ao local, foram por mim analisadas como um momento fundador na constituição da figura do repórter — o tipo de jornalista especializado no texto reportagem. Dentro do jornal, o autor e seu trabalho vão se distinguindo de outros estilos "de dizer" sobre os fatos que acontecem no Brasil e no mundo.

Ainda demorará para que o repórter em tempo integral componha o interior das redações brasileiras. Por volta da década de 1940 as grandes expressões no jornalismo seguem as linhas do intelectual polígrafo que foi Euclides da Cunha. Quando muito, convivem com repórteres pouco respeitados, justamente porque são exclusivos em sua dedicação à reportagem. Da mesma forma, a atividade de fotógrafo em jornalismo será um trabalho marginal na imprensa até o final dos anos 1940, praticado por homens de pouca escolaridade, vindo de estratos mais baixos que os jovens estudados e, às vezes, "bem-nascidos" das escrivaninhas.

Flávio Damm, fotógrafo de *O Cruzeiro*, relata o perfil do fotógrafo da imprensa brasileira e o significado do processo de profissionalização (não seria também "civilização"?) neste campo, estimulado pela chegada de Jean Manzon à revista.

Naquela época, os fotógrafos eram vigiados porque costumavam roubar toalhas de banheiro e presentes de casamento. Não se vestiam bem, ganhavam pouco, eram mal-educados e, por conta disso, muito mal-recebidos em festas e solenidades. Já o Manzon era diferente: usava gravata, vestia-se bem e acabou criando uma nova imagem para o fotojornalista.

(Damm, apud Raposo, 1994:6)

As diferenças entre os fotógrafos a serviço de *O Cruzeiro* e os de outras publicações jornalísticas (contemporâneos ou de antanho) são traduzidas nesse depoimento em termos de aparência, conduta e comportamento social. O distanciamento observado por Damm resulta dos capitais sociais em transformação entre os homens recrutados para a fotografia jornalística. Maria Beatriz Coelho (2000:37) caracteriza dois perfis de fotógrafos no Brasil com base na análise da formação de 114 fotógrafos "nascidos ou criados no Brasil entre os anos de 1940 e 1970", os quais teriam-se profissionalizado a partir da década de 1960, sendo que 81 deles tinham curso universitário. Observa ela o quanto esse cenário é diverso daquele apresentado pelos 37 fotógrafos que atingiram maior destaque no país a partir de 1940 e nasceram entre 1900 e 1939, dos quais apenas sete estrangeiros e sete brasileiros têm curso superior.

Apesar da carreira de fotógrafo na imprensa não exigir o diploma de curso superior, como acontece com os jornalistas, a entrada de pessoas com nível universitário no meio fotográfico sinaliza a ocupação desses postos por jovens oriundos das classes médias. Isso os diferencia bastante da trajetória daqueles fotógrafos que aprenderam a técnica enquanto trabalhavam em funções subalternas nas empresas jornalísticas. Notadamente, depois de 1970,

> não são só as revistas que vão dar lugar para fotógrafos de nível social mais elevado. Os jornais aparecem como alternativa para os novos profissionais. Os cursos universitários vão formar um número antes

inimaginável de fotógrafos, saídos das classes médias, com nível cultural maior do que o da maioria dos fotógrafos brasileiros atuantes até então.

(Coelho, 2000:33)

Na época em que o fotógrafo tinha a função de ilustrar o texto do repórter, seu trabalho estava atrelado às suas ordens. Uma vez que a fotografia se institui como ponto forte da narrativa jornalística, não mais subordinada ao texto, mas integrada, em condições de igualdade, na composição de uma unidade que harmoniza palavra e imagem, a colaboração entre repórter e fotógrafo passou a ser efetiva. Como mostram as duplas de máquinas de escrever e máquinas fotográficas em *O Cruzeiro*, muitas delas estáveis e constantes durante anos, era necessário construir uma relação de camaradagem. Fotógrafos e repórteres passam a ser profissões interdependentes, no sentido dado por Norbert Elias (2001).

Nas primeiras décadas do século XX, conforme as descrições sobre a origem social de fotógrafos e repórteres, conclui-se que os primeiros eram homens de classes pobres com baixa escolaridade, e que os segundos, apesar de provavelmente advindos das classes médias, compartilhavam, na maioria das vezes, uma origem semelhante aos retratistas. É fundamental lembrar que os primeiros repórteres (excetuando-se os mais notáveis como Euclides da Cunha e João do Rio) eram personagens subalternos nas redações, cujo brilho era dado por jornalistas-escritores, a maioria homens de boa estirpe.[30] Como ainda não se praticava a fotorreportagem, que, como diz o nome, remete a uma aliança inteiramente nova entre técnica fotográfica e texto, a interdependência era fraca em comparação ao que se veria anos depois, quando fotógrafos e repórteres passaram a compartilhar uma mesma posição social: de classes médias em progressiva escolarização.

---

[30] O personagem Isaías Caminha, de Lima Barreto, encarna a trajetória do rapaz pobre e provinciano que transita de funções menores na redação — como encher tinteiros — a repórter.

A delimitação de um espaço propriamente jornalístico para o repórter e o fotógrafo nas páginas dos jornais foi um processo que, junto com a profissionalização, contribuiu decisivamente para a consolidação do jornalismo brasileiro como um campo mais autônomo em relação à literatura (o estilo literário) e à política (a opinião política). Contudo, os repórteres que atuaram em um contexto profissional diferente do tempo dos correspondentes em Canudos apresentam semelhanças com os narradores que os antecederam, tenham sido eles jornalistas ou não, tenham publicado seus trabalhos em jornal ou não. Estão unidos pela experiência de conhecer com as próprias pernas o terreno que descrevem, de ter trilhado pessoalmente o seu mapa do Brasil.

Neste livro, utilizo a ideia de que a reportagem produziu diversos mapas do Brasil, tratando-a, pois, como uma cartografia da nação, tal como o fez Flora Süssekind (1990) com a literatura que se produziu sobre nosso país nas décadas de 30 e 40 do século XIX. Além de expressar uma forma geográfica de representação e um modelo de narrador em trânsito, a referência ao mapa deve ser entendida ainda como um dado etnográfico estrito. Explico-me: a praxe de publicar o mapa dos locais visitados é um traço comum aos cientistas expedicionários e aos repórteres, como o comprovam o relatório de Arthur Neiva e Belisário Pena, já mencionado, e os mapas que Euclides da Cunha incluiu em *Os sertões*.

A viagem, para longe ou perto de casa, propicia o encontro com o país. Para essa linhagem de descobridores, na qual os repórteres estão enredados, conhecer e revelar o que há no Brasil também significa perceber suas diferenças sociais, culturais e econômicas. O mapa que desenham, as histórias que narram, os retratos de lugares e pessoas que publicam — tudo isso é um conjunto, mas revela descontinuidades. Os registros da nacionalidade produzidos por esses vários expedicionários rumo a algum ponto do espaço brasileiro divulgam ao seu público-leitor porções antes ignotas de seu próprio país.

Os repórteres e os fotógrafos dão vida aos acontecimentos, lugares, pessoas, modos de vida e aos problemas que comentam em suas reportagens. Uma das reportagens que melhor expressa esse fato e que certamente deixou impressões duradouras nos jornalistas brasileiros foi a já comentada matéria de David Nasser e Jean Manzon sobre os Xavante. Ao divulgar imagens dos índios tornou-os realidade, ou seja, saíram da esfera do *imaginado* para o *nomeado*. A objetiva que registrou os Xavante em 1944 disse que eles são de verdade. O fotógrafo que apontou sua câmera para eles estava lá e pôde provar que os viu. O repórter narrou a viagem, o encontro, é ele quem escreve as legendas das fotos, guiando o leitor sobre o que ver. As mãos que acionaram a máquina e que escreveram o texto se integram na criação desse povo lá de Goiás, e que ainda nem existia para o público que lia *O Cruzeiro*. A reportagem, por trazer imagens realistas dos índios, supera todas as outras formas de contar. Nenhum cronista poderia tê-los descrito melhor que a fotorreportagem. E Nasser, ciente desse "poder", evoca para ele e Manzon o mérito da descoberta desses índios para os outros brasileiros, antes de qualquer especialista.

Uma das questões centrais do ato de reportar consiste na revelação da existência de um fato social. Existência jornalística, esclareça-se. Mas para quem índios, sertanejos, moradores da favela e outros grupos sociais ganham sentido? Para alguém que nunca esteve entre eles, que lerá o jornal, verá as imagens e saberá que eles existem de tais e tais modos, pensam de tal jeito, vivem de outro. O "outro" não é o receptor da reportagem e nem o repórter. O narrador jornalista descreve o mundo que não é o seu, da mesma forma que os viajantes descreveram (e inventaram) um Brasil que não conheciam.[31] É a descoberta da alteridade. O estranhamento é o componente invariável das impressões que cientistas, escritores e repórteres deixaram sobre os lugares que visitaram, assim como o desconforto de

---

[31] Albertina Vicentini (1998:44), analisando a temática do sertão na literatura brasileira, constata que "o mundo da literatura sertanista é o mundo do escritor citadino fingido de sertanejo, que escreve para um leitor também ele citadino, a respeito de uma cultura diferente da sua". Na minha interpretação, esta condição de alheamento em relação ao universo que se quer descrever olhando de perto é comparável à situação daquele repórter deslocado para uma realidade longe da sua e de seu leitor.

saber que tudo aquilo é parte do seu próprio país. A consciência insegura e indecisa de pertencimento, apesar de sermos todos conacionais, acomete os registros. Este sentimento, como notou Marlyse Meyer (1993:27), pode ser resumido na conclusão de Mário de Andrade sobre os seringueiros acreanos que observou em sua viagem ao Norte: "Mas porém é brasileiro, brasileiro que nem eu".[32]

Reportagem como narrativa da alteridade

Os repórteres vasculharam o Brasil à procura de "histórias do outro". O ímpeto maior para percorrer tantas distâncias é a alegada descoberta de nossa realidade social, que acaba por ser a realidade — problemática, diferente ou inusitada — vivida por alguém diferente do repórter e do destinatário imaginado de seu trabalho. Essa alteridade será mais facilmente construída no encontro com as populações subalternas de nossa sociedade, estejam elas onde estiverem. Como propõe Igor Fuser (1996:16), a reportagem é "o gênero jornalístico que dentre todos, mais dá espaço aos oprimidos. (...) a reportagem, embora também contemple os grandalhões, é por excelência o lugar dos humildes, dos anônimos, dos que só aparecem no jornal uma vez na vida". Em razão dessa compreensão, bastante difundida entre os jornalistas brasileiros de várias gerações, incluo a reportagem como uma percepção da "pobreza no paraíso tropical", como Marcia Sprandel (2001) tratou o tema.

A emergência do "'problema da pobreza' ou da pobreza como um problema" (Sprandel, 2001:1), que a autora situa nos debates intelectuais e

---

[32] Flora Süssekind (1990:34) descreve a "sensação de não estar de todo" do narrador da ficção dos anos 1930 e 40 do século XIX. Tal sentimento produzia-se em viagens pelo Brasil que os escritores — e os seus personagens — empreendiam "como verdadeiras expedições de caça à própria origem e a uma sonhada 'essência da nacionalidade'". A expressão indica deslocamento, distância e desenraizamento de alguém que parte para um lugar que não é plenamente o seu, ainda que seja também Brasil. Creio que essa condição persiste em outros relatos de observadores em trânsito, como são os repórteres.

científicos do final do século XIX e das primeiras décadas do século XX, coincide com a gênese da preocupação jornalística de observar e registrar aspectos da realidade brasileira. O tratamento da pobreza como questão nacional viveu ao longo do século XX muitas oscilações entre a margem e o centro das atenções políticas e intelectuais. Para Marcia Sprandel (2001:2), nos anos 1980 a pobreza "se tornou tema central de reflexão e ação política". Entretanto, apenas na década de 1990 foi considerada um problema para o governo, "no contexto da mobilização em torno da 'Campanha da Fome' (Ação da Cidadania contra a Miséria e pela Vida) e da realização do 'ciclo social' de conferências da Organização das Nações Unidas" [que aconteceram entre 1990 e 1996] (Sprandel, 2001:2).[33]

Nesse ponto, a forma dos jornalistas de investigar o Brasil segue uma receita que também foi empregada por outros narradores cultos da nação, encarregados de fazer inventários de paisagens e populações (Süssekind, 1990). Suas anotações eram reforçadas pelo testemunho do que viam. Com base nos elementos apresentados ao longo desse capítulo, encontro correspondências entre a composição da reportagem e a execução de uma etnografia, considerando-se para ambas os seus formatos "clássicos". A *grande reportagem* seria o equivalente jornalístico à *descrição densa* (Geertz, 1978) etnográfica. Com a reportagem, o jornalista se aproxima do etnógrafo.[34] A viagem em busca da alteridade nas narrativas emblemáticas das duas atividades está situada em locais remotos ou de difícil acesso e integração. O "outro", por quem procura o repórter, assim como a alteridade da etnografia modelar, está distante espacialmente do seu ponto de partida. Nesse caso, distância física corresponde à distância cultural (ver Peirano, 1999).

---

[33] No capítulo seguinte, em que analiso as reportagens publicadas de 1974 a 1994, será possível detectar com mais clareza o trajeto recente do jornalismo rumo ao tema da pobreza, que recebe dos repórteres um olhar atento e denunciador, principalmente depois de 1991.

[34] James Clifford (1988:24) considera o *new journalism* como um gênero "paraetnográfico". Para jornalistas de todo o mundo, o *new journalism* é conhecido pela valorização da reportagem e pela imersão do autor na realidade concreta e subjetiva dos personagens reportados, além da preocupação com contextos sociais explicativos das ações e das ideias dos indivíduos mencionados.

Enquanto a densidade do relato jornalístico advém, sobretudo, do fato de "olhar de perto", a qualidade descritiva da etnografia deriva do "olhar de dentro", do ponto de vista nativo. Essa diferença fundamental pode ser exemplificada pela experiência do repórter Lourival Sant'Anna no Afeganistão e no Paquistão em 2001. Para um antropólogo, seria insuficiente vestir a roupa e ficar parecido com um *pashtun*, prática que James Clifford chama de *cultural cross-dressing* (Clifford, 1997:73). Um relato confiável exigiria que o antropólogo falasse a língua *pashtun*. Para o repórter brasileiro, contudo, bastou estar presente e viver entre eles alguns dias para que realizasse um trabalho admirado e reconhecidamente meritório pela imprensa nacional e internacional.

Outra consideração relevante: a voz do repórter é soberana em uma reportagem. Os depoimentos recolhidos compõem uma história cujo fio é tecido pelo jornalista que veio de fora e com eles permaneceu durante algum tempo. Ele descreve o que vê com os próprios olhos, mas não é seu objetivo conhecer a "intimidade cultural" das pessoas que encontrou.[35]

O modo de assim proceder na feitura de reportagens constitui um dos valores mais caros para os repórteres e fotojornalistas brasileiros. Quem atualmente continua a praticar o jornalismo "de estrada" pertence à linhagem "romântica" e "heroica" expressa por repórteres de várias gerações. Estes se distinguem claramente dos jornalistas chamados "burocráticos", mais afeitos às funções de editoria, que os mantêm nos espaços fechados das redações (Lago, 1995). A oposição editor *x* repórter é reforçada na frase de José

---

[35] Os repórteres concebem a *grande reportagem* como a aproximação máxima ao mundo visitado possível nas condições e características próprias do trabalho jornalístico. Uma proposição clara do projeto descritivo da reportagem é feita por Lourival Sant'Anna a respeito de sua ida ao Afeganistão em 2001: "Eu era um jornalista, que queria entrar em contato com os afegãos em particular e com os taleban em especial, *para tentar entender o que eles pensavam, como se sentiam, e por quê*, e transmitir isso para os leitores do *Estado*" (Sant'Anna, 2002:173, grifo meu). Para uma análise das diferenças entre a etnografia e outras formas de conhecimento da alteridade, ver Clifford, 1997 (especialmente o capítulo *Spatial practices: Fieldwork, travel, and the disciplining of anthropology*).

Hamilton Ribeiro:[36] "Há muito jornalista burocrata por aí, em muitas funções do jornalismo; repórter burocrata é impossível" (Ribeiro, 1998:109).

Um dito comum nesse meio é que "repórter se conhece pela sola do sapato". A disposição para a aventura, o ânimo para viajar e descobrir/investigar fatos são características básicas de quem decide ser repórter, que terá como direção "desvendar coisas que não são aparentes, saindo do conforto das redações para descobrir o Brasil dos cafundós" (Dines, s.d.:6). O ofício de repórter se cumpre quando ele torna visíveis porções do país ou faces de sua realidade até então inéditas. As reportagens que cumprem a função de tornar outros brasileiros conhecidos dos leitores urbanos — em sua maioria moradores das regiões Sudeste e Sul — são festejadas e nunca esquecidas pelos jornalistas.

Essa característica foi reconhecida nas reportagens publicadas na revista *Realidade*, que chegou à tiragem de 500 mil exemplares em 1968. Segundo a avaliação de Fuser (1996:141, grifos meus) no livro *A arte da reportagem*,

> um dos grandes méritos da revista foi o de abrir os olhos desse imenso público para a existência de um outro Brasil, *do qual a imprensa de primeiro time raramente se dava conta* — o Brasil profundo dos sertões, do cerrado, da Amazônia, cenários de uma grande variedade de reportagens.

Este comentário foi feito a propósito da reportagem "O Piauí existe", que logo na introdução fala da necessidade do leitor "descobrir" esse lugar.

Para ser um repórter da melhor estirpe, a viagem empreendida por ele deve possuir o caráter de rito de iniciação. Entretanto, "cair" na estrada é a vontade permanente de quem possui "alma" de repórter; o fascínio da

---

[36] José Hamilton Ribeiro é apresentado na coletânea *Arte da reportagem* como "o mais famoso correspondente de guerra brasileiro, e o que pagou o preço mais alto por sua coragem: perdeu uma perna ao pisar numa mina, em 1968, durante a Guerra do Vietnã, que cobriu para a revista *Realidade*. José Hamilton — que nunca deixou de ser repórter — é o profissional que mais vezes ganhou o Prêmio Esso, a mais importante premiação do jornalismo brasileiro" (Fuser, 1996:175).

aventura não é saciado na primeira grande reportagem, mas é o que impulsiona o profissional de uma aventura para outra, como menciona Carlos Wagner. Esta é a condição para conseguir se manter esclarecido sobre o verdadeiro Brasil; o jornalismo depende da observação em primeira mão para construir interpretações do país. Da mesma maneira, vários intelectuais entenderam que sua compreensão da realidade brasileira dependia do conhecimento advindo das viagens país adentro.

À semelhança de outras narrativas fundadas no deslocamento, tal como a própria etnografia e a literatura de viagem (Pratt, 1986; Wheeler, 1986), nas reportagens de viagem prevalecem dois tipos de registro: a descrição do percurso e a descrição do local em que chegaram. Quando voltam para casa, apresentam a visão do país que encontraram, oferecendo ao leitor um conhecimento (ou o que pretende ser um conhecimento) sobre a totalidade da nação, formado pelo acúmulo das observações localizadas.

3
CARTOGRAFIAS JORNALÍSTICAS DA NAÇÃO: REPORTAGENS DA *FOLHA DE S. PAULO* (1974-1994)

> *The* other *is never outside or beyond us; it emerges forcefully within cultural discourse, when we think we speak most intimately and indigenously between ourselves.*
>
> Homi K. Bhabha.
> *Nation and narration*, p. 4, grifos originais

No domingo de 22 de agosto de 1993, a *Folha de S. Paulo* publicou uma manchete na primeira página com o seguinte título: "Acaba Vida fica a 120 km de Brasília e vive século 19. Acaba Vidão está a 3 dias de cavalo da luz elétrica". Abaixo da foto principal, que retrata pessoas na janela de uma casa, a legenda informa: "Maria da Conceição e as filhas que não conhecem Xuxa, no Acaba Vida". Seguido da foto, um pequeno resumo da reportagem, que aparece na íntegra nas páginas 1-16, de autoria de Mario Cesar Carvalho "enviado especial ao Acaba Vida".

A reportagem de página inteira é dividida em três textos ("Chuva isola por seis meses o Acaba Vidão", "Três lendas explicam nome", "Incra vai dividir a serra"), um mapa do lugar e seis fotos (de autoria de Antonio Gaudério), que, além das suas próprias legendas, são acompanhadas do seguinte texto explicativo da sequência de imagens:

> Mortos enterrados no quintal, queimadas e a travessia de rios com cinco metros de largura sobre pinguela fazem parte do dia a dia dos moradores dos povoados Acaba Vida, Acaba Vidinha e Acaba Vidão, em Goiás. São cenas de um outro século, a 120 km em linha reta de Brasília. Lá,

só se anda de cavalo ou a pé, umbigo de recém-nascido é tratado com fumo e para atravessar a serra os doentes são transportados em rede.

A origem desta reportagem, elaborada de forma a causar forte efeito no leitor do jornal, vem do interesse pela narrativa jornalística capaz de mapear, nomear e valorizar as regiões e a gente brasileiras. O texto do repórter andejo consiste exatamente nisso: expôr lugares, pessoas e ocorrências identificadas como nacionais. As narrativas e os narradores jornalísticos elaboram mapas do Brasil, compostos de descrições e registros fotográficos, para seus leitores sedentários. Todos os elementos de texto e imagem organizados pela reportagem de "descoberta" se estruturam por intermédio de categorias geográficas, mesmo que os seus temas primordiais sejam de caráter sociocultural. Por esta razão recorro à metáfora do mapa — a representação cartográfica do mundo — para circunscrever o conjunto de reportagens coletadas no jornal *Folha de S. Paulo*. Estes textos situam, marcam limites, quando distinguem certas características de um território, produzem legendas, dão nomes aos locais visitados, classificam sua gente e seus costumes.

Este capítulo tem por objeto as representações da nação articuladas pelo narrador-repórter em seus registros, considerando os estereótipos e hierarquias presentes em seu modo de descrever. A reportagem, em geral, tem como fio condutor a oposição entre o *nós* (o repórter e o leitor) e o *eles* (os reportados). Cabe analisar quais são os atributos de cada um. Apesar de o material empírico aqui utilizado se restringir a um único jornal e a um intervalo de publicação preciso, seu conteúdo me parece suficientemente representativo da identificação e categorização de certos aspectos da vida social brasileira empreendida pela narrativa jornalística da reportagem. Por isso, a seleção desses textos não visa limitar a interpretação, mas sim permitir que, a partir de uma leitura mais orgânica e detalhada de algumas reportagens, conheça-se melhor os mecanismos da representação jornalística acionados pelos repórteres viajantes. Desta maneira, a compreensão do gênero reportagem exposto no capítulo anterior ganha agora referentes empíricos mais bem contextualizados, com a intenção de reforçar e aprofundar o argumento já apresentado sobre as relações entre reportagem e construção da nação.

Para a seleção das edições da *Folha de S. Paulo* entre os anos de 1974 a 1994 seguimos os marcos significativos da identidade política, ideológica e editorial construída pelos próprios agentes do jornal.[37] Os textos analisados foram escolhidos considerando os interesses teóricos gerais da pesquisa e os recortes temáticos das reportagens.

A atuação de repórteres como agentes geradores de visões da nação é uma marca do jornalismo feito no Brasil, não exclusiva, por certo, mas distintiva da forma brasileira de fazer jornalismo. O detalhamento etnográfico do vínculo entre reportagem e representação jornalística do Brasil pode se valer de uma variedade de fontes, pontuadas em falas de jornalistas sobre a história da reportagem entre nós. *O Cruzeiro, Realidade, Folha da Tarde, O Estado de S. Paulo, O Globo, Jornal do Brasil, Globo Rural* são reconhecidos, em graus variáveis de concordância, como abrigos de excelência da reportagem.[38] A escolha feita para observar em detalhes a evolução diária da reportagem em lugares do "Brasil profundo" recaiu sobre um jornal apontado, nos anos 1960, como centro de boas reportagens e que posteriormente foi acusado de causar a "morte da reportagem".[39]

---

[37] A memória recente da história da *Folha de S. Paulo* elegeu o ano de 1974 como o início da "definição de um projeto político-cultural" para o jornal. O intervalo inclui 1984, data da implantação do Projeto Folha. Já 1994 foi uma escolha arbitrada por mim, e objetiva cobrir os dez anos de vigência do Projeto Folha e das modificações implantadas no padrão de trabalho e no perfil profissional dos empregados, além do desempenho da nova geração de administradores/estrategistas que assumiu o jornal desde 1984. A leitura do jornal segue tais marcos temporais. O que, à primeira vista, parece um risco de confusão com os critérios nativos, revelou-se uma oportunidade de burlar as "fronteiras" do discurso de jornalistas sobre a periodização histórica da "era" das *grandes reportagens*, acompanhando a sua distribuição concreta em uma sequência que inclui exemplares das décadas de 1970, 1980 e 1990.

[38] A menção às publicações pode ser encontrada, dentre outros, em Dantas (1998), Künsch (2000), Lima (1995), Sodré e Ferrari (1986), Medina (1988). Como costuma acontecer entre os jornalistas, não há unanimidade de julgamento sobre a qualidade de tais jornais e revistas, podendo ainda ser citados outros exemplos de boa reportagem.

[39] Entre os acusadores mais recorrentes podem ser citados Cremilda Medina, professora da ECA/USP e Ricardo Kotscho, repórter veterano com atuação na *Folha de S. Paulo* em alguns períodos de sua carreira.

Os críticos da modernização do jornalismo brasileiro, que repelem a padronização estilística atribuída aos manuais de redação e à racionalização do trabalho jornalístico sob critérios de eficiência administrativa, apontam a reportagem como sua principal perda. A maior parte concorda que o início desse processo ocorreu no ano de 1984, com a primeira investida reformista do Projeto Folha. A percepção dessas transformações e o diagnóstico do efeito destas sobre a reportagem influenciaram a forma como alguns jornalistas brasileiros veem seus pares e os órgãos onde escrevem. Quando se referem à reportagem na *Folha de S. Paulo* é para negá-la, denunciar sua ausência, desarticulação ou má realização. Jornalistas saudosos dos "tempos de ouro" não reconhecem nem o período, nem o jornal, como marcos da boa reportagem. No entanto, os jornalistas-repórteres, editores, fotógrafos e autores de trabalhos publicados na década de 1990 pela *Folha* acreditam ter realizado trabalhos de qualidade e que, inclusive, lhes renderam reconhecimento dentro e fora do meio jornalístico. A reportagem para eles sempre esteve viva; o gênero que praticavam existia e produzia efeitos em suas carreiras.[40]

O resultado do confronto de visões sobre o mesmo fato para a compreensão das divisões e posições no jornalismo brasileiro justifica minha escolha empírica. Outra razão que me motivou a optar pela *Folha de S. Paulo* foi o fato deste jornal (criado em 1921) ser um objeto privilegiado da

---

[40] O editor Marcelo Beraba, ex-diretor e ex-*ombudsman* da sucursal carioca da *Folha de S. Paulo*, interpreta esse debate entre os jornalistas da seguinte forma: "tem mitos no jornalismo. Jornalismo vive de mitos. Como hoje a gente não tem história — poucos conhecem a história do jornalismo —, a gente vive de mitos. Então, um dos mitos é esse [da morte da reportagem]. Em algum momento, sempre que não é o teu, em algum momento houve reportagem. E no teu não existiu reportagem. Então, em 71, quando eu comecei em jornal, se dizia isso, o jornalismo, a reportagem acabou. Sempre que alguém em 71, em 70, 75, 80, 82, 90... sempre que alguém faz uma grande reportagem, todo mundo: 'Ah, foi, ressuscitou a reportagem'" (entrevista à autora). Por sua vez, o editor Andrew Greenlees reage da seguinte forma à acusação lançada sobre o jornal: "O que é 'morte' da reportagem? O manual nunca impediu reportagem, apenas ajudou a organizar a produção jornalística. Regras do manual nunca impediram uma boa reportagem. O que talvez tenha 'morrido' foram os intermináveis textos em que o autor tentava aparecer mais que a informação" (entrevista à autora).

ação jornalística de mapeamento da nação. Considero também a relevância teórica e etnográfica da filiação regional desse diário, que, no entanto, se identifica como "um jornal a serviço do Brasil". Ou seja, a *Folha*, mesmo situada em um contexto local, representa a produção de um discurso jornalístico que tem como referência a nação — sua escolha é oportuna pela expectativa de que seu noticiário seja moldado pela contingência de pertencimento a uma região que se define de modo próprio frente à nacionalidade. Assim, tomo a seleção das reportagens como um conjunto de discursos portadores/produtores de representações do nacional, baseadas na imputação de diferenças intranação, acompanhando o registro de descontinuidades abrigadas no interior do Brasil. O sentido da nacionalidade se apura no exercício de conscientização sobre o que há dentro e fora do espaço nacional, em seu conteúdo físico e humano.

Os exemplos de reportagens recolhidos dentro e fora da *Folha de S. Paulo* trazem notícias de um Brasil construído por narrativas que representam suas alteridades internas. Portanto, para interpretar esse material é necessário captar os significados do texto que tem como referência a definição de interior da nação, que nem sempre é considerada parte do todo nacional.

A análise do material deve problematizar a condição de ser este um jornal produzido na capital do estado de São Paulo e por isso a relação entre região e nação está presente em suas reportagens. Entretanto, é preciso esclarecer a compreensão específica que adoto para o enquadramento dessas relações. O noticiário da *Folha de S. Paulo* não deve ser interpretado como portador de polaridades rígidas e estáveis que distinguem São Paulo de outras regiões do Brasil. Os repórteres utilizam um esquema de interpretação tradicional do país, que é a explicação da realidade nacional através de uma classificação dualista: a ideia dos "dois brasis". A reportagem que abre este capítulo confirma esse dualismo, pois "em suas diferentes versões, a representação dualista vincula, explícita ou implicitamente, os dois brasis a diferentes temporalidades, espacialidades ou formas de organização social" (Sena, 2000:46-47).

Esta tradição descritiva, encarregada de descobrir os "brasis" dentro do Brasil, também está presente em vários outros campos da produção intelectual brasileira (literatura, cinema, artes plásticas, ciências sociais, história). No entanto, é a visão do repórter que encontra essas duas metades antagônicas e complementares do Brasil "em qualquer lugar" do espaço nacional. O registro do arcaísmo e do atraso, que contrasta com o novo e o moderno (segundo o parâmetro que o narrador institui), se faz em regiões variadas. Se por um lado o repórter surpreende o leitor ao encontrar um Brasil que não está no lugar esperado (como a modernidade e o progresso no sertão), por outro o tranquiliza ao reencontrar formas de primitivismo e atraso nos lugares ermos onde "já se sabe ser assim", não civilizado, ou, talvez, território de outra civilização.

O dualismo empregado nas reportagens coletadas não é rígido em sua demarcação territorial da nação, unívoco em seus significados e muito menos homogêneo em sua valoração e impressões afetivas sobre a metade do Brasil observada. A narrativa é ambígua — encantada ou enojada, assustada ou esperançosa, indignada ou complacente — e variada na forma de adjetivar a diferença achada. Por esta razão, em benefício do rigor etnográfico, me pareceu mais indicado selecionar narrativas que identificassem as diferenças em termos regionais. O que importa é a construção de retratos jornalísticos da distância/proximidade cultural, traduzida em regionalidades ou territorialidades dentro da nação.

A geografia do espaço nacional que a reportagem expõe remete à oposição centro/periferia. Entretanto, devemos entender essa diferenciação — que é hierárquica — como parte de uma linguagem espacializada, cujos significados remetem ao pertencimento a uma determinada comunidade. *Centro* e *periferia* comunicam exclusão e inclusão em relação a identidades culturais no sentido proposto por Edward Shils (1992:53), para quem

> a zona central não é em si um fenômeno localizado no espaço. Possui quase sempre uma localização mais ou menos definida no interior do território delimitado em que a sociedade vive. No entanto, a sua centralidade nada tem a ver com a geometria e pouco tem a ver com a geografia.

A elaboração das reportagens segue, de modo mais ou menos estreito, a lógica editorial das publicações jornalísticas. Quanto maior a definição dos princípios e intenções que regem a produção do discurso jornalístico para todos os profissionais empenhados na confecção do material informativo, mais consciente parece ser o desenho das reportagens e a seleção de seus realizadores (repórteres e fotógrafos) adequados. Portanto, processos de racionalização do cotidiano jornalístico, como o planejamento antecipado de tarefas e os manuais de redação, acentuam a articulação das reportagens entre si — em termos temáticos e de estilo narrativo — e configuram de modo mais nítido o perfil profissional daqueles que são escalados para a execução de tarefas de investigação específicas.

A confirmação dessa hipótese foi assegurada pela leitura do jornal *Folha de S. Paulo* dos anos de 1974 a 1994. Com o apoio de documentos produzidos pelo jornal e que indicam a periodização histórica da formulação desse tipo de consciência do trabalho jornalístico que é o projeto editorial, tentou-se ver a interferência desses propósitos gerais na produção cotidiana de reportagens. Desse modo, a explicação nativa para a aplicação das intenções editoriais nos textos publicados é uma interpretação que engloba conjuntos amplos de seções do jornal.

Meu objetivo foi obter dados microscópicos sobre as reportagens, sem dissolver a sua variedade em classificações prévias mais generalizantes. Elas só foram reunidas em alguma forma de categorização ou ordenamento após sua leitura integral. Além disso, a relação entre autor e reportagem é individualizada. Se a reportagem é um componente significativo na formulação de identidades jornalísticas e de estruturação de carreiras nesta área, apenas a observação pormenorizada da lista de produção dos autores poderia ser lançada em eventuais interrogações a esses sujeitos. Assim, com base nos trabalhos efetivamente realizados, sobre os quais eles têm autoridade, eu estaria mais próxima de obter avaliações precisas dos agentes, em vez de contentar-me com as proposições genéricas sobre a reportagem, tão fartas no jornalismo, nas quais as referências concretas nem sempre são explicitadas pelos opinantes.

A pesquisa foi orientada para o registro de reportagens que considerei assemelhadas, característica essa que precisou ser confirmada pela avaliação de seus próprios autores. Afinal, existem para os jornalistas categorias válidas que nos possibilitariam enquadrar o conjunto de reportagens recolhidas? Eles mesmos poderiam classificá-las de modo correspondente ao que havia sido feito na pesquisa? Tais questões orientaram a confecção de um questionário que encaminhei para editores, repórteres e fotógrafos que trabalharam na *Folha* entre 1991 e 1994.

A rotina do trabalho jornalístico — que vai da seleção de pautas, deslocamento de repórteres, coleta de informações *in loco* e a publicação propriamente dita — pode ser compreendida de forma mais detalhada no longo curso de produção de um mesmo jornal. Temos a oportunidade de perceber o que motiva determinado ordenamento temático e narrativo nas reportagens, permitindo que fiquem explícitos os modos "de ver e contar" daqueles jornalistas.

Da variedade de classificações possíveis para os temas jornalísticos, selecionei os trabalhos que convergiam para uma cartografia do espaço e da cultura brasileiros. A exploração de realidades concebidas como internas a nação coloca em foco o trabalho do repórter, obrigado a um deslocamento no território mais ou menos próximo de sua base de trabalho. Também se pode notar que este tipo de trabalho consiste numa especialização entre os profissionais disponíveis em uma redação. Na visão dos editores, que indicam os roteiros temáticos e sugerem os enfoques preferenciais da reportagem, e na percepção que os próprios repórteres têm do curso de sua carreira, a reportagem que exige a viagem e a observação direta consiste em um talento específico, privilégio de alguns agentes com maior sensibilidade e disposição. O repórter Xico Sá, em resposta à minha pergunta sobre a existência de repórteres mais "estradeiros" que outros na redação, diz: "existem repórteres, era o meu caso na *Folha*, que ficam agoniados dentro da redação. Querem ganhar a estrada, a rua". A oposição redação *x* rua sintetiza o lócus preferencial de dois perfis básicos de jornalistas, sustentando ainda outras distinções correlatas como jornalistas burocráticos *x* jornalistas românticos.[41]

---

[41] A este respeito ver Lago (1995) e Travancas (1993).

A articulação entre a reportagem e o seu autor nos permite entender os valores que permeiam o trabalho jornalístico. No corpo do texto publicado o repórter registra o percurso feito até o local do trabalho, as condições de alojamento e permanência no ambiente dos informantes, e, às vezes, o contato com as pessoas que lhes relataram suas histórias de vida e impressões. A incidência desses registros é proporcional ao esforço empreendido pela equipe de reportagem, pois estamos lidando com duas ordens de narração, em que as peripécias do observador para conseguir chegar aos fatos são tão importantes quanto a descrição dos próprios fatos. Ou seja, o repórter não só constrói para seus leitores uma galeria de personagens da gente e dos lugares brasileiros — em uma exposição de retratos múltiplos sobre um mesmo tema: a realidade nacional —, como também se torna, ele próprio, personagem.

Com base nas reportagens selecionadas, considero alguns aspectos da representação jornalística: a padronização da notícia e o recurso a esquemas estereotipados de percepção. A pretensão realista que tanto marca a imagem social da reportagem se assegura, em grande medida, pela falta de esquematizações prévias. Dar sentido a fatos, na prática jornalística, consiste em acionar lembranças do "arquivo" próprio dos jornalistas.

Robert Darnton (1990:91) reconhece o "repertório tradicional dos gêneros" na construção das reportagens. Para ele, "as grandes matérias seguem modelos especiais e têm um sabor arcaico, como se fossem metamorfoses de *Ur*-matérias que se perderam na profundeza dos tempos". Ir ao arquivo dos jornais e da memória jornalística faz parte do trabalho inicial de uma reportagem. Nesse ponto é que "a mão morta do passado (...) modela sua percepção do presente".

Antes do contato com a realidade a ser investigada, o repórter busca as histórias já registradas por seus colegas. É através dessas fontes primordiais que ele decide o que é relevante — o que chamam de "enquadramento da notícia". A relação descrita por Darnton (1990:96-97) entre as tradições jornalísticas e os determinantes culturais da "informação" sugere que "o contexto do trabalho modela o conteúdo da notícia, e as matérias também adquirem forma sob a influência de técnicas herdadas de contar histórias".

Ao lançar mão de estereótipos e esquemas pré-construídos na transcrição textual de "realidades", podemos aproximar a representação jornalística da representação pictórica estudada por E.H. Gombrich (1986). Suas notas sobre a estereotipia evocada nas tentativas artísticas de representação verídica de paisagens rurais e urbanas poderiam ser adaptadas ao estilo de descrição (pretensamente realista) apresentado nos jornais. Reportar, da mesma forma que *retratar*, demanda adaptar e ajustar fórmulas e esquemas desenvolvidos para tipos genéricos (crimes, eleições, carnaval, tradições populares etc.), "pela adição de um certo número de elementos distintivos" (Gombrich, 1986:62), para que sejam reconhecíveis, e até aceitáveis, pelo leitor da notícia.

Na seara dos jornalistas se dá a classificação do insólito pelo familiar, por isso nenhum tema de reportagem é absolutamente novo. A certeza proclamada por Gombrich (1986:72) de que "o familiar será, sempre, o ponto de partida para a representação do desconhecido; uma representação existente exerce sempre um certo fascínio sobre o artista, mesmo quando ele se esforçar para registrar a verdade", fala da mesma relação epistemológica encontrada na afirmação de que "sem categorias preestabelecidas do que constitui a 'notícia', é impossível classificar a experiência" (Darnton, 1990:92).

Utilizando as ideias desenvolvidas por Gombrich e Darnton como apoio interpretativo, procurei analisar o que as reportagens dizem sobre os jornalistas brasileiros — aqueles sujeitos que contam a história de um jeito próprio, aprendido em uma escola ou no convívio prático de uma redação de jornal, e que escrevem para os compradores do jornal e, principalmente, para seus leitores mais críticos, os próprios colegas jornalistas — e sobre o Brasil, o país encontrado nas andanças dos repórteres e registrado, em primeira mão, nos seus gravadores, cadernos de notas e máquinas fotográficas.

Reportagens de longo curso: *Folha de S. Paulo*, 1974-1990

Para uma sistematização das reportagens desse período, agrupei-as em temas, por meio de sua localização espacial. Todas as reportagens podem ser classificadas geograficamente, pois na informação jornalística moderna é indispensável dizer onde aconteceu o fato descrito. *Na Folha de S. Paulo* entre 1974 e 1990, apareceram reportagens situadas na cidade de São Paulo e em sua periferia, em regiões do próprio estado de São Paulo, no Nordeste e na Amazônia. Esses lugares têm em comum a presença de situações "problemáticas" sob a ótica do desenvolvimento social e econômico, desajustes culturais, o desaparecimento de tradições culturais, além de vários problemas envolvendo grupos étnico-culturais e seus costumes. A localidade destaca-se aos olhos do repórter e do fotógrafo apenas, e tão somente, porque algo fora do curso normal da vida ou da ordem desejada do progresso social aconteceu (ou ainda acontece). Assim, em cada território demarcado pelas reportagens, apresento os temas privilegiados, os modos de ver e os modos de contar (que incluem a inserção do repórter como personagem e interlocutor das pessoas abordadas).

São Paulo: a cidade e suas margens

O repórter descobre na cidade de São Paulo a sobrevivência de núcleos de pobreza que produzem espantosos contrastes entre "o mundo que se espera ver" em uma grande metrópole (representado pelo ambiente em que vivem o leitor e o jornalista, talvez?) e a miséria. A reportagem "Um triste e pobre cenário escondido dentro da cidade" (2 de maio de 1975, sem assinatura)[42] transmite essa impressão de espanto ao descrever os cortiços existentes nas proximidades da praça Roosevelt, no centro de São Paulo.

---

[42] A ausência de autoria nas reportagens acontece com frequência durante este período e parece indicar o *status* inferior de seu realizador no grupo de repórteres, posto que a assinatura é uma distinção conferida apenas a poucos repórteres. É só com a reforma editorial e a introdução do manual de redação que a informação sobre o nome do repórter e do fotógrafo torna-se uma praxe. Na *Folha de S. Paulo*, a "assinatura de texto" é regulamentada pelo manual de redação da seguinte forma: "a publicação de texto com a assinatura do autor é uma distinção e depende do mérito específico de cada texto. (...) podem ser assinados: reportagem com informações exclusivas, texto que demande pesquisa intensiva, *'feature'* ["gênero jornalístico que vai além do caráter factual e imediato da notícia" (FSP, 1992:142)] com estilo elaborado, entrevista exclusiva, textos de correspondentes e enviados especiais e outros que *o editor julgar merecedores*" (FSP, 1992:123-124, grifos do autor). Mesmo que a assinatura ainda esteja relacionada à ideia de mérito, todas as reportagens selecionadas a partir da metade da década de 1980 são assinadas.

Bastante comum nas reportagens desse período é a associação entre a pobreza e a presença de migrantes nordestinos. A migração para São Paulo é um dos "problemas" identificados pelo registro jornalístico, em que os nordestinos passam a ser, no interior da metrópole, mais uma etnia com espaços e hábitos próprios. A matéria "As etnias de São Paulo procuram se manter unidas" (21 de outubro de 1985, sem assinatura) diz que a cidade tem "gente de todas as raças e costumes. As comunidades étnicas que vivem na cidade procuram manter-se unidas, encontrar-se com frequência e guardar um pouco da tradição de sua terra de origem". São citados, pela ordem, índios guaranis, judeus, portugueses, italianos, japoneses, gregos, ciganos, lituanos, alemães, russos, norte-americanos. Há indicação dos locais preferenciais de residência, os pontos de encontro e as datas e horários propícios à reunião dos grupos. Dentre eles, os já citados nordestinos, "que frequentam bares típicos no Brás (zona leste), onde leem cartas de parentes que ficaram no Norte ou Nordeste e saboreiam comidas regionais". Mas se a existência de comunidades de origens diversas confere um ar pitoresco e curioso ao cenário urbano, a presença nordestina é, em geral, descrita com estranhamento e até mesmo incômodo. É como se as outras "etnias" estivessem acomodadas e já não produzissem mais o impacto desagradável da diferença, a imagem de forasteiro, invasor ou elemento poluidor do espaço urbano.

Em "São Paulo, uma imensa feira livre" (12 de junho de 1983, Ricardo Kotscho), a presença do comércio ambulante e de feiras livres faz o repórter se perguntar: "o que difere o parque [D. Pedro] da feira de Caruaru? Talvez a única diferença seja que lá tem menos poluição". Na cidade que o repórter define como um "imenso acampamento de brasileiros de todos os cantos" sobressai-se o nordestino. Reunidos aos domingos na rua Carneiro da Cunha e na praça da Árvore, são descritos na reportagem "Na praça da Árvore, a 'feira de nordestinos'" (27 de fevereiro de 1978, sem assinatura). Nela, quanto mais o repórter se afasta para a periferia, maior sensação de desconforto expressa no texto. A descrição e avaliação de uma realidade não apenas pobre, mas considerada inferior, e por isso indesejável, também está presente nas reportagens "Criação clandestina de animais vai acabar" e "A periferia parece cidade do interior" (ambas de 2 de junho de 1974, sem assinatura).

O migrante e o repórter ocupam lugares diversos, onde o nordestino é o "outro" que está à margem da cidade. No trecho da reportagem "Doentes e sem qualificação, são migrantes que chegam" (4 de junho de 1974, sem assinatura) há marcas textuais de que o repórter está incluído no conjunto dos que pertencem à cidade, em oposição aos migrantes:

> (…) alguns migrantes que têm profissão definida sofrem pela diferença socioeconômica entre São Paulo e seus lugares de origem. *Nossos* equipamentos são mais sofisticados, caríssimos, e o migrante, mesmo já profissionalizado, tem que aprender a manipulá-los (grifo meu).

A descoberta de condições de vida inesperadas e incongruentes com a riqueza de São Paulo inspira uma série longeva de reportagens, atestando a convivência de outros "brasis", atrasados e isolados, bem perto do coração da capital. Na primeira página da edição de 1º de maio de 1983, na reportagem "A face oculta da grande metrópole", de Luiz Salgado Ribeiro, com fotos de Luiz Carlos Murauskas, informa-se que

> a zona rural do Município de São Paulo tem "cidades" abandonadas vivendo pobremente, esquecidas pelo poder público. Apesar da vizinhança com o centro da maior metrópole do País, elas sobrevivem muito distanciadas de seus recursos. Por isso, a paisagem no extremo Sul da Capital mais se parece à das aldeias da Amazônia, tão grande é o isolamento em que estão seus moradores.

No mapa do município de São Paulo, localidades como Colônia, Barragem e Evangelista de Sousa são apresentadas pela reportagem "A pobreza da Amazônia pouco distante da Sé" da seguinte forma:

(...) a paisagem mesclada com vastidões de matas da represa Billings, o isolamento, a pobreza dos habitantes, que vivem da agricultura; a precariedade das escolas, transportes e comunicações e até mesmo uma aldeia de índios fazem essa vasta área de terras paulistanas se parecer muito mais com a Amazônia do que com qualquer região do Estado de São Paulo. Muito menos com a sede do Município.

São Paulo: tradição e pobreza reveladas

O estado de São Paulo é delineado nas reportagens por meio de dois núcleos temáticos: o primeiro contempla as regiões em que as tradições folclóricas "típicas" dos paulistas, originárias das culturas caipira e caiçara, estão ameaçadas de desaparecer por razões econômicas ou culturais; o segundo percorre os lugares que se sobressaem pela pobreza ou pela sobrevivência de realidades sociais arcaicas, representantes do atraso no interior do mais rico estado brasileiro.

Exemplo do primeiro núcleo temático, a matéria "Festa está morrendo em São Luís do Paraitinga", de 16 de maio de 1978, sem assinatura, fala das perdas culturais:

> A festa [do Divino] — que há quase duzentos anos se realiza — mobilizava praticamente toda a cidade, além das pessoas residentes na zona rural que vinham pagar promessas, cumprir obrigações religiosas, visitar parentes ou "festar". Era um acontecimento social, além de ser a maior comemoração popular da cidade.

A mesma festa sobrevive em Moji das Cruzes, como informa a reportagem "Moji é um dos últimos produtos da tradição ligada à Festa do Divino" (4 de junho de 1974, sem assinatura).

Isolamento e pobreza estão vivos em regiões como o Vale do Ribeira. Em "Ribeira, o vale dos esquecidos" (29 de maio de 1984), o repórter enviado, Ronaldo de Souza, faz uma apresentação geral do lugar logo na primeira página do jornal:

> O Vale do Ribeira é uma região que já se acostumou com o descaso dos governos que se sucedem e não resolvem os seus problemas fundamentais. As pessoas que ali vivem, a menos de 80 quilômetros da cidade mais rica do Brasil, parecem já conformadas com a sua condição de esquecidas.

Adiante, no corpo da reportagem, anota sobre a região:

> A verdade é que o Vale do Ribeira possui características típicas da miséria nordestina pelas condições de extrema penúria em que vive sua população em conflitos pela terra, sem saneamento, transporte, segurança, nem assistência médica.

Para demonstrar as condições de vida de uma família no Ribeira, o repórter descreve a rotina de Luís Felício Dias e seus familiares.

> Felício é uma espécie de líder de uma pequena comunidade, onde 12 pessoas vivem de certa forma em um estágio primitivo. Caçam pacas e tatus, ainda abundantes na região, para fazer a mistura que acompanha o arroz com colorau e feijão, e por vezes, palmito. Servem-se de água, tanto para beber quanto para banho, da nascente do rio Cachoeira; e, pior, usam a antiga técnica de plantio indígena de desmatamento através de queimadas nessas terras que ainda são consideradas a maior reserva florestal do Estado.

Já Catuçaba, "com pouco mais de 300 habitantes, a 18 quilômetros de São Luís do Paraitinga (SP), nunca fez questão de que o progresso chegasse ao vilarejo" ("Progresso ainda não chegou a Catuçaba", 15 de novembro de 1980, Marco Antonio Zanfra). Diante do conformismo dos moradores com sua vida pacata e isolada típica do interior, o repórter opina:

> Catuçaba é uma prova evidente do desprezo que o governo dedica a algumas regiões do Estado mais rico da Federação. Afinal de contas um

pouco de melhoramentos não tiraria a tranquilidade do vilarejo, mas daria condições para que seus habitantes vivessem um pouco melhor.

O Pontal do Paranapanema também reclama dos problemas da "região mais pobre do território paulista", como deficiências na área de saúde e de transporte ("Faltam hospitais e médicos no Pontal do Paranapanema", 7 de maio de 1975, Altino Correia, correspondente).

Longe de São Paulo: no Nordeste

As reportagens da *Folha de S. Paulo* percorreram outros estados do Brasil, produzidas por correspondentes, às vezes pelas sucursais ou, mais comumente, por enviados especiais às regiões. A seca no Nordeste e/ou em Minas Gerais foi o assunto dominante. Especialmente no primeiro caso, cuida-se de estabelecer os laços entre os fenômenos da seca e da miséria com os migrantes nordestinos em São Paulo, seja pela relação de causalidade entre a estiagem e o aumento do fluxo migratório para a cidade ou pelo impacto das notícias dos familiares sobre aqueles que saíram de suas terras. As brigas de família e a atuação dos "mandões do sertão" tornaram a violência notícia. Todos os acontecimentos se referem a um lugar designado por "sertão" que não se restringe ao território nordestino, podendo ser encontrado em Santa Catarina ou em Minas Gerais.[43] Ou seja, nas reportagens sobre o Nordeste, a ideia da seca adere-se à ideia de violência, e ambas à imagem do "sertão".

Em 12 de fevereiro de 1984, é publicada a primeira de uma série de reportagens intitulada "A grande estiagem" (de Luiz Ricardo Leitão, repórter da sucursal de Recife, com fotos de Júlio Jacobina): a "seca do Nordeste, a maior — já entra em seu sexto ano — desde a primeira grande estiagem conhecida, a de 1583, registrada pelo cronista português Pero de Magalhães Gandavo". A abertura da reportagem de Luiz Ricardo conta a viagem de uma

---

[43] Em Santa Catarina, a reportagem "Comunidade vive como os ancestrais em SC" (13.05.1988) encontra o "sertão do Valongo", habitado por descendentes de escravos.

família, que sai da vila de Tará, "no sertão de Pernambuco", e percorre a pé mais de 400 quilômetros até Juazeiro do Norte (CE) para pedir chuvas ao padre Cícero. Pelo caminho, morre de tuberculose o filho de 12 anos. Eles são abordados na volta para casa, e, para o repórter, a cena era familiar.

> Os bens da família estavam amontoados em duas malas, dois sacos, uma bolsa e uma gaiola vazia. Um pinto, nas mãos de Gracilene [a filha caçula de 7 anos], fazia às vezes da cadela "Baleia", personagem de "Vidas secas" — miserável caricatura do quadro de flagelo desenhado por Graciliano Ramos.

Diante dos 10 milhões de flagelados da seca que começou em 1979 e com a previsão de que as chuvas demorariam a voltar, a reportagem conclui:

> Até lá mais de 10 milhões de pessoas farão buracos na caatinga, migrarão, passarão fome e invadirão cidades em busca do que comer. Ou então, como Francisco Barros dos Santos e sua família, caminharão 800 quilômetros para rezar pelas chuvas, deixando seus mortos pelo caminho. Da mesma forma que o cronista Pero de Magalhães Gandavo narrava, quatro séculos atrás.

No dia seguinte, a continuação da série fala em genocídio nordestino, com 3,5 milhões de mortos por sede, fome, desnutrição e epidemias devido à seca dos seis anos anteriores. A narrativa do cotidiano da seca continua na reportagem "Frentes são o último fio de sobrevivência" (14 de fevereiro de 1984). O mapa da fome e da desnutrição no Brasil tem então sua realidade mais trágica no Nordeste ("Sem dados atualizados, Brasil ignora o tamanho de sua fome", 4 de julho de 1983, sem autoria). Se os dados exatos não estão disponíveis, há os personagens da fome, ainda que muitos nem nome tenham, como mostra a reportagem "As crianças sem nome da tragédia nordestina" (4 de julho de 1983, Edmundo Maia), cujo texto começa no alto da primeira página abaixo da foto de um bebê desnutrido e segue no interior do jornal com o título "As crianças da seca definham e morrem nos hospitais do Ceará".

Muitos dos que fogem da seca chegam a São Paulo. Em 2 de setembro de 1983, o repórter Luiz Ávila acompanha a chegada de uma família à capital, revelando ao leitor a lógica do deslocamento para a grande cidade de acordo com a expectativa de quem migra: "Para os retirantes morar hoje em barraco à beira de rio poluído é melhor do que a vida no Nordeste. Lá, explicou um deles, 'a fome é brava; quando o caminhão-pipa chegava, as pessoas pulava em cima que nem urubu; nós comia rato, calango..." ("Retirantes, da seca para as favelas"). Há uma foto de José Nascimento com a legenda "Fugindo da seca, o cearense Agenor Galdino Alves desembarca na Marginal do Tietê". Uma história comum nas favelas paulistanas, afirma o repórter Luís Ávila ("Flagelados chegam direto às favelas da Vila Maria", 2 de setembro de 1983).

Sabe-se mais sobre o Nordeste nas páginas da *Folha de S. Paulo*. A luta entre famílias na cidade pernambucana de Exu, "a cidade onde o crime é rotina", foi tema da reportagem "Mais duas vítimas na sangrenta Exu" (25 de julho de 1981, "do correspondente"). Em 1989, Exu reapareceu no noticiário do jornal na série que percorreu o país para mostrar "O Brasil da eleição". O repórter Nelson Pujol Yamamoto encontrou o lugar afamado pela violência ("Exu procura sepultar 32 anos de violência", 16 de dezembro de 1989). O uso das metáforas demoníacas no texto é um recurso estilístico que se apropria do senso comum que associou o nome da cidade aos acontecimentos violentos; o repórter faz sua parte ao dar verossimilhança aos atributos recebidos pela cidade em função de seu nome.

Longe de São Paulo: na Amazônia

A região Norte, especialmente a Amazônia, foi o destino de vários repórteres do jornal, autores de longas narrativas sequenciadas sobre a situação da posse de terras, do garimpo e da rodovia Transamazônica. De acordo com a ordem cronológica de publicação, a reportagem "Transamazônica: a terra conquistada" (30 de janeiro de 1974, Cláudio Kuck), iniciou esta descoberta jornalística da região, registrando a inauguração de um trecho da rodovia pelo presidente Médici. Ao sul do Pará — "a área mais tensa do país" —, viajaram o repórter Aníbal Fernando e o fotógrafo Ubirajara Dettmar para contar sobre "A vida no lugar dos homens sem terra" (as reportagens aparecem nos dias 2, 4, 5, 6, 7 e 8 de janeiro de 1977), "percorrendo a área de conflito durante 30 dias". Lá,

> a vida é excepcionalmente dura: os pequenos vilarejos não têm esgotos, a luz elétrica é deficiente, as construções são de barro (o teto de palha de babaçu), as estradas, quando existem, são de terra e ficam intransitáveis, à primeira chuva. Isolando populações inteiras. A vida, por isso mesmo, é cara.

O último capítulo da série passa-se na cidade de Rio Maria, um cenário real de faroeste, onde

> tudo se resolve no gatilho, ao velho e cinematográfico estilo de colonização do Oeste americano. O repórter Ricardo Carvalho e o fotógrafo Gilberto Ribeiro dos Santos (...) percorreram, durante 30 dias, mais de 4 mil quilômetros através da Transamazônica e pelas estradas vicinais, onde milhares de colonos levados pelo Incra para a região a partir de 1971 aguardam até agora o cumprimento das promessas oficiais. Ao se hospedarem na casa de um desses colonos — Justino Ananias de Menezes — sentiram de perto a angústia daquelas famílias.
>
> ("Ao longo da solidão amazônica", 8 de outubro de 1978)

Os repórteres assistiram em Marabá à primeira reunião para formação de um núcleo de direitos humanos, alojaram-se na aldeia dos índios Parakanã, conversaram com garimpeiros de ouro e diamantes, foram a Tucuruí — registrando o crescimento e a violência na cidade — e falaram com os inúmeros posseiros ameaçados por grandes fazendeiros. O resultado da viagem foi publicado durante cinco dias na série de reportagens que "mostra enfim a solidão e o abandono do brasileiro da Amazônia".

Outra dupla de repórteres, Ricardo Kotscho e Ubirajara Dettmar (fotógrafo), estiveram em 1981 no norte de Goiás (desde 1988 essa área corresponde ao norte do Tocantins) e "percorreram mais de sete mil quilômetros durante vinte dias, para mostrar a realidade desta região, ao mesmo tempo rica e miserável, que leva os homens a matar e morrer pela terra" ("Matar ou morrer pela terra", 19 de agosto de 1981). Sampaio, localidade situada entre a Belém-Brasília e a Transamazônica, é uma das paradas dos viajantes, onde

> não tem médico nem padre, nem luz nem telefone, e o posto de saúde está sempre fechado. O ônibus vem até aqui uma vez por dia, mas só no verão (...). *Sampaio não está no mapa, mas fica no Brasil*. Apesar da pobreza, os posseiros oferecem um café — suprema gratidão por uma visita — e pedem ajuda. Pedem quase nada: um pedaço de terra para plantar e continuar vivendo em paz, como antes.
>
> ("'Subversão', uma justificativa frequente",
> 19 de agosto de 1981, grifos meus)

Encontraram, na Belém-Brasília, o retrato do velho Oeste americano (23 de agosto de 1981), e na cidade de Araguaína, onde "reina a lei do mais forte", veem

> homens com imensos chapéus de vaqueiro, falando alto pelos bares, tomando uísque estrangeiro. Carrões último tipo cruzando as ruas a toda velocidade, ignorando sinais de trânsito e pedestres. As calçadas sujas, o cheiro forte das "gaiolas" — os transboiadeiros, que levam gado de um lado para outro. (...) Araguaína, porta de entrada para a conflituosa região do "Bico do Papagaio", lembra o velho oeste americano.

Em 1983, Ricardo Kotscho e o fotógrafo Jorge Araújo viajaram ao garimpo de Serra Pelada como "enviados especiais". A série "Serra Pelada, uma ferida de ouro aberta na selva" foi publicada em cinco reportagens de 18 a 22 de dezembro e descrevia o modo de vida no garimpo, a rotina de trabalho, as diferenças sociais entre garimpeiros e a inconstância da riqueza e da pobreza. O "dialeto" dos garimpeiros compôs os textos do repórter, sempre intercalados com as histórias de vida dos homens que circulavam por Serra Pelada. O trajeto da chegada e a permanência e saída do garimpo são contados do ponto de vista dos repórteres e dos garimpeiros, como indicam os títulos das reportagens: "A dura realidade dos sonhos de riqueza, amor e miséria na gangorra da fortuna", "Manhã na vida de bamburrados e blefados", "O dia em que Rita Cadillac pirou o garimpo", "Em abril começa tudo de novo", "A viagem de volta à civilização, uma festa". Do "mundo cão" do garimpo até "a volta à liberdade, a volta a esse mundo chamado Brasil", os jornalistas revelaram "um cenário digno dos grandes épicos de Hollywood".

O sul do Pará novamente foi objeto de uma série de reportagens em 1984. O repórter "enviado especial" Luiz Salgado Ribeiro e o fotógrafo Fernando Santos contaram a história da luta pela terra em "Onde o gatilho é a lei e os homens têm medo" (29 de agosto de 1984), registrando a "guerra" entre posseiros e fazendeiros. O banditismo, não importa de que lado se veja, foi o termo escolhido para descrever a situação, em que

> as tocaias já se incorporaram ao cotidiano. Umas para matar posseiros, outras para eliminar pistoleiros, donos de terras ou simples empregados das fazendas. Ambos os lados matam com igual crueldade. Muitos corpos são encontrados queimados ou mutilados. Alguns dos que tombam em terreno inimigo não têm direito nem mesmo a uma sepultura. São abandonados na selva, aos urubus e às feras.
>
> ("Banditismo marca disputa entre posseiros e fazendeiros", 29 de agosto de 1984)

No ano seguinte, o mesmo repórter, acompanhado do fotógrafo Luiz Carlos Murauskas, retornou à Transamazônica e avaliou as condições da colonização na série "Terra batida". Lá ele encontrou abandono e isolamento, como na Agrovila Grande Esperança, que "doze anos depois de inaugurada, (...) na beira da poeirenta e esburacada Transamazônica, cinquenta quilômetros a oeste de Altamira (PA) — parece uma cidade fantasma".

O texto narra a passagem dos jornalistas por várias cidades e o seu encontro com pessoas ou situações exemplares. O que lemos são os percursos do repórter em interação com os próprios personagens da narrativa. Assim, ele não é apenas aquele que conta a história, mas também um ator capaz de se relacionar com a gente do lugar e seu *habitat*.

O foco em um macro território é significativo na caracterização das reportagens feitas fora de São Paulo. Nos anos seguintes, não encontrei mais essa precisão espacial. A referência ao autor segue o seguinte padrão: "enviado especial à Transamazônica, ao sul do Pará etc.", no qual se faz menção a uma grande área, em vez de identificar a cidade em que o repórter montou sua base de investigação. Essa será a praxe do jornal após 1991. O modo como se usa o mapa em questão é esclarecedor, pois as cidades contidas nestas grandes áreas podem ser ou não visitadas, sem que haja detalhes precisos sobre a movimentação dos repórteres na região.

Reportagens por rotas certas: *Folha de S. Paulo*, 1991-1994

O jornal anunciou em 17 de fevereiro de 1991 a criação do caderno Brasil que tinha como uma de suas propostas

> aprofundar e ampliar a análise de questões sociais que revelam o crescimento de um país quarto-mundista dentro de um Brasil em desenvolvimento. Terão prioridade problemas como os das nações indígenas, os conflitos fundiários, as expansões violentas das fronteiras econômicas, a explosão dos problemas sociais.

Xico Sá,[44] repórter do jornal nesse período, interpreta essa ênfase temática como uma "virada nacional" no olhar do periódico: "A *Folha* descobriu que o Brasil não era só a avenida Paulista" (entrevista à autora).

O novo rumo editorial de nacionalização do jornal teria sido decidido com base em discussões internas da redação, levando-se em conta mais a diferenciação jornalística em um mercado concorrencial, do que eventuais sondagens ao público leitor. Interessa-me pensar por que a *Folha de S. Paulo* procurou essa diferenciação buscando uma "marca" nacional. Ao ser por mim entrevistado, Andrew S. Greenlees,[45] que comandou o caderno Brasil entre maio de 1991 e março de 1992, contou que "em discussões internas, avaliou-se que o jornal precisava deixar de dar tanto espaço ao eixo Rio-SP-Brasília e mostrar outras facetas nacionais". Nas palavras do editor Marcelo Beraba,[46] antecessor de Greenlees, o espírito que orientava a feitura do jornal era dado pela "ideia de que a gente tinha a responsabilidade em descobrir, desvendar e mostrar esse país excluído. (…) na época a gente não usava muito 'exclusão social', 'excluído', nada disso. E o nome que a gente passou a adotar para isso foi Quarto Mundo" (entrevista à autora). Acrescenta Xico Sá: "Quarto Mundo acabou virando uma marca para

---

[44] Xico Sá nasceu no dia 6/10/1962, na zona rural de Santana do Cariri (CE), na divisa com Pernambuco, mas foi registrado como nascido em Crato (CE). Estudou jornalismo na Universidade Federal de Pernambuco e começou a trabalhar na *Folha de S. Paulo* em abril de 1991, tendo sido repórter e repórter especial.

[45] Andrew Stuart Greenlees nasceu no dia 8/12/1964, em São Paulo (SP). Formou-se em comunicação, com especialização em jornalismo, na Escola de Comunicação da USP em 1985. Começou a trabalhar na *Folha de S. Paulo* em 1988 como repórter de política da sucursal de Brasília, onde posteriormente ocupou o cargo de secretário de redação. Em seguida, foi correspondente do jornal em Washington (EUA), editor de política e editor adjunto da coluna "Painel da Folha".

[46] Marcelo Beraba nasceu no dia 29/04/1951, no Rio de Janeiro. Formou-se em jornalismo na Escola de Comunicação da UFRJ. Começou a carreira como repórter estagiário em *O Globo*. Quando já era repórter especial, trocou o jornal carioca, em 1984, pela *Folha de S. Paulo* (sucursal carioca), para trabalhar na reportagem. Em 1985, assumiu a diretoria da sucursal e depois outros cargos de editoria em São Paulo. Entre 1996 e 1999 trabalhou no *Jornal do Brasil*, retornando para a *Folha* em fevereiro de 1999. Foi diretor da sucursal do Rio de Janeiro e exerceu a função de *ombudsman* do jornal entre 2004 e 2007.

reportagens que mostrassem o fosso entre o Brasil próspero e a miséria absoluta, a indigência, digamos assim".

A "descoberta do Brasil" justificava-se jornalisticamente porque esperava-se encontrar situações desconhecidas, sobre as quais o leitor do jornal, achavam seus editores e repórteres, pouco ou nada sabia. Como se lê na publicidade do caderno Brasil desse período, ele traz "a resposta para quem sempre se pergunta que país é esse". É significativo o que diz Greenlees: "buscávamos na pauta informações que traduzissem a realidade de parcela importante da sociedade, *em geral muito distante do leitor de jornal*" (grifos meus).

A execução desse projeto se concretizou na sistematização de um plano de reportagens que se desdobrou em séries articuladas por temas ou classificações comuns. Sua identificação jornalística foi feita pelo uso de *chapéus*.[47] Esse recurso gráfico tem o efeito de criar no leitor uma memória (e nos próprios jornalistas, como verifiquei na pesquisa), associando relatos feitos em diferentes locais, mas supostamente unificados pela problemática destacada pelo repórter e pelo registro fotográfico. Em outras ocasiões, o chapéu servia simplesmente para marcar o tema principal de uma reportagem, que podia ou não ter desdobramentos em outras edições. O objetivo do seu uso, de acordo com Greenlees, "era chamar a atenção para as reportagens, criar impacto no leitor e, ao mesmo tempo, organizar as páginas para facilitar a leitura".

Segundo me informou Paulo Mota em entrevista,[48] "teria sido uma reportagem sua, em parceria com Luiz Francisco, realizada na Sucursal de

---

[47] Segundo o *Novo manual de redação* (FSP, 1992:130-1), *chapéu* é uma "palavra ou expressão curta colocada acima de um título. Usada para indicar o assunto de que trata o texto ou textos que vêm abaixo".

[48] O repórter Paulo Mota nasceu no distrito de Sucesso, município de Tamboril (CE), em 10/11/1964. Formou-se em comunicação social e ciências sociais pela Universidade Federal do Ceará. Começou a trabalhar na *Folha de S. Paulo* em dezembro de 1988. Foi correspondente em Fortaleza (1988-1989), coordenador da sucursal de Salvador (1990-1991), correspondente em Rio Branco (1991-1992) e correspondente em Fortaleza (1992-2000). Na época da pesquisa, trabalhava na Agência Folha em São Paulo.

Salvador, que iniciou o uso dos 'chapéus' no caderno Brasil". A reportagem "Salvador vira 'capital' da miséria e barbárie" (27 de maio de 1991) recebeu o chapéu "Quarto Mundo". Depois desta data, a produção de reportagens com a mesma preocupação de revelar mazelas nacionais — e sua distribuição espacial e social é volumosa — aparece regularmente. Até 1994, os chapéus "Homem-gabiru", "República das bananas", "Baixa renda", "No mar de lama", "Vidas secas", "Os sertões", "Caçadores de esmeraldas", "Matadores de aluguel", "Lavoura arcaica", "Indústria da seca", "Seca", "Miséria", "Saga nordestina", "Mortalidade infantil", "O Haiti é aqui", "Dois mundos", "Índios do Morumbi", "'Acidente no emprego'", "Brasil surreal" e "Trabalho infantil" distribuem-se nos cadernos Brasil e Cotidiano. Em 30 de maio de 1993, começou a série "Brasil viável", "com reportagens que relatam empreendimentos bem-sucedidos nas mais diversas áreas" (*Folha de S. Paulo*, 19 de dezembro de 1993), as quais destoam do tom predominantemente denunciativo e "pessimista" das reportagens precedentes.

Os editores desfiam nomes de profissionais que se destacaram com a produção desses trabalhos, confirmando o impulso que deram em sua projeção no meio jornalístico. Andrew Greenlees acha que essas reportagens "ajudaram a consolidar carreiras importantes na imprensa. Cito, de memória e a título de exemplo, os jornalistas Xico Sá, Ari Cipolla e o fotógrafo Antônio Gaudério". Marcelo Beraba explica que a escolha de quem ia fazer a reportagem se vinculava à proposição da pauta. Contudo, Beraba acredita que existiam repórteres com "gosto especial" por assuntos que demandavam viagens pelo Brasil, diferente daqueles, por exemplo, com talento próprio para investigar o mundo da política e seus personagens. Entre os primeiros estão, entre outros, repórteres como Xico Sá, Mário César Carvalho, Elvira Lobato, todos em ação no rol de reportagens que selecionei.

O editor Andrew Stuart Grenlees comenta como eram feitas as reportagens:

> Eram reportagens que exigiam viagens, certamente não podiam ser feitas pelo telefone. Em geral, os repórteres apresentavam as sugestões,

que haviam levantado com suas fontes, e a proposta era analisada pelos editores e secretários de Redação. O lado visual era muito importante, portanto havia sempre fotógrafos presentes. Várias reportagens também foram produzidas na época por correspondentes e colaboradores da *Folha* nas regiões. Foi uma época em que vários desses jornalistas se destacaram sem estar no eixo Rio-SP-Brasília.[49]

Sobre as características pessoais e profissionais necessárias para executar bem esse tipo de trabalho, o mesmo editor cita "vontade de investigar, de checar informações para evitar sensacionalismo ou mesmo equívocos, disponibilidade para viagens difíceis e sem duração definida. Curiosidade".

O aspecto da viagem, independentemente da condição de correspondente ou de repórter da redação em São Paulo, é especialmente marcante para distinguir o tipo de tarefa jornalística que destaco. O trabalho que exige deslocamento e investigação "fora de casa" é distinto, na percepção de editores, fotógrafos e repórteres, de outras missões na rotina do jornal. Na opinião de Xico Sá, "é inegável que esse tipo de reportagem, dito mais 'épico', é o que traz a satisfação do repórter. Isto não quer dizer que um jornalista não possa arrancar do dia a dia de uma cidade como São Paulo, por exemplo, uma bela reportagem". Para existir a reportagem *épica*, é preciso haver disposição das chefias e recursos financeiros para custear as operações de deslocamento. Beraba diz que no seu período de editoria havia "uma verba grande para viagem". Quando há contenção de despesas no jornal, a reportagem de alto custo é severamente restringida.

Do ponto de vista narrativo, a tarefa de compor um texto com imagens que registrem uma realidade supostamente distante e desconhecida do leitor obriga-os a produzir analogias, metáforas e comparações com o

---

[49] Sobre as fontes utilizadas, o repórter Amaury Ribeiro Jr. comentou orgulhoso ao telefone sobre o seu informante Manuelzão (o mesmo que guiou Guimarães Rosa pelos sertões mineiros), que lhe indicava temas de reportagens. Isso teria acontecido, por exemplo, com a reportagem *Mata-formigas*, de 14 de outubro de 1992, realizada em Felixlândia (MG), sobre meninas empregadas por reflorestadoras para aplicar formicida.

intuito de traduzir e aproximar o lugar e as pessoas descritas na reportagem ao receptor. Relatos sobre a miséria e a fome são pontos de referência para outras realidades nacionais e internacionais assemelhadas: Nordeste, África, Somália, Etiópia são lugares dessa geografia jornalística. Outra fórmula é a comparação com o passado por meio de expressões como "vive no século XIX", "na Idade da Pedra", "tecnologia semelhante ao início da Revolução Industrial".

Cabe ainda ao repórter indicar ao leitor o quanto aquele modo de vida se distancia do dele. Isso acontece por meio da instituição de "medidores" de isolamento, atraso ou ignorância, determinados não apenas pela falta de escolaridade, mas, sobretudo, pela inacessibilidade à informação midiática — em especial, a televisão. Nesse caso, quando o narrador diz que certa população não conhece a Xuxa, o Roberto Carlos, os jogadores de futebol famosos ou o nome do presidente da República, estará, automaticamente, "situando" o leitor sobre suas características culturais e sociais. Encontrar crianças que nunca ganharam um brinquedo ou jamais frequentaram uma escola é uma informação do que chamaram de "Brasil surreal". Nunca ter assistido televisão é um dado inacreditável para o leitor imaginado dos jornalistas e talvez seja a confirmação mais decisiva para julgar se alguém está fora do mundo, dentro do Brasil.

Franco Moretti percebeu que, na ação dos romances históricos europeus, a narrativa transporta-se no tempo percorrendo espaços periféricos da nação, à margem da civilização — florestas, litorais de difícil acesso, amplas extensões de território e montanhas (Moretti, 2003:44). A narrativa jornalística realiza uma operação semelhante quando situa personagens reais em outro tempo, situados em territórios à parte da vida civilizada. Podemos reconhecer os repórteres brasileiros recorrendo à fórmula que Catherine Lutz e Jane Collins (1993:112) identificaram na *National Geographic*: "Quando fotógrafos da *Geographic* falam de suas viagens enquanto jornadas através do tempo, o principal indicador é com frequência a mercadoria".

Para ter uma visão do Brasil, o jornal "nacionaliza" a presença de seus jornalistas criando uma organização administrativa específica. Os correspondentes lotados nas principais capitais ficam vinculados à Agência Folha (nesses casos, o crédito da autoria aparece da seguinte forma: "nome do repórter. Da Agência Folha, nome do lugar"). De modo geral, as cidades onde se estabelecem os correspondentes são Manaus, Belém, Fortaleza, João Pessoa, Recife, Maceió, Salvador e Belo Horizonte. As cidades do interior de cada um dos estados possuem um correspondente em suas capitais e os estados próximos são visitados pelo repórter. A possibilidade de deslocamento de repórteres e fotógrafos de São Paulo para localidades já cobertas permanentemente pela *Folha de S. Paulo* ou para outras regiões sem disponibilidade de profissional do jornal amplia a abrangência geográfica da cobertura direta dos temas.

Essa estrutura extingue a figura do correspondente sedentário, com movimentação apenas em regiões próximas à sua cidade, como acontecia com os representantes do jornal em algumas cidades do interior de São Paulo na década de 1970 e parte da de 80. A mobilidade dos repórteres pode ser acompanhada pelos trajetos variados executados para produzir as reportagens de que tratamos agora. O mapa do Brasil fez-se no jornal com visitações regulares a sítios dispersos onde se esperava encontrar a "realidade brasileira" ou os "problemas nacionais" dignos da exposição jornalística. Miséria, fome, trabalho infantil, trabalhos penosos e situações de exploração e clientelismo, assim como o estranho e o inusitado, são questões jornalísticas que orientam o faro dos repórteres e são encontradas e revistas em tantos lugares do país, perto e longe de São Paulo. Portanto, há uma geografia própria que a reportagem vai demarcando e registrando com as fotos e a narração que as acompanha, as quais dão o sentido de sua territorialidade e de seu tempo. Convém, pois, uma exposição das reportagens de acordo com as associações temáticas feitas pelos próprios jornalistas, que as catalogam seguindo classificações estabelecidas entre repórteres e editores.

O arranjo do material respeita a ordem cronológica dentro de cada grupo temático. Pretendo assim respeitar o modo como os jornalistas trabalham: com um arquivo "real" (banco de reportagens e imagens) que informa o que já se fez antes sobre a pauta que ele tem em mãos para executar; com um arquivo "metafórico", ou seja, um conjunto de convenções que acompanha a descrição de certos lugares, pessoas e situações. Ao levar em conta que o repórter ativa esses arquivos, está-se incorporando a discussão sobre a presença de imagens e concepções já existentes em reportagens de assuntos aparentemente inéditos ou vistos sob novo "enquadramento", para usar uma expressão cara aos jornalistas.

Brasil Quarto Mundo: miséria e fome

Da sucursal baiana é enviada, em 27 de maio de 1991, a reportagem "Salvador vira 'capital' da miséria e barbárie", de autoria de Paulo Mota e Luiz Francisco, com três fotos de Xandô Pereira. Recebe o rótulo-síntese (chapéu) de "Quarto Mundo", o qual só reaparece dia 19 de novembro, em "Lixo é fonte de renda a 20 km do Planalto", de Sylvio Costa. Sobre o estado da vida em Salvador, informam:

> Desde o início do ano aconteceram 53 linchamentos na região metropolitana de Salvador. Morreram este ano na cidade 37 meninos de rua de forma violenta. O índice de analfabetismo é de quase 50% da população no Estado da Bahia, onde pelo menos 1,5 milhão de pessoas estão desempregadas. Dados como este fazem de Salvador a "capital do 4º Mundo" no país, *uma cidade à margem da lei e da civilização* (grifos meus).

Em 23 de setembro de 1991, Lúcio Vaz, enviado especial ao Vale do Jequitinhonha (MG), publicou "Miséria domina o Vale do Jequitinhonha", cujo subtítulo é "Região de Minas Gerais é uma mistura de Etiópia com as áreas mais pobres do Nordeste Brasileiro". A reportagem mereceu chamada de capa, com uma das cinco fotos de Roberto Jayme (que mostra moradores junto ao rio Jequitinhonha) que registravam locais e pessoas da região. Diz o repórter sobre a área de

> 85 mil km² incrustada no segundo Estado mais rico do país. Lá, as crianças comem terra para aliviar a fome. Os adultos enlouquecem com a imagem dos filhos famintos. O rio Jequitinhonha, principal fonte de

vida da região, está morrendo rapidamente, vítima da ação dos garimpos, do desmatamento e das queimadas, numa combinação da ganância de alguns com a *ignorância dos sertanejos* (grifos meus).

A descrição de "personagens típicos do sertão do Vale do Jequitinhonha" apareceu na reportagem "Farinha com água vira refeição da região". Jaísa Rodrigues, de 16 anos, andava todos os dias três quilômetros com um irmão para buscar água para o consumo de sua família de 12 irmãos, que costumavam comer "farinha com água e, às vezes, feijão". Em Francisco Badaró encontraram Antônio Luiz Souza (retratado em foto), de 68 anos, que perdeu a roça e vivia da aposentadoria do Funrural. Da conversa com esse entrevistado, Lúcio Vaz registrou sua opinião sobre as queimadas, aludidas como a possível causa da diminuição progressiva da água do rio. Sobre o fato teria dito seu Antônio: "As queimadas são para limpar a terra". Sem dizê-lo textualmente, o repórter quis registrar aqui um exemplo do que chamou de "ignorância do sertanejo". Em sua narrativa, as impressões de uma viagem de 1.500 quilômetros pela região constataram que "tão doente quanto as pessoas está o meio ambiente".

A reportagem "S. Paulo cai para a rabeira do 4º Mundo", de 20 de outubro de 1991, encontrou na capital pessoas como "o miserável Manoel Pereira dos Santos, um dos sete milhões que sobrevivem na Bombaim paulistana", fotografadas por Adi Leite. O texto de Mauro Teixeira apresentou aos leitores vários dados sobre as condições de miséria na cidade:

> Dentro desse quadro, a virada do século aparece como um fantasma. Dados da ONU indicam que a Grande São Paulo deverá se tornar a segunda maior concentração humana do planeta no ano 2000 (...). É provável também que São Paulo ganhe destaque por outros índices constrangedores, como a taxa de mortalidade infantil. Atualmente, ela é de 35 por mil crianças nascidas, superior à do Sri Lanka (32) e à da Malásia (24). Em alguns bairros da periferia já morrem 53 de cada mil nascidos vivos. *Um dado digno de rabeira do quarto mundo* (grifos meus).

Em 15 de novembro de 1992, a região mineira do rio Jequitinhonha reapareceu na reportagem feita no município de Berilo (MG) por Amaury Ribeiro Jr. (correspondente em Belo Horizonte) e André Brant (fotógrafo), com o título "Famílias tomam sopa de barro em MG" e subtítulo "Água barrenta dos açudes misturada ao fubá é opção de alimento para moradores do Vale do Jequitinhonha". A chamada de capa diz que a "região vive o drama da seca e é conhecida mundialmente como o 'Vale da Miséria'".

Amaury Ribeiro Jr. retornou à região no ano seguinte, agora acompanhado do fotógrafo Luiz Carlos Murauskas. No domingo de 25 de abril de 1993 publicou o resultado de sua volta ao município de Berilo na reportagem "Vale do Jequitinhonha vive miséria somali". Logo no começo do relato, diz: "Pesando menos de 40 kg e abatido por várias doenças e pela fome, o aposentado José Rodrigues Bastos, 67, é apenas um dos moradores de São Pedro do Jequitinhonha que revelam situações de miséria absoluta, como as encontradas na Somália". A história continuou na reportagem "Pinga nina crianças famintas de Minas Gerais", na qual Amaury explicava que

> crianças de quatro a 12 anos da região do Vale do Jequitinhonha estão sendo viciadas em pinga. A área, localizada no norte e nordeste de Minas Gerais, é conhecida mundialmente como o 'Vale da Miséria'. As mães utilizam a pinga para provocar sono em seus filhos, que choram à noite e não dormem devido à fome.

O repórter publicou uma entrevista, conseguida por intermédio do professor da escola, com um menino que tomava pinga desde os quatro anos. Enzo Rodriguez Gomez, de 9 anos, é o personagem roseano do título "Menino quer ver o 'outro lado do mundo'". Ou seja, "o lado que o rio Jequitinhonha separa do distrito de São Pedro do Jequitinhonha, onde nasceu e sempre viveu".

Em 19 de dezembro de 1993, a *Folha de S. Paulo* lançou o caderno especial "Fome", que revelava paisagens e personagens da fome pelo

Brasil.[50] O conjunto de reportagens foi organizado de forma a demonstrar que os brasileiros com fome se distribuíam por muitos recantos do país. No alto da página 1, três chamadas para as reportagens: Nordeste ("No sertão de Pernambuco a subnutrição provoca sintomas de demência"); Rio ("Todos os dias 600 indigentes 'garimpam' o depósito de lixo em Duque de Caxias"); São Paulo ("Sopão popular, feito com sobras do Ceagesp, alimenta 2.000 pessoas/dia"). Havia a preocupação em informar o "tamanho da miséria no Brasil", com a publicação do "Mapa da miséria" que trazia os números da indigência por região e por estado, seguindo dados do Instituto de Pesquisa Econômica Aplicada (Ipea).

O texto de introdução do caderno, de Bruno Blecher, editor do "Agrofolha", resumia o outro viés da observação jornalística da fome, qual seja, o olhar sobre o faminto, o lugar em que ele vivia e seu cotidiano de indigência. Segundo o jornalista,

> as histórias desses brasileiros formam uma espécie de manual de sobrevivência. Eles se alimentam de arroz com mandioca no norte de Minas, comem cacto e farinha de milho no sertão nordestino, garimpam lixões em Duque de Caxias (RJ) e, para enganar a fome, recorrem até ao turu, molusco extraído de troncos molhados à beira do Tocantins, em Abaetetuba (PA).

Após citar o Nordeste e o Vale do Jequitinhonha, diz: "Não é preciso ir tão longe. A fome está por todos os cantos do país. A 20 km do centro de São Paulo, 2.000 indigentes frequentam diariamente o 'sopão' do Ceagesp".

Nesta busca do Brasil faminto gostaria de destacar o retorno a Minas Gerais. O correspondente em Belo Horizonte, Paulo Peixoto, acompanhado

---

[50] Deve-se entender esta iniciativa editorial da *Folha de S. Paulo* no conjunto de debates e ações sobre a fome no Brasil ocorridos no início da década de 1990, gerados pela Ação da Cidadania contra a Miséria e pela Vida, conhecida como "Campanha da Fome". Sprandel (2001) oferece uma interpretação desse momento, considerando a história da tematização da pobreza no Brasil por diversos intelectuais, políticos e pensadores de políticas públicas.

do fotógrafo Luiz Carlos Murauskas, percorreu novamente a região do Jequitinhonha. A reportagem, intitulada "Vale mineiro tem miséria e fome de 4º Mundo", começava contando com a história de duas mulheres: Maria Martins de Oliveira, 53 anos, que "mora com marido, sete filhos e três netos num barraco de uma das 'favelas rurais' do município de Araçuaí"; e Ana Pereira, 55 anos, moradora do povoado de Borges, em Minas Novas, "que fala com amargura dos três filhos que foram trabalhar em São Paulo e não deram mais notícias", tendo ficado o resto da família em estado de "penúria, penúria mesmo", no dizer de Ana. Para o repórter, essas histórias, "centradas na dificuldade de obter comida", mostram que "esse é o quadro permanente do Vale do Jequitinhonha". Lá, "doenças como esquistossomose, leishmaniose e doença de Chagas estão ligadas diretamente à falta de saneamento básico, falta de hábitos higiênicos adequados e construções rudimentares. As casas são feitas de pau a pique ou adobe (tijolo do barro)".

A fome e a miséria foram observadas, descritas e fotografadas pelos homens da *Folha de S. Paulo* país afora. Em João Pessoa (PB), o correspondente Adelson Barbosa esteve perto de uma dessas histórias. Em 22 de julho de 1992 publicou a reportagem "Josefa Maria, 24 anos e 6 filhos, come só 'quando Deus quer'", com o subtítulo "Farinha e arroz foi a refeição do fim de semana". Há fotos de Josefa e de dois de seus filhos, feitas por Marcus Antonio. O encontro jornalístico é narrado da seguinte forma:

> A reportagem visitou a casa de Maria, na Favela Bola na Rede, e constatou que às 11 horas não havia panela no fogo. O marido [desempregado] havia chegado meia hora antes com um quilo de arroz, um quilo de farinha e um quilo de açúcar, que conseguiu de um candidato a vereador. Das seis crianças, apenas a mais nova tinha se alimentado, porque ainda mama.

O repórter Alcide Filho (também fotógrafo), correspondente no Piauí, expôs seus achados da fome no dia 15 de novembro de 1993, na reportagem "População come o que pode, de tatu a raiz". Os hábitos alimentares alternativos, diante da escassez de alimentos, foram o objeto de interesse do repórter pelo interior do Piauí.

Em São Raimundo Nonato (630 km a sudeste de Teresina), Constâncio dos Reis, 14, coleta para comer a resina de árvores, uma espécie de seiva gelatinosa. A pouco mais de 200 quilômetros dali, em Gilbués (790 km ao sul de Teresina), o ex-vaqueiro Artur Silva Santos, 36, come uma espécie de farinha produzida a partir da raiz de macambira, uma planta parente do abacaxi.

No Pará, o correspondente Abnor Gondim, acompanhado do fotógrafo João Ramid, iniciou a reportagem "Crianças do Norte vivem 'meia-vida'" (14 de julho de 1993) com a afirmação de que "a situação da criança e do adolescente na Amazônia é pior do que a do Nordeste e está abaixo da média nacional", apoiado em estudo apresentado por pesquisadores na região. As condições de "meia-vida, meia-casa, meia-família e meia-comida" são concretamente ilustradas pela história colhida pessoalmente pelos jornalistas em Barcarena, a 40 km de Belém. Eis o que lá encontraram:

> Sem tirar a chupeta da boca, Daniela Conceição de Oliveira, 4, acorda cedo todo dia para banhar-se no igarapé do Dendê, em Barcarena (...). É a única diversão dela e de outras oito crianças da família de Marina Conceição Oliveira, 43. Há um mês, elas só fazem duas refeições por dia, à base de café e farinha.
>
> ("Família só come café e farinha no Pará")

Paulo Mota, enviado especial a Antonio Almeida (PI), em companhia do fotógrafo Jarbas Oliveira, foi ver de perto a cidade mais pobre do Brasil, segundo dados do Ipea. Em 3 de outubro de 1993, sob o chapéu "Miséria", publicou a reportagem "Cidade do Piauí é a mais pobre do país". O texto principal descrevia as condições de saúde e as atividades econômicas do município, no qual "80% da população não recebe salário". Quem narrou a miséria vivida foi a reportagem "Menina diz que nunca teve um brinquedo":

A menina Maria dos Reis Gomes da Silva, 12, diz que nunca viu televisão. O povoado de Formiga, distrito a 18 km de Antônio Almeida (PI), onde Maria mora, não tem nem energia elétrica. A menina, magra e pequena (ela não sabe quanto pesa e quanto mede), diz que nunca teve um brinquedo, nem mesmo uma boneca. Ela não afirma ter muito tempo para isso. Maria fica em casa cuidando dos sete irmãos menores, enquanto o pai e a mãe passam o dia fora, na busca de alimento ou emprego temporário. O casal Antonio e Maria Gomes da Silva, pais da menina, tiveram 12 filhos.

Em 16 de abril de 1994, Fábio Guibu, correspondente em Pernambuco, e o fotógrafo Fernando Gallotta, contaram uma das mais impressionantes histórias da rubrica "Quarto Mundo". Logo na chamada de capa do jornal dizia a legenda: "Catadores de lixo observam um caminhão despejar dejetos hospitalares em depósito de Olinda, Pernambuco, de onde favelados recolhem carne humana para comer". No corpo da reportagem as revelações são impressionantes:

> Pelo menos duas pessoas admitiram à *Folha* terem se alimentado de carne humana recolhida do lixo. (...) Ontem [15/4], às 10h30, a *Folha* flagrou um caminhão de lixo hospitalar descarregar detritos no depósito da cidade. Assim que chegou, o veículo foi imediatamente cercado por crianças. O lixo foi todo vasculhado pelos meninos e meninas. Uma delas, Ivanilda da Silva, 11, encontrou e comeu um pedaço de pão.
>
> ("Indigentes comem carne humana em Olinda")

Há ainda uma entrevista ("Comi porque tinha fome") com a catadora de lixo Leonildes Cruz Soares, 65 anos, que confirmou ter comido um seio humano junto com seu filho de 39 anos. Diz ela:

> Foi a primeira vez que fiz isso. (...) No começo eu não sabia o que era (...) Aí as pessoas me disseram o que era, mas eu não tinha o que comer

e comi isso mesmo. Com fome entra tudo. Passei um bocado de dia sem saber o que era almoço. (...) costumo comer o que a gente cata no lixo. É peixe, pão, galinha, essas coisas...

Brasil Quarto Mundo: trabalho infantil e exploração no trabalho

A *Folha de S. Paulo* registrou no período várias situações de trabalho infantil. A exploração, em trabalhos penosos e realizados em condições arriscadas, a que estão submetidos também os adultos, muitas vezes pais daquelas crianças, foi um tema particularmente observado e noticiado.

Em Abaetetuba (PA), o correspondente Abnor Gondim e o fotógrafo João Ramid acompanharam o "trabalho no buraco". A capa da edição do dia 1º de setembro de 1992 trazia uma foto com a seguinte legenda: "Domingos Pinheiro e Waldo Nunes retiram argila na região das ilhas de Abaetetuba (PA), a 60 km de Belém. Mais de 150 homens vivem nesse 'mar de lama', segundo relata Abnor Gondim". Os "barreiros" são os personagens do texto, que relatam sua rotina e método de trabalho na extração de argila para a produção de telhas e tijolos em olarias da região, e suas condições de moradia em casas com paredes de madeira e cobertas de palha porque não conseguem comprar as telhas e os tijolos que produzem. Gente como "Pedro de Souza Pinheiro, 30, casado e dois filhos, [que] ficou na atividade por pura falta de opção. Semianalfabeto e nenhum documento de cidadão, Pinheiro afirma que trabalha na lama desde os 5 anos".

Em Minas Gerais, Amaury Ribeiro Jr. e André Brant revelaram a existência das "mata-formigas" ou "meninas-formicidas", que "são um novo tipo de boia-fria. Ganham Cr$ 17 mil por dia para colocar com as mãos inseticidas nos formigueiros que proliferam entre os eucaliptos na região de Felixlândia (MG)". A reportagem "Crianças matam formiga para viver" (14 de outubro de 1992) contava a história de "crianças e adolescentes que matam e caçam formigas o dia inteiro [e] se espalham pelo sertão de Minas Gerais (...). Elas têm de 13 a 18 anos de idade, trabalham para empresas de reflorestamento e ganham a vida ao aplicar inseticidas nas áreas de eucaliptos".

O mesmo repórter viajou ao Paraná,[51] acompanhado do fotógrafo Ormuzd Alves, para contar que "Crianças de 4 anos são boias-frias no Paraná" (subtítulo: "Cerca de 4.000 meninos e meninas trabalham até dez horas por dia na colheita de algodão no noroeste do Estado", sob o chapéu "Lavoura arcaica"). Na cidade de Querência do Norte, por meio de fotos e legendas, condensaram a realidade vista, registrando alguns desses pequenos trabalhadores em plena lida. Na primeira página do jornal de 28 de fevereiro de 1993: "Dionner Moura, 6, é um dos 'órfãos da colheita', umas das 4.000 crianças boias-frias que, para ajudar no sustento familiar, trabalham mais de dez horas por dia em plantações de algodão no noroeste do Paraná sem garantias trabalhistas". Na reportagem do caderno Brasil: "Jeferson Esmério trabalha colhendo algodão há dois anos"; "Adriana Mendes, 8, é uma das 4.000 crianças boias-frias"; "José Eli da Silva Matos (com a chupeta na boca), 6, e a irmã Alessandra, 8, ganham Cr$ 20 mil pela colheita de 30 quilos" e "Garotos são transportados em carrocerias abertas de caminhões, sem qualquer segurança".

O repórter Paulo Mota, atuando na sucursal cearense, foi a Tianguá, junto com o fotógrafo Pisco Del Gaiso, para ver a história dos "cavadores da morte". A reportagem "Sem Dnocs,[52] homens cavam poços até morrer" (26 de abril de 1993) foi ilustrada com a foto de Antônio Alves de Aguiar, vítima de silicose, dentro do caixão aberto, no fundo da cova em que seria enterrado. Ele foi um daqueles 1,2 mil homens, moradores de nove cidades da Serra da Ibiapaba.

> São conhecidos como "os cavadores da morte", porque no processo de construção dos poços 34% deles contraem silicose — doença pulmonar incurável que pode provocar a morte de seus portadores. Outro risco que correm é aspirar gases venenosos existentes no fundo dos poços.

---

[51] Amaury Ribeiro Jr., em conversa telefônica, contou-me que estava de férias na sua cidade natal quando recebeu a notícia de trabalho infantil na colheita de algodão. Este episódio atesta a percepção nativa de que o bom repórter nunca descansa os olhos e ouvidos.
[52] Departamento Nacional de Obras Contra as Secas.

Para evitá-lo, amarram "um animal doméstico — geralmente uma galinha — pela perna e descem com uma corda até a parte mais funda do poço. Se o animal sobreviver, não há gás.

O repórter da sucursal de Recife, Fabio Guibu, viajou à cidade pernambucana de Ipojuca para olhar de perto a situação do trabalho infantil nos canaviais. Lá Manoel Novaes fez a foto da reportagem — "Genival Cândido da Silva trabalha no corte da cana na Zona da Mata em Pernambuco". Seu trabalho está relacionado à reportagem de Xico Sá ("Nordeste cria geração de 'mutilados'"), baseada em pesquisa do Centro Josué de Castro, em convênio com a fundação inglesa Save the Children. Os dados apresentados mostravam que o trabalho precoce no corte de cana começava aos 7 anos de idade. Havia em Pernambuco 54 mil crianças — entre 7 e 13 anos — trabalhando com foices por 44 horas semanais. 57% delas vítimas de acidentes graves. A mutilação física ocorria concomitantemente à "mutilação" da cidadania: eram crianças que não podiam estudar ou com aproveitamento escolar baixo, que tiveram redução de 17 anos da expectativa de vida média brasileira. Esta reportagem, contudo, foi escrita na redação paulistana, diferentemente de "Genival, 13, corta 1,2 t de cana todo dia", publicada também em 31 de janeiro de 1994, que oferecerá ao leitor o real drama vivido por um menino de Ipojuca, transformando números em pessoas de carne e osso, com nome, idade, pai, mãe e irmãos.

Nesta mesma data, Amaury Ribeiro Jr. publicou reportagens cujo conteúdo sintetizou com o chapéu "O Haiti é aqui".[53] Tratava-se da descrição do trabalho em carvoarias de Minas Gerais. Na primeira página, a foto de autoria de Marcelo Soubhia, apresenta "o cavoeiro Aristides da Silva, que nunca viu dinheiro, e sua família em Felizlândia (MG)". Com o título "Carvoeiros são 'escravos' em MG", foi feita a seguinte chamada para a reportagem do caderno Brasil:

---

[53] Lembro ao leitor que esta expressão está na letra da música de Caetano Veloso "Haiti", gravada no CD *Tropicália 2* (Gilberto Gil e Caetano Veloso: Polygram, 1993).

> Homens e crianças de até 10 anos trabalham em carvoarias do noroeste de Minas Gerais em regime de semiescravidão, relata Amaury Ribeiro Jr. Os carvoeiros trabalham mais de 18 horas por dia. Alguns nunca viram dinheiro. São impedidos de sair devido a um mecanismo de endividamento com os 'gatos' — empreiteiros que obtêm mão de obra ilegal.

Notável nessa reportagem é o atestado não só da presença do repórter e fotógrafo na cena, mas sua participação direta no modo de vida das pessoas mencionadas.

> Essa realidade foi constatada pelo repórter da Agência Folha, que trabalhou durante quatro dias como ajudante do carvoeiro Valdivino Antônio Ferreira, 34, em Buritizeiro (MG). A história se repete em várias outras carvoarias do Estado. Durante quatro dias, o repórter dividiu com Valdivino, sua mulher, Jane Ferreira, 26, e os filhos Janaína, 5, Valdivilson e Josiane, de 11 meses, uma casa de 24 metros quadrados. A casa, construída com eucalipto e bambu e coberta com sapê, fica na Fazenda do Onça, distante 30 quilômetros do centro de Buritizeiro pelo rio São Francisco.
>
> ("Carvoeiros trabalham por arroz e farinha")

Com o título "Repórter põe mãos à obra", havia uma foto do repórter em campo, acompanhada de texto semelhante ao citado acima.[54]

O universo desses trabalhadores foi mostrado ainda pela história dos dois irmãos da reportagem "Jovens sonham em comprar roupas". Em Buritizeiro,

> os irmãos Fernando Barbosa, 13, Cleber Barbosa, 12, que trabalham 14 horas por dia numa carvoaria têm o mesmo sonho de comprar uma calça

---

[54] "Para colher informações sobre os carvoeiros, o repórter Amaury Ribeiro Jr. (dir.) trabalhou quatro dias como ajudante de Valdivino Ferreira. Ele dividiu a casa com a família de Valdivino (mulher e três filhos) e apurou que a produção familiar diária é de dois fornos. Isto deveria render à família R$ 423,00 por mês, mas os Ferreira não veem a cor do dinheiro".

comprida e uma camisa. (...) "Os dois meninos só têm uma bermuda cada um. Não dá para comprar roupa, pois o dinheiro do trabalho mal dá para o arroz", contou o padrinho dos irmãos Barbosa, Geraldino Teixeira, 49. (...) Os dois jovens não sabem quem é o presidente do Brasil e desconhecem a existência de Romário, Xuxa e Roberto Carlos.

Cleber nunca foi à escola. Ambos foram contratados por um "gato" que, reclamando da baixa produtividade do trabalho, lhes deu uma semana para abandonar o local.

Brasil Quarto Mundo: clientelismo

Os jornalistas se interessam ainda por evidências de arcaísmo social e político, para eles manifestas exemplarmente nas práticas de clientelismo, identificadas em diversos recantos do Brasil. Algumas reportagens ilustram o que os repórteres veem e como interpretam e relacionam os fatos em seu contexto. Em 26 de outubro de 1993, Lúcio Vaz, enviado especial, visitou a cidade de Maetinga, na Bahia. A reportagem "Votos de Alves vêm de região pobre da BA" dividiu a página com o noticiário sobre os depoimentos em curso na chamada CPI do Orçamento. O deputado João Alves era "apontado como maior responsável pelo esquema de corrupção no Orçamento" e teve seu mandato efetivamente cassado ao final do processo de investigação.

Repórter e fotógrafo teriam visitado "oito cidades da base eleitoral de Alves, percorrendo 2.400 km pelo interior da Bahia". Acima do texto uma grande foto (com 22x17 cm, quando uma página de jornal mede 56x32 cm) de Lula Marques com a legenda "Moradores de Presidente Jânio Quadros, reduto eleitoral de João Alves na Bahia, pedem chuva com pedras na cabeça". O deputado, diz a reportagem,

> escolheu como reduto eleitoral municípios encravados nas regiões mais pobres da Bahia, onde votos são trocados por comida, remédios e ligaduras de trompas. A fortuna de Alves contrasta com a miséria e o atraso da região. Em Presidente Jânio Quadros, no sudoeste baiano, às 15h30

de sábado, cerca de 20 pessoas pediam chuva e cumpriam penitência carregando pedras sobre a cabeça. Arlindo Chaves, 83, levava uma pedra de 5 kg. Cerca de 40 quilômetros adiante, em Maetinga (616 km de Salvador), Maria das Graças, 23, percorria uma extensão de 15 km a pé, acompanhada de três filhos montados num burrico. Estava preocupada com a "operação" feita há dois meses: uma ligadura de trompas.

É de Maria das Graças e seus filhos na estrada a outra foto de Lula Marques. Na sequência, dois pequenos textos, de igual tamanho na página, dedicados a detalhar esses dois encontros jornalísticos: "Cirurgia é moeda eleitoral" e "Penitentes pedem fim da seca". Ambos são expressivos do modo de caracterização utilizado pelo repórter, pleno de adjetivos ou comentários que revelam sua estranheza e distanciamento com relação àquilo que viu e escutou.

> *Antes de ser obrigação cívica*, o voto é, para os moradores do sudoeste baiano, uma moeda de troca. Premidos pela fome e outras necessidades básicas para a sobrevivência, o leitor da região troca seu voto por comida, roupa e remédios. *Alguns vão mais longe* e entregam o voto em troca de ligaduras de trompas.
>
> ("Cirurgia é moeda eleitoral", grifos meus)

> Não chove desde janeiro em Presidente Jânio Quadros, distante 651 km de Salvador (BA). Pelas ruas da cidade, sob o sol escaldante do meio dia, um grupo de 17 pessoas *tomado pelo misticismo* caminha uma hora por dia rezando e fazendo penitência, com pedras sobre a cabeça. A novena acaba na próxima sexta-feira. O cântico, que os penitentes repetem durante todo o tempo da caminhada, apela a Deus.
>
> ("Penitentes pedem fim da seca", grifos meus)

Na edição de 31 de agosto, no espaço destinado ao retrospecto das manchetes da semana, outra foto de Lula Marques (datada de 25 de outubro de 1993) aparecia como imagem-síntese do jornal feito nestes dias. O texto explicativo recebeu o título "Penitentes pedem chuva" e dizia:

> Municípios pobres da região sudoeste da Bahia formam o reduto eleitoral do deputado João Alves (PPR-BA). Segundo o economista José Carlos dos Santos, é nesse tipo de região que são desviados os recursos das subvenções sociais do Orçamento. Em Presidente Jânio Quadros, moradores sem recursos carregam pedras na cabeça para pedir chuvas (foto).

Em 23 de setembro de 1994, uma foto de Pierre Duarte na primeira página, sob o título de "Vidas secas", trazia a seguinte legenda:

> Moradoras de São Luiz de Japiúba, em General Salgado (SP), jogam água sobre a cruz em ritual conhecido como 'novena da chuva'. Desde abril não chove na região. Na capital, há falta de água parcial nas zonas leste e norte. Devido à estiagem de 60 dias na Grande São Paulo, a prefeitura decidiu multar quem lavar calçada fora do horário previsto em lei.

A curta reportagem "Povoado em SP faz novena contra a seca", atribuída à *Folha Norte*, sem nome de repórter, recebeu o chapéu "Ambiente". Eis o texto na íntegra:

> Moradores de São Luiz de Japiúna, distrito do município de General Salgado (548 km a noroeste de São Paulo), decidiram apelar para a ajuda divina para enfrentar a seca, que dura 147 dias na cidade. Ontem, moradores do povoado começaram a segunda "novena da chuva", depois de encerrar a primeira, anteontem, sem sucesso. Sob um sol de 33 graus e um céu sem nuvens, 37 pessoas percorreram 1 km carregando imagens de São Sebastião e Santa Bárbara e garrafas de água. Ao final da caminhada, jogaram a água no pé da cruz fincada no lugar onde há 20 anos morreu Zé Bigode, morador do povoado.

O contraste do modo de descrever um episódio semelhante àquele presenciado por Lúcio Vaz na Bahia é notável. Enquanto o pedido por chuvas era mais uma expressão do atraso e da pobreza daquela gente, combinado às reprováveis atitudes de "troca de votos", misticismo e fala estranha, em São Paulo era apenas uma ocorrência que atestava a gravidade do quadro da seca no estado. Os moradores não foram *qualificados* pelo autor do texto. O que determina tais diferenças? Seriam distintas as posições dos jornalistas, suas reações pessoais e convicções morais em relação ao que viram, interferindo em sua escolha do enfoque narrativo? Ou seriam as diferenças fruto da intervenção de uma tradição descritiva sobre regiões similares àquelas percorridas por Vaz e seu companheiro fotógrafo Lula Marques? As duas possibilidades devem ser consideradas.

A análise do contexto pode esclarecer essa diversidade de modos de contar. O repórter Lúcio Vaz trabalhava na sucursal de Brasília cobrindo assuntos políticos. Quando chegou a Bahia, o evento mais notório era a CPI do Orçamento. Esse episódio de revelação e crítica dos mecanismos de corrupção e clientelismo na concessão de verbas públicas para obras pode ter influenciado a elaboração de uma pauta de reportagem mais refratária a qualquer indício contrário à generalização, ao estereótipo e ao estigma. O repórter foi a campo *confirmar* o que em Brasília se dizia a respeito das áreas de atuação dos políticos acusados, por isso o modo de vida daquela gente deveria municiar a revelação de tais ocorrências desviantes do comportamento político. O repórter, nesse caso, partiu com uma tese e voltou com provas gravadas e fotografadas.

Entendo que a reapropriação de interpretações duradouras sobre o interior sertanejo, verificável nas reportagens feitas nas cidades baianas, é responsável pela esquematização prévia sobre as pessoas e o lugar. Antes mesmo de ocorrer o encontro, e independentemente do que verá e escutará, o narrador já parte sabendo o que irá achar. A reportagem, então, não passa de um reconhecimento. O saber acumulado sobre o "sertão" produzido no jornalismo, na literatura e no pensamento social, adere os qualificativos de atraso, irracionalismo e incivilidade. Determinados espaços são periféricos, pois estão fora do centro em que residem os valores e crenças hegemônicos (Shils, 1992), os quais, supõe-se pela convicção dos juízos de Vaz, seriam partilhados pelo repórter, seus colegas e leitores.

Assim, a diferença dos relatos foi determinada mais pela geografia moral — que distingue centros e periferias dentro do Brasil — do que pela geografia física. O dado explícito de que uma observação foi feita no interior da Bahia e outra no interior de São Paulo diz pouco. Importa é que o observador colocou em ação uma distinção entre práticas mais familiares ao seu ponto de referência (o centro) e outras estranhas a ele (periferia). A localização geográfica se faz presente quando o repórter encontra similaridades entre o mapa moral e o mapa físico do país. No caso paulista, os fatos narrados não foram enquadrados na distinção centro/periferia. Dessa forma, o lugar evoca, para o narrador, apenas um ponto no mapa de São Paulo em que a reportagem esteve. O referente geográfico não chama uma série de representações negativas preexistentes, como no outro exemplo.

Brasil surreal

Os repórteres coletam fenômenos que podem parecer ao leitor pitorescos, curiosos, inusitados, extraordinários. Antes, porém, foi o repórter que se espantou com o que viu. Ele comunica algo que também lhe é estranho (ou nisso confia o autor). Ambos, leitor e repórter, possuem então o mesmo ponto de vista, fruto do pertencimento a uma zona central em relação a muitas zonas periféricas. O que se faz lá, entre aquela gente, está distante do universo de valores dos coabitantes do centro, embora possa estar geograficamente próximo. É a distância social e cultural que produz o registro jornalístico.

Na capital paulista o inusitado pode ser visto na foto de Eduardo Knapp, publicada na primeira página, com a legenda: "Índio pankararu veste traje ritual na favela Real Park, em São Paulo; cerca de 1.500 índios, segundo seus líderes, deixaram a reserva invadida por posseiros em Pernambuco para viver em duas favelas e trabalhar na construção civil". A reportagem de Daniel Castro, de 7 de agosto de 1994, recebeu o chapéu

"Índios do Morumbi". A representação de São Paulo como destino de migrantes reaparece aqui. A identificação e descrição do cotidiano paulistano dos índios pankararu é o objeto dos três textos que compõem a reportagem "No mato a gente tem mais liberdade".

Por outros recantos do Brasil, os repórteres encontram assuntos para surpreender. No domingo de 16 de janeiro de 1994, a primeira página do jornal estampou a foto de Rodrigo Dai, acompanhada do texto-legenda "Homem-barata". Explica o texto:

> Sem casa, o catador de papel Márcio Freitas (foto) guarda suas roupas e seu rádio num buraco do bairro Calafate, em Belo Horizonte. "Às vezes as coisas desaparecem", diz. A miséria e a falta de espaço para moradia até mesmo sob os viadutos estão levando indigentes a dividir com ratos e insetos os subterrâneos da capital mineira. Espalhados pelas galerias do córrego do Arrudas, os "homens-barata" se alimentam de lixo e bebem água do esgoto.

A reportagem completa de Amaury Ribeiro Jr., "'Homem-barata' habita esgoto de BH", saiu com o chapéu "Quarto Mundo", no caderno Brasil.

O correspondente em Maceió, Ari Cipola, e o fotógrafo Antonio Gaudério são os autores de uma reportagem publicada no domingo, 21 de agosto de 1994, que apareceu, na capa desta edição, ao lado de outros dois trabalhos sob o rótulo de "Brasil surreal". O texto refere-se a "Três flagrantes do *interior do Brasil*: Jenuário Xavier, o 'Lula', vive nu no sertão nordestino; vereador é eleito com cinco votos em Santa Rosa do Purus (AC); madeireiro-mergulhador tira árvores do lago de Tucuruí (PA) (grifo meu)".[55]

A reportagem feita num lugar simplesmente chamado de "sertão nordestino" revela o conteúdo que motivou o olhar do repórter e a forma de narrativa utilizada para preservar ou acentuar o inesperado do encontro

---

[55] A legenda que explica as fotos, respectivamente de Eduardo Knapp, Juca Varella e Antonio Gaudério, é: "Jorge Nóbrega, eleito vereador com cinco votos no Acre; Manoel Martins, mergulhador, segura motosserra usada para cortar árvores submersas; Xavier, o 'Lula', anda nu".

para o leitor. O que se lê é o entusiasmo jornalístico pela diferença e pela estranheza, assim como as artimanhas textuais do repórter, preocupado em traduzi-las e aproximá-las (de fato, o efeito de construção da reportagem é a criação dessa diferença e desse estranhamento) do *leitor domingueiro*, situado muito longe dali.

A imprecisão quanto ao local onde foi realizada a reportagem, fato incomum no jornalismo contemporâneo, é justificada. De acordo com Cipola, "a Agência Folha decidiu não revelar o município em que Lula reside para preservá-lo. A fazenda onde vive fica no sertão, próxima à fronteira entre os estados do Ceará, de Pernambuco e da Paraíba". A tentativa de fazer paralelos, traçar comparações, enfim, encontrar uma classificação para a história de Jenuário, é feita por meio de dois caminhos: a busca do repórter em contar o que viu e aproximar o fato do que supõe ser a experiência do leitor, e o recurso à opinião de especialistas (nesse caso, uma psicóloga e antropóloga da USP, um antropólogo da UFPR e um psiquiatra da Unicamp).

A história desse homem e a descrição de seu modo de vida foram baseadas no relato de parentes, vizinhos, e na observação pessoal do repórter. No entremeio do texto, narrou-se a dificuldade do encontro com Jenuário, um personagem esquivo e arredio à curiosidade jornalística. A entrevista publicada entre o repórter e Jenuário (identificado por Lula) foi produto de investidas mal-sucedidas em tabular uma conversação. Há um texto que resume as respostas dadas, ao mesmo tempo em que apresenta como algumas palavras foram ouvidas por Jenuário, que se recusava a tornar-se notícia.

> Jenuário Xavier, o Lula, é um caso raro de ateísmo no sertão nordestino do Brasil. "Não chamo por Deus nem pelo Cão. Nunca vi eles (sic) ajudarem ninguém", afirmou à Agência Folha. O sertanejo disse não conhecer seu xará, o petista Luiz Inácio Lula da Silva, então candidato à Presidência da República. Diz também não saber quem é Itamar Franco. O "homem nu" disse que "a vida só interessa ao dono dela", *em uma das insistentes recusas em conversar com a reportagem*. Os trechos da entrevista que se segue foram conseguidos nas pouco mais de

quatro horas em que a reportagem permaneceu na fazenda de Lula. A reportagem só entrava até a cozinha, onde Lula permaneceu de pernas cruzadas, ao lado dos primos José e Damião Pereira Xavier, ou de Antônio Nunes, que mora com ele (grifos meus).

Mesmo o não dito por Jenuário vale para compor a estranheza de sua existência no tempo e no espaço. Daí a publicação dessa conversa entrecortada pelas negativas em ceder sua história a um estranho. Ela é a expressão do que tenho chamado de encontro jornalístico, que ocorre muitas vezes na forma de um diálogo que nunca flui, de alguém que se resguarda.

O fotógrafo Antonio Gaudério teve de improvisar uma forma de capturar qualquer imagem do objeto da reportagem, pois

> Lula não admite ser fotografado. Isto atrapalhou o fotógrafo Antonio Gaudério, que não pôde colher sua imagem na fazenda. A solução foi contratar um dos primos para guiar o fotógrafo na caatinga. Assim, Gaudério pôde, a cerca de 100 metros de distância, ver Lula trabalhar e voltar para casa com um saco de milho na cabeça e espingarda na mão.

A reportagem de Paulo Mota sobre o arranjo poliândrico de Marlene, Oscar, Carlos e Eduardo percorreu uma longa trajetória. Considerada um "achado" da TV Verdes Mares, retransmissora da TV Globo no Ceará, a família de Quixelô (CE) foi inspiração para o cineasta Andrew (Andrucha) Waddington realizar o longametragem *Eu, tu, eles*. A matéria da *Folha de S. Paulo*, publicada em 20 de novembro de 1994, foi responsável por dar existência nacional à história de "D. Marlene e seus 3 maridos". A foto de Tiago Santana mostra "Maria Marlene Silva Sabóia na porta de sua casa, no Ceará".

A realização dessas reportagens, para as quais a dupla de jornalistas foi enviada para localidades precisas, demonstra que houve mudanças na forma de deslocamento e atribuição das tarefas dos jornalistas empregados pela *Folha de S. Paulo*. Foram viagens com destino certo e de curta duração, uma vez que a meta da investigação se encontrava atrelada a uma pauta pouco ambiciosa e objetiva. Houve uma pulverização dos locais de visitação no período pós-1991. Os grandes percursos, tão comuns nas décadas de 1970 e 1980, deram lugar às rápidas e variadas excursões pelo Brasil.

Os temas que atraem o repórter viajante são recorrentes, ou seja, o que se vê do Brasil por meio do olho jornalístico é uma paisagem de poucas variantes. No entanto, certas transformações nos modos de dizer podem ser anotadas: a opção por uma narrativa mais simples (sem expressões estilísticas mais "literárias") e mais enxuta (com textos menores); maior ênfase na informação visual (fotos, gráficos e mapas) e no arranjo gráfico da reportagem; relatos menos adjetivados, ainda que não inteiramente livres de qualificações diretas e indiretas.

Concluo, porém, que a forma de enunciar a diferença e a produção de visões sobre o Brasil através do texto e da imagem jornalísticos mantém as características de relato da alteridade, com a imputação de qualidades estigmatizadas ou essencializantes, e tratamento da diferença como um entrave para o alcance da nacionalidade desejada. Os modos de olhar o Brasil e a variedade de brasileiros perpassam as páginas da *Folha de S. Paulo* entre 1974 e 1994, ainda que o jornal e as relações que articulam os jornalistas tenham efetivamente se transformado.

A eficácia comunicativa de reportagens como as coletadas nesses 21 anos do jornal paulistano depende da especial competência do jornalista enquanto "etnógrafo". E como não? A eficácia política do jornalismo se atrela ao poder de sensibilização e compreensão sobre o outro que o repórter imagina sinceramente captar na rápida passagem que faz pelo seu *habitat*. O leitor de reportagens está em uma posição que se assemelha àquela do espectador de imagens mediáticas do sofrimento à distância, desvendada por Luc Boltanski (1993). Ambos recebem informações da "alteridade", que existe em razão da distância entre as propriedades sociais de quem potencialmente concede uma ajuda e as propriedades sociais daqueles cujo sofrimento e penúria são alvo da reportagem (Boltanski, 1993).

No entanto, o leitor brasileiro, ao contrário do espectador europeu que simplesmente assiste às infelicidades do Terceiro Mundo, tem acesso a relatos de miséria e desajuste social que acontecem em sua própria nação. Nos dois casos, porém, existe um mesmo agente narrativo responsável pela notícia: o repórter, "testemunha ocular" que viu, ouviu e sentiu o lugar, as pessoas, o curso de suas vidas. Acredito que o repórter-jornalista opera com um modelo sociológico que considera intuitivamente as propriedades sociais de seus leitores e as de seus reportados. Por outro lado, pessoas ou comunidades que são tema jornalístico carregam em sua condição de vida — habitação, saber, modo de vestir, comer, trabalhar, votar e casar — aspectos que os distinguem do leitor que abrirá o jornal e lerá a história deles lá contada pelo repórter e ilustrada pelo fotógrafo.

Descrição jornalística e os percursos da representação da alteridade: a reportagem sobre o "homem-gabiru"

O repórter Xico Sá, respondendo a perguntas de vários jornalistas, elegeu a reportagem "Homem-gabiru é nova espécie no Nordeste", da *Folha de S. Paulo*, entre seus dez "furos mais importantes".

> A reportagem mais importante foi a do Homem-gabiru, que mostrou o efeito da subnutrição radical do Nordeste em uma pessoa. Ficou como símbolo daqueles que não crescem por conta da fome. Cientificamente, a denúncia é antiga: o médico pernambucano Josué de Castro (autor do clássico *Geografia da fome*) havia feito várias pesquisas mostrando esse desastre. *Como matéria de jornal*, com aquela *criatura* de 1m30s, não deixou de ter um grande impacto (grifos meus).

Xico Sá foi instigado novamente a falar da reportagem por Wagner Barreira, da editora Abril, com o comentário "você fez uma das matérias mais formidáveis que já li: o homem-gabiru", ao que respondeu:

Também considero essa uma das matérias mais importantes que fiz. Estava no Nordeste e fui informado sobre o assunto no Centro Josué de Castro, uma ONG que estuda exclusivamente a fome e suas consequências na região. Acho que os jornais deveriam investir mesmo nesse tipo de assunto. Essa matéria teve grande repercussão internacional, sendo pauta depois de revistas científicas e dos jornais mais importantes. O mais louco é que esse tipo de história não costuma sequer ser considerado furo no Brasil, onde convencionou-se a definir como grandes furos os casos mais políticos no sentido oficial.[56]

Xico Sá ganhou o Prêmio Esso de Reportagem Especializada em 1993, junto com Oscar Pilagallo, pela reportagem "Anatomia de uma licitação", segundo ele, inscrita pelo próprio jornal *Folha de S. Paulo*. Contou-me que a única reportagem que inscreveu no Prêmio Esso foi "a do 'homem-gabiru', mas avaliava que as chances eram pequenas, em um momento voltado para os tais escândalos administrativos herdados do Collorgate" (entrevista à autora).

Entre todas as reportagens analisadas, escolhi esse trabalho de Xico Sá por ter sido muito significativo para ele mesmo e crucial para torná-lo reconhecido entre seus colegas, além de ter me proporcionado estudar as razões que fazem uma reportagem um sucesso jornalístico. Proponho então que o curso de uma reportagem, dentro e fora do jornal, pode ser acompanhado por esta trajetória exemplar feita pelo repórter Xico Sá e o fotógrafo Antonio Gaudério, enviados da *Folha* a Recife. A reportagem foi publicada em 10 de novembro de 1991 com os títulos "Nordeste tem novas 'espécies humanas'", "Estatura do homem nordestino já se compara à de pigmeus africanos" e "Homem armado impede acesso a lixão" (o chapéu "Homem-gabiru" está acima do primeiro e do terceiro títulos). Esse trabalho divulgou na imprensa nacional a expressão "homem-gabiru" existente no Recife para

---

[56] Os trechos citados foram retirados do antigo site "Profissão: repórter" (<www.geocities.com/reportagens/exclusivas/xicosa1.htm>), acessado em 2002.

designar pessoas que "como os ratos, vivem do lixo. Ou nanicos, no sertão, porque já não alcançam mais do que 1,45m".

A foto que segue o texto trazia a legenda "Amaro da Silva, trabalhador rural de 1,35m de altura, conversa com fotógrafo de 1,76m". Este senhor, trabalhador do corte de cana, portanto morador de uma região que não é a periferia de Recife e nem pode ser chamada de sertão, foi o personagem mais citado na reportagem, o exemplo perfeito da nova "espécie" que o jornal apresentava.

Na periferia de Olinda (PE), repórter e fotógrafo registraram a vida de quem assediava um lixão de alimentos podres, guardado por um homem que recebia salário mínimo para impedir a entrada de cerca de 200 pessoas que rondavam o lugar. Esse "grupo de famintos faz parte de uma espécie nova no país: o homem-gabiru, como é conhecido no Nordeste, um tipo de rato graúdo que vive principalmente do lixo". Mais adiante, a descrição das pessoas no lixão, incluídas na categoria geral de homem-gabiru:

> Sem esperanças, sem perspectivas de dias melhores, o homem-gabiru aposta pouco no futuro. "A gente quer só comida", diz Severina Alves de Freitas, 58, que leva a neta Leandra, de 3 anos, todos os dias ao lixão de Olinda. (…) Cobertas por uma nuvem de moscas, avó e neta separam restos de alimentos, quase sempre atropeladas pelos catadores de papel e latas. (…) Ao lado de Severina e de sua neta, alguns ratos removem pequenas montanhas de lixo.

Não parece haver distinção entre o homem-gabiru e os animais. O texto fala de uma exposição de fotografias "realizada recentemente em galerias do Recife" com colagens sobre o tema "homem-gabiru" (catalogação de uma espécie). O livro sobre a exposição foi publicado em 1992 e nele há indicações de que o evento, apoiado pelo Centro Josué de Castro, teria sido a fonte primária da reportagem aparecida na *Folha de S. Paulo*. Os autores falam sobre o efeito da nacionalização da discussão:

Foi quando estourou a matéria em um grande jornal do país. Haviam nos ligado perguntando se nós tínhamos feito um trabalho sobre o homem-camundongo. Não, explicamos, "gabiru". E a temática da Fome ganhou manchetes, pronunciamentos no Congresso, em Câmaras de Vereadores, programas na TV, repercussão internacional. Criou-se expressões como cérebro-gabiru, teatro-gabiru, apartamento-gabiru... Denunciava-se a existência do *homem-gabiru*.

(Portella, Aamot e Passavante, 1992:9)

De fato, as transformações do sentido local do termo *gabiru* e do significado que os pesquisadores recifenses da fome determinaram para a expressão *homem-gabiru* foram bem amplas, inclusive na reutilização que o jornal fez do texto e fotos dessa primeira reportagem. Eis o percurso dessas apropriações:

- 27 de novembro de 1991: a chamada de primeira página é "'Ágio-gabiru' é o mais baixo do Plano Collor". O contexto da referência na informação sobre o mercado financeiro é: "Os doleiros têm comprado mais do que vendido e o ágio diminuiu, apelidado de 'ágio-gabiru' — referência ao 'homem-gabiru', nome dado no Nordeste a uma geração de homens nanicos vítimas da subnutrição".

- 29 de março de 1992: a seção de esportes do jornal traz as reportagens "Palmeiras aposta no ataque 'gabiru'. Nelsinho coloca três baixinhos na frente para derrotar o Corinthians e acabar com a crise" e "Márcio (1,74m), Betinho e Luís Henrique (ambos com 1,73m) formam o ataque que se assemelha à geração de nanicos desenvolvida no interior do Nordeste por causa da desnutrição".

- 6 de abril de 1992: a reportagem de Erika Palomino (caderno Ilustrada) sobre a versão de *Tereza Batista*, de Jorge Amado, para a televisão, traz "algumas das gabrielas em seus momentos memoráveis", com fotos e texto sobre as atrizes que interpretaram na televisão personagens inspiradas nas obras de Amado. Ao se referir à atriz Cláudia Ohana, o texto menciona o seu "porte de gabiru".

As três reportagens acima representam a apropriação jocosa do termo homem-gabiru, aplicada às mais diversas situações, tanto pelo público que teve acesso à primeira reportagem quanto pelos jornalistas da própria *Folha de S. Paulo*. Em todas, registra-se a seleção e reaplicação do significado de "gabiru" como sinônimo de tamanho pequeno.

- 26 de abril de 1992: a reportagem de Xico Sá, "Salário influi na altura dos brasileiros", com fotos de Antonio Gaudério, de 7 de novembro de 1991, traz a legenda "o trabalhador Amaro da Silva, de 1,35m, em Pernambuco". O texto recorda a reportagem de 1991, mas a definição de gabiru é estreitada, ao mesmo tempo em que ganha generalidade: homem-gabiru = homem-rato. Em seguida, o repórter atribui ao jornal a criação da designação, posto que as pessoas com tais características só ficaram conhecidas como "homens-gabiru" depois da reportagem. Esta ação demiúrgica do jornalismo na criação (ou autoatribuição de criação) de classificações é notável neste caso. A expressão ganhou sentido apenas por meio da disseminação em um jornal de impacto nacional. E, a partir daí, adquiriu uma espécie de autonomia semântica.

- 11 de maio de 1992: a reportagem sem assinatura "Fome criou geração de nanicos no Nordeste" reproduz a foto feita por Antonio Gaudério e publicada em 7 de novembro de 1991, com a legenda "Homem-gabiru conversa com fotógrafo de 1,76". Amaro João da Silva, trabalhador do canavial, 48 anos, 13 filhos, 1,35m de altura, morador do município de Amaraji (PE), perde pouco a pouco sua identidade individual (e, diria mesmo, humana). Se na primeira reportagem foi apenas indicado que ele era um trabalhador com 1,35m, na segunda ele é tão somente designado por homem-gabiru. O texto que a foto dele ilustra diz:

A estatura abaixo de 1,50m já é comum em algumas áreas do Nordeste brasileiro. O tamanho equivale ao dos pigmeus da África. A fome é a responsável pela criação dessa geração de nanicos. Em novembro do ano passado, a *Folha* publicou reportagem sobre o surgimento da "nova espécie": "os homens-gabiru — que, como os ratos gabirus, se alimentam de lixo. Cientistas prevêem que esses homens, que vivem na zona rural de Pernambuco", tendem a encolher ainda mais nas gerações futuras. O tamanho de seu cérebro também é menor e chega a ser até 40% menos capaz. Essa função orgânica é comprometida pela desnutrição.

As incongruências na localização do homem-gabiru são nítidas: não consta que as pessoas que sofrem as consequências da fome, mas que moram na zona da cana de Pernambuco, alimentem-se de lixo. A definição, que associa o termo à ocorrência da desnutrição, sem referencial geográfico preciso,[57] fica atrelada à imagem impactante de homens que, como ratos, alimentam-se de lixo, em vez de significar apenas homens que não comem o suficiente. Os sentidos atribuídos ao termo foram modificados para adaptarem-se aos mais diversos referenciais, estejam eles atrelados às experiências de miséria em Pernambuco ou completamente desligados do contexto que originou o nome.

- 29 de outubro de 1992: o repórter da Agência Folha em Recife, Paulo Sérgio Scarpa, é autor da reportagem "Ratos definham com dieta do homem gabiru", com foto de Antonio Gaudério (de 7 de novembro de 1991), que mostra Amaro da Silva e sua família. A legenda informa:

---

[57] "Muitas vezes a imprensa das regiões mais ricas tem-se referido a este tipo de homem apenas como os nanicos que vivem nos canaviais do Nordeste, mas é conveniente salientar que, se muitas vezes eles são nanicos, outras vezes têm uma estatura próxima à média regional, acontecendo, excepcionalmente, serem até altos; também não estão apenas nos canaviais nordestinos, eles se encontram distribuídos por todo o país, no campo e nas cidades, todas as vezes que há miséria, subnutrição, doença e falta de amparo da sociedade" (Manuel Correia de Andrade apud Portella, Aamot e Passavante,1992:12).

"Família desnutrida e nanica da Zona da Mata pernambucana". Trata-se de notícia sobre resultados de estudo feito na Universidade Federal de Pernambuco. No texto jornalístico, foram assim apresentados: Magros, pelos ralos, sexualidade retardada, reduzida capacidade de aprendizado, tempo de vida reduzido, cabeça grande e corpos três vezes menores que os sadios e bem nutridos. Assim são os ratos de laboratório alimentados durante quatro anos com uma dieta semelhante à ingerida diariamente pelos *trabalhadores rurais da Zona da Mata de Pernambuco*. (...) Os desnutridos comeram uma mistura feita de feijão mulatinho, farinha de mandioca, carne de charque (salgada e prensada) e batata-doce. A mesma utilizada pelos *trabalhadores rurais nordestinos*, conservando o teor relativo de cada alimento (grifos meus).

O aspecto dos ratos desnutridos é transferido, na leitura, para o homem-gabiru — os retratos convergem nos dois sentidos. Primeiro, o homem-gabiru do título descreve os trabalhadores rurais da Zona da Mata de Pernambuco; adiante, são todos os trabalhadores rurais nordestinos que podem ser assim nomeados, posto que partilhariam uma mesma dieta, se seguirmos o argumento do texto. O raciocínio jornalístico passa a criar suas próprias associações sobre o tema e, provavelmente, a ultrapassar as informações das fontes primárias da reportagem, no caso os pesquisadores de diversas universidades, que, como indica o texto, restringiram geográfica e socialmente sua experiência.

- 26 de maio de 1993: a dupla Fernando Rodrigues (repórter de São Paulo) e Ormuzd Alves (fotógrafo) vai ao Rio Grande do Sul e encontra variações da "espécie" homem-gabiru. A reportagem "Subnutrição gera 'gaúcho-gabiru'" constata:

  Considerado um dos Estados mais europeus do país, o Rio Grande do Sul começa a ter problemas que são comuns apenas no Nordeste brasileiro. Uma pesquisa revela que as crianças entre zero e cinco anos de determinados bairros de Porto Alegre, a capital, estão com a estatura abaixo da média. Essas crianças estão gerando uma versão gaúcha do ser humano de pequena estatura que habita os bolsões de miséria do Nordeste. Essa espécie de "gaúcho-gabiru" pode ser irreversível se nada for feito no Estado em termos de melhoria da nutrição.

O texto principal foi acompanhado do quadro com a manchete "Gabiru do Nordeste tem 1,35 de altura" e o subtítulo "Nome veio de ratos lixeiros". Mais uma vez, a foto é de Antonio Gaudério (de 7 de novembro de 1991) com a legenda "Amaro da Silva, 1,35m, conversa com fotógrafo de 1,76". O pernambucano Amaro foi definitivamente convertido na imagem-síntese do "gabiru do Nordeste". O leitor é informado de que

> em novembro de 1991, a *Folha* mostrou que a subnutrição estava produzindo indivíduos na fronteira do nanismo: os homens-gabiru. Como os ratos graúdos de quem receberam o nome, vivem do lixo da periferia das cidades nordestinas. Medem até 1,45m. Alguns não atingem nem mesmo essa estatura. Ou nem chegam a viver para isso: de cada mil bebês nascidos vivos no Nordeste, cerca de 80 não chegam à idade adulta. Em meio a esta situação, o trabalhador rural Amaro João da Silva, de Amaraji (a 100 km de Recife), parece quase um privilegiado — teve condições de criar 13 filhos. Ele mede 1,35m.

A aproximação entre Nordeste e Rio Grande do Sul traz a crítica às propostas separatistas surgidas no Sul, baseadas na suposta superioridade em relação aos outros brasileiros. Como diz o repórter, "separatistas querem riscar uma nova linha no mapa para dividir o Sul do resto do país, mas há um traço nacional que está bem distribuído e unifica várias fronteiras — a miséria".

- 26 de junho de 1994: o caderno especial "Brasil 95" traz a reportagem "Migrantes agora preferem o Norte". O assunto que domina o texto inteiro é a "mudança significativa nos movimentos migratórios no país. Proporcionalmente, as regiões Sul e Sudeste têm recebido menos migrantes do que a região Norte". No entanto, duas fotos de Antonio Gaudério (de 7 de novembro de 1991) ilustram a reportagem e trazem as legendas "Manuel da Cruz guarda lixão da periferia de Recife, usado como local de criação de porcos" e "Família do 'homem-gabiru', moradores de Pernambuco quase anões devido à desnutrição". Enquanto o personagem da primeira foto guarda sua identidade (nome e referências ao local onde se encontrava), os retratados na segunda agora são apenas a "família do 'homem-gabiru'", todos "quase anões devido à desnutrição". Sabe-se pela reportagem original que três dos 13 filhos de Amaro da Silva chegaram à adolescência com estatura acima da média nordestina. Ao receberem a identidade genérica de homens-gabiru, adquiriram as suas qualidades indiferentemente. Mais uma vez se confirma, Amaro da Silva foi eleito pelos jornalistas da *Folha de S. Paulo*, em três anos de reedições de sua imagem e informações pessoais, a representação padrão da tal espécie que teriam descoberto para o Brasil: o homem-gabiru.

Pude constatar que foi essa reportagem a que teve efeito mais duradouro entre todas as publicadas pelo jornal no período estudado, pois as remissões ao homem-gabiru, inclusive com a republicação de fotos, continuaram pelo menos até 1994, em assuntos os mais diversos e muitas vezes dissociados da temática da fome e da desnutrição.

As reportagens analisadas nas seções anteriores convergem para o mesmo ponto de vista sobre o estado problemático da nação, sistematizado de forma aguda na sequência apresentada anteriormente. Seus autores acreditam estar cumprindo uma das missões mais compensadoras do jornalismo: revelar o Brasil às elites localizadas no centro de poder e, consequentemente, transformar os mundos descritos.

O encontro das alteridades internas:
a construção do Brasil nas reportagens

De que modo as visões da nacionalidade se efetivam no jornal? A resposta proposta neste livro se articula com os enredos das reportagens que compõem mapeamentos das identidades pertinentes ao Brasil, fundadas em vínculos com o lugar de origem situado em uma paisagem concebida como plurirregional. Os dados apresentados são, na verdade, os comunicados jornalísticos sobre as diferenças constatáveis no país, codificadas por meio da imbricação entre espaços e culturas.

As reportagens podem ser retratos quase-etnográficos de lugares e pessoas qualificadas em seu modo de vida. O mosaico jornalístico, composto de notícias do Brasil, é, na sua essência, uma representação do espaço geográfico (o que vale dizer, do espaço social) descontínuo, diferenciado e hierarquizado. Suas premissas se baseiam na naturalização da relação entre espaço, lugar e cultura (Said, 1990 e 1997).

Tudo aqui nos fala da intervenção de categorias e esquemas espaciais de entendimento no jornalismo. Esses exemplos brasileiros podem servir como ressalvas veementes às teses, inspiradas por contextos e espacialidades pós-modernas, de que "a mídia viola a noção de que os lugares são compartimentos de culturas integradas" (Gupta e Ferguson, 1999:9) ou ainda que se tratam de "fenômenos 'sem-lugar' [*placeless*]" (Gupta e Ferguson, 1999:25).

Meu argumento segue direção contrária; isto é, o jornalismo (ainda) intervém poderosamente no terreno das representações das fronteiras geográficas e sociais entre culturas, cabendo-lhe a autoridade de imputar identidades regionais e nacionais no âmbito de seu exercício narrativo próprio.

Assim, esta pesquisa dialoga com a literatura produzida sobre o tema das nações e nacionalidades, nas interrogações sobre a identidade nacional por meio de suas fissuras, incongruências e incômodos que surgem ou já existem dentro do espaço reconhecido de uma nação (Alonso, 1994; Grillo, 1980). Essa sensibilidade foi colocada, de forma mais aguda, nos estudos de Homi K. Bhabha (1990) e Abdelmalek Sayad (1998). O trabalho de Sayad, trama de requintada pesquisa e com excelente manejo dos instrumentos teóricos, compartilha o credo de Bhabha, ao qual o meu modesto tesouro empírico também segue, pois os assuntos de que tratei falam que "o 'outro' não está nunca fora ou além de nós; ele emerge forçosamente no discurso cultural quando nós *pensamos* que falamos mais íntima e nativamente 'entre nós mesmos'" (Bhabha, 1990:4, grifo original).

Lendo Sayad, reconheço que os temas dominantes das reportagens não são apenas as realidades nacionais, mas também os "problemas" nacionais. É a posição problemática (e incômoda) das situações identificadas pelo jornalista que deve ser objeto de desnaturalização. Existem coincidências entre o discurso em torno da imigração e o discurso jornalístico em questão: o uso de dados geográficos que são também dados históricos e políticos; o esquema classificatório que sempre indica de onde são as pessoas, no qual a remissão à sua condição de origem (país, nacionalidade, região) é a informação básica para a construção de perfis ou a evocação de imagens que figurem o sujeito, o seu grupo e o lugar de onde vem ou onde vive; a delimitação de territórios para os de lá e os daqui (mesmo no caso em que todos possuem o mesmo estatuto jurídico de conacionalidade).

Precisamente, essas reportagens são construtos em torno da diferença, com engenhosidades semelhantes àquelas desmontadas por Sayad no caminho entre a Argélia e a França. Quando noticiam a alteridade, tratam mesmo é da identidade. Especialmente para a *Folha de S. Paulo*, "fala-se objetivamente de si quando se fala dos outros" (Sayad, 1998:21) nas referências a gente tão "distante" (no tempo, no espaço) de locais que podem ser a própria cidade de São Paulo ou outro lugar também inalcançável, incompreensível e inaceitável, mas, ainda assim, dentro do Brasil geográfico. O que todas essas histórias — apresentadas em tom de descoberta e como revelações de verdades incógnitas da realidade brasileira — têm a dizer, por meio do uso de medidas que expressam o que é familiar em oposição ao que é estranho, sobre "o que faz ser paulista?". Lembremos da reportagem de 1974 ("A periferia parece cidade do interior") em que os migrantes nordestinos aparecem como forasteiros, pois apesar de morarem em São Paulo, nasceram e serão sempre de outro lugar — esses personagens não estão *aqui* porque continuam a ser de *lá*.

Esse discurso, ainda que exemplarmente operado em referência aos nordestinos em São Paulo, também se evidencia com relação a outras identidades oriundas de outras terras brasileiras. As reportagens pesquisadas — todas elas — são passíveis da mesma interrogação, pois constituem *falas* sobre o nordestino, o sertanejo de Goiás ou o caboclo amazonense, "este é só o nível referencial delas. Em sombras permanece o sentido indéxico das mesmas, a autorreferência implícita do falante: o que afirma o paulista sobre si mesmo quando fala do nordestino [e de todos os outros tipos sociais e geográficos]?" (Segato, 1993:214). Há que se notar essa "fábrica" de estereótipos que trabalha sem ser incomodada: o jornalismo brasileiro (e uma de suas vozes regionalistas mais poderosas).

Muitas vezes, a figura do nordestino em São Paulo ocupou as páginas da *Folha de S. Paulo*, e, de modo geral, suas aparições se encaixavam em uma grande seção que poderia ser intitulada de "o problema nordestino". Assim, da mesma forma que os franceses em relação aos imigrantes, a visão jornalística vê e nos ensina a ver os migrantes como uma ameaça que provém do exterior (da alteridade, da estranheza, da alogeneidade, da exterioridade) (cf. Sayad, 1998:273). Contudo, o migrante não é o estrangeiro pleno: a nacionalidade brasileira é a mesma para todos. Observo que esse discurso aparece no jornal feito na cidade e no estado que recebeu muitos e vários imigrantes "plenos" (isto é, plenamente não nacionais), no entanto, toma-se por "problema" a migração interna, durante o período coberto pela pesquisa. É a ele imputada a resistência à assimilação, não à nacionalidade, mas sim à comunidade regional e aos sinais diacríticos da identidade paulista.

Se a linguagem para falar do imigrante — e, portanto, de diferenças entre nações e nacionalidades — se estrutura na oposição metrópole/colônia (cf. Sayad, 1998), a divisão centro/periferia domina o terreno semântico para a descrição de relações interregionais no interior da nacionalidade. As duplas dicotômicas, ainda que aproximáveis, não são isomórficas, pelo menos para o Brasil, conforme argumento de Vidal e Souza (1997). Nem por isso os discursos jornalísticos sobre as alteridades conacionais deixam de expor "as regras de funcionamento da 'ordem nacional'" (Sayad, 1998).

Proponho que os princípios de operação das divisões "inter-nacionais" são semelhantes àquelas válidas para as divisões "intra-nacionais". Existem centros e periferias entre as nações e internamente em cada uma delas. Tudo, na verdade, se refere a um só e mesmo processo: a instituição hierárquica dos critérios de pertinência a uma nação expressos pelas fronteiras erguidas interna e exteriormente. Claudio Lomnitz (1999) chama a atenção para o caráter de interdependência entre esses termos, os quais se referem a relações que estão em constante negociação. Os sujeitos que se imaginam centrais só o são porque veem outros como marginais ou periféricos. A condição de centralidade e marginalidade, cultural e economicamente determinada, não é algo definitivamente cristalizado nas localidades (Lomnitz, 1999). Entendo o jornalismo como um discurso que movimenta essas relações, produzindo muitas vezes o efeito de fixação desses atributos, como se fossem naturais, permanentes e não relacionados.

As reportagens jornalísticas têm sido entendidas ao longo deste livro como verdadeiros "programas de percepção" sobre o universo nacional. Conforme indica Bourdieu (1996), são narrativas compostas de enunciados constatativos e que são também enunciados performativos: elas dão vida aos mundos sociais (e as divisões aí postas) quando os registram e os classificam em um texto.

O exercício do ato de nomear se faz pela imposição de categorias. Lembre-se de que o significado de categorizar como "acusar publicamente" fala-nos da ação de revelar, denunciar, mostrar (acusar a existência de) ou daquela de incriminar, de imputar falta (reconhecer culpa ou falha). Precisamente, é da autoridade acusatória praticada no âmbito do jornalismo brasileiro que trato aqui.

Esse entendimento leva à crítica dos produtos jornalísticos

> como modos de imaginar e representar comunidades. [Afinal, a mídia é cada vez mais responsável] por fornecer as bases sobre as quais os

grupos constroem uma imagem das vidas, significados, práticas e valores de *outros* grupos e classes; (b) por fornecer as imagens, representações e ideias em torno das quais a totalidade social, composta de todas essas partes separadas e fragmentadas podem ser coerentemente entendidas como um *todo*.

(Spitulnik, 1993:295, grifo original)

A produção de imagens de alteridade que viabilizam representações de identidade — ou seja, um sentido de comunidade esclarecido em função de outros — foi um recurso midiático apontado antes. Schudson (1978) detectou essa prática nos jornais americanos desde o século XIX, especialmente na chamada *penny press* (jornais que custavam 1 *penny*). Com eles, a vida cotidiana passou a ser matéria noticiosa. No entanto, a curiosidade dos leitores de classe média não era necessariamente pelo universo familiar, mas também pelo exótico, o não familiar, no caso tudo o que concernia à vida de outras classes. O repórter se aventurava pela diferença dentro de sua própria sociedade (Schudson, 1978:28).

Diante de outra situação, observações desse mesmo teor foram feitas por Patrick Champagne (1997) a respeito do funcionamento da "visão mediática". A detecção de alteridades, normalmente, está no "grupo dos mal-estares sociais". Segundo o autor, elas fazem sentido para o código de valores jornalísticos. Eles assim o são porque só existem na mídia enquanto "mal-estares para jornalistas".

Naquilo que concerne a este livro, os acontecimentos que aparecem nos jornais referem-se a grupos sociais ou espaços sociais/geográficos subalternos ao lugar de onde fala o jornalista. É nesse campo que o jornalista fica mais desenvolto para exercer seu poder de representação. Como observa Champagne (1997:67),

quando são populações marginais ou desfavorecidas que atraem a atenção jornalística, os efeitos da mediatização estão longe de ser os que esses grupos sociais poderiam esperar porque os jornalistas dispõem, nesses casos, de um poder de constituição particularmente importante, a fabricação do acontecimento foge quase totalmente a essas populações.

A utilização de estereótipos fica especialmente favorecida na situação de desigualdade entre quem é representado e quem representa. O usufruto da liberdade de retratar alteridades (não raro viável por meio de categorias estigmatizantes) é marcado nas reportagens escolhidas, fartas que são em "observações, em muitos casos, eivadas desse etnocentrismo de classe tão frequente nas descrições jornalísticas de acontecimentos ou fenômenos relativos às classes populares brasileiras" (Leite Lopes e Maresca, 1992:119). Diria até que revelam um etnocentrismo de classe entremeado por um etnocentrismo de região — regiões ou outras metáforas geográficas que são formas de expressar a diferença dos valores do centro em relação àqueles da periferia (Shils, 1992). Etnocentrismo que distingue regiões do espaço social da nação tendo em vista a situação autoatribuída como privilegiada de uma delas.

A perversidade do abuso da função jornalística, notável na oferta de descrições estigmatizantes e estereotipadas do que é tido como diferente ("fora do comum", problemático, vergonhoso, intolerável e toda sorte de expressões para coisas incômodas), pode ser o resultado involuntário de uma ação plena de boas intenções. O jornalista é o primeiro a crer que "as desgraças e as reivindicações devem exprimir-se mediaticamente para vir a ter uma existência publicamente reconhecida e ser, de uma maneira ou de outra, 'levada em conta' pelo poder político" (Champagne, 1997:75). No Brasil, isso pode ser uma forma de definir a "missão" da imprensa e da reportagem: a identificação das "chagas" nacionais é a primeira medida para a cura.

4
A CONSAGRAÇÃO DA REPORTAGEM: O PRÊMIO ESSO DE JORNALISMO

Nos capítulos anteriores, apresentei a emergência da figura do repórter como o profissional disposto a buscar sua história em qualquer lugar, sob as condições mais inóspitas ou desafiantes. Observei ainda seu poder de, ao percorrer o Brasil, construir um retrato que fixa as imagens e a geografia humana problemática do brasileiro. A reportagem foi então analisada como capaz de contribuir para a construção da nação por meio da classificação e descrição do espaço social e físico.

A partir de agora, analisarei os processos de legitimação e consagração da reportagem e do repórter existentes no jornalismo brasileiro. Investigo então a competitividade entre os jornalistas e as empresas jornalísticas como veio etnográfico para observar como o gênero reportagem se instituiu e vem criando divisões no campo jornalístico. Ao selecionar uma premiação, observei que a identidade e a qualidade do trabalho jornalístico são disputadas por agentes de um universo profissional heterogêneo e fragmentado, no qual a segmentação em torno das divisões entre nacional e regional, centro e periferia, é das mais significativas. Ou seja, não apenas a cartografia do Brasil realizada nas reportagens que pesquisamos opera com marcos hierarquizantes, mas os próprios jornalistas manipulam-nos para traçar linhas de separação entre si.

Em 1955, a Esso Brasileira de Petróleo S.A. começou a patrocinar o Prêmio Esso de Reportagem (PER), concurso destinado a escolher e premiar monetariamente, e com diplomas de mérito, repórteres de nacionalidade brasileira que fizeram reportagens sobre temas nacionais, seja no território brasileiro ou fora dele. Neste capítulo, a reportagem e seus autores serão observados no contexto dessa competição em torno da excelência jornalística, realizada sob os auspícios de uma empresa multinacional. De pronto, destacam-se as relações entre as empresas e o campo jornalístico brasileiro, que, nesse caso específico, são transformadas pela intervenção da Esso na distribuição de prêmios para o trabalho da imprensa local. O evento, que em data que os organizadores consultados não lembram ou ignoram, passou a ser denominado Prêmio Esso de Jornalismo (PEJ),[58] acontece anualmente desde sua edição inaugural, transformando-se durante sua evolução, ampliando os objetos jornalísticos das categorias de premiação, as quais passaram progressivamente a abranger outros produtos definidos como jornalísticos além da reportagem propriamente dita, tais como a fotografia (fotojornalismo) e a criação gráfica.

A história do concurso pode revelar, sob um ponto de vista favorável e ainda pouco analisado, como se deu a constituição do campo jornalístico brasileiro — considerando-se exclusivamente a imprensa escrita — e, de modo particular, a consolidação da reportagem como narrativa inscrita na técnica jornalística, que entre nós vigora a partir da segunda metade do século XX. O ator central nesse processo de invenção e glorificação da reportagem como expressão máxima, portanto identitária, do trabalho jornalístico, é o jornalista-repórter, figura do cenário jornalístico cujo modo de atuar para obter a informação, e o modo de escrever para reportar os dados colhidos, está em construção desde o início dos anos 1900 no ambiente das redações brasileiras.

---

[58] Utilizo, ao longo deste texto, as abreviações PER (Prêmio Esso de Reportagem) e PEJ (Prêmio Esso de Jornalismo).

O Prêmio Esso de Jornalismo é um evento privilegiado para conhecermos os valores jornalísticos envolvidos na produção da reportagem. O discurso dos jornalistas — vencedores, julgadores, organizadores ou comentaristas do concurso em situações diversas — converge, com algumas discordâncias ocasionais, para a avaliação de que a competição é investida do poder de definir e nomear a excelência jornalística, sendo reconhecida por várias gerações de profissionais como a instância máxima de consagração de que dispõem no Brasil. O Prêmio Esso de Jornalismo se caracteriza por ser um ritual de avaliação do mérito jornalístico conduzido por integrantes da própria comunidade em julgamento. Trata-se de um evento exclusivo, no qual participam apenas membros da congregação profissional dos jornalistas brasileiros. Nele encontramos um processo anual de celebração do trabalho jornalístico, de longa duração histórica, que se constitui em um evento etnográfico capaz de nos aproximar das representações e hierarquias organizadoras desse grupo profissional.

Este prêmio produz entre os jornalistas brasileiros um dos efeitos principais dos ritos de instituição apontado por Pierre Bourdieu (1996:97), qual seja, "*separar* aqueles que já passaram por eles daqueles que ainda não o fizeram e, assim, instituir uma diferença duradoura entre os que foram e os que não foram afetados". A consagração da diferença entre quem ganhou e quem não ganhou o concurso e a investidura de uma nova condição no meio profissional acontecem nesse ritual como uma operação mágica que distingue os vencedores com a qualidade do *mana* do Prêmio Esso.

O reconhecimento dos jornalistas como um grupo social é um ato problemático como o é toda operação de atribuição de identidades a coletividades. A ressalva metodológica a respeito dos equívocos de substancialização dos grupos pelo(a) analista segue as formulações de Luc Boltanski (1982) sobre os "cadres" e de Monique de Saint-Martin (2002) sobre os descendentes da nobreza na França. Consequentemente, percebo os jornalistas brasileiros por meio dos contextos sociais em que se enuncia a identidade do grupo, ou seja, quando aparecem como uma personalidade coletiva. O Prêmio Esso de Jornalismo é um ritual que, em sua dimensão sincrônica e diacrônica, tornou-se um dos principais lugares de enunciação e proposição do que é ser jornalista no Brasil. Debrucei-me, então, sobre alguns dos elementos que compõem a "simbólica comum" (Saint-Martin, 2002:134) que faz os jornalistas existirem como grupo para eles mesmos. A memória do jornalismo, fundada na história de reportagens e repórteres, é parte crucial do trabalho de agregação de gerações de jornalistas. O processo de eleição dos melhores do PEJ propõe valores profissionais para a totalidade daqueles que compõem a imprensa brasileira.

O propósito mais imediato do ritual anual de premiação é eliminar as ambiguidades da definição sobre o que é um trabalho jornalístico e, por extensão, do que é um jornalista. O julgamento se faz sobre a qualidade jornalística de um texto, foto ou produção gráfica. Para se chegar ao resultado final, os jornalistas investidos do poder de escolha do melhor em um ano determinado expressam suas opiniões de acordo com o "juízo jornalístico" (o conjunto de valores e definições sobre o trabalho da imprensa). Naturalmente, os concorrentes podem ativar outras identidades profissionais e intelectuais realizadas em diferentes situações e contextos. No entanto, ao concorrerem ao PEJ, reconhece-se somente a produção cujas características sejam indubitavelmente jornalísticas. A evolução do PEJ tem revelado a precisão dos critérios de nomeação e caracterização do material inscrito em um concurso de jornalismo. Por esta razão, o PEJ atua como um espaço no qual, parafraseando Norbert Elias, acontece o reconhecimento da condição de jornalista pelos demais jornalistas (Elias, apud Saint-Martin, 2002).

A competição estabelece, por meio de variados mecanismos de regulamentação, seu poder de instituição e confirmação de valores de trabalhos, carreiras individuais e empresas do jornalismo brasileiro. Analisei a primeira edição do PEJ recuperando a história de sua criação por meio de depoimentos dos participantes-chave do concurso. A memória de quem organizou o evento e de quem recebeu pela primeira vez a distinção de melhor reportagem foi a fonte privilegiada de reconstrução do ambiente da imprensa escrita no qual surgiu e se apoiou o concurso, as relações de força entre os profissionais da área (em sua quase totalidade homens) e o modo de produção do texto e da fotografia em jornais e revistas que definiam o jornalismo brasileiro da época.

Foi importante recuperar as transformações ocorridas na organização e na estrutura das categorias da competição, bem como a dinâmica de julgamento e premiação dos vencedores, pois nos interessa perceber como a divisão centro-periferia, aparente na diferenciação entre nacional e regional utilizada no PEJ para a produção jornalística feita no Brasil, foi sendo trabalhada nessas quase cinco décadas de sua existência. Mudanças na organização da profissão de jornalista, notadamente o surgimento da exigência de novas habilidades e as especializações em áreas temáticas nascidas na segunda metade do século XX, foram incorporadas pelo PEJ. O discurso de seus organizadores revela a preocupação em manter o concurso em dia com as novas feições do jornalismo brasileiro. Insistem no fato de que as atividades anuais exigidas para a preparação e realização do concurso devem ser conduzidas por jornalistas, o que, segundo eles, garante a longevidade e credibilidade do prêmio entre os profissionais da área.

Os fatores apontados pelo presidente da Esso brasileira como explicativos da constância desse evento devem ser analisados. Segundo William A. Jackson (1995:6),

> pode-se destacar o trabalho de condução do programa, executado por jornalistas; a constante atualização do regulamento, para adaptá-lo às mudanças por que vêm passando as redações; a exigência de que, no ato de julgamento dos trabalhos, o critério técnico deve prevalecer sobre qualquer outro; a escolha de profissionais de reconhecido mérito e em atividade no exercício da profissão para integrar as Comissões de Julgamento.

A maneira de fazer o PEJ revela que a sua sobrevivência depende da construção de um espaço de autonomia que garanta tanto a não interferência da empresa no processo competitivo como a prevalência de valores jornalísticos (o "critério técnico" citado acima) que, acreditam, só podem ser assegurados por pessoas que pertençam a comunidade, nela circulem, tenham prestígio e conheçam sua linguagem e *modus operandi*. Veremos, então, o que alguns jornalistas, situados em posições particulares no campo jornalístico, pensam desses artifícios de renovação e legitimação. As opiniões que cito — coletadas sem a ambição de cobrir o que os jornalistas brasileiros na sua totalidade pensaram e pensam do PEJ, mas apenas o que percebem alguns indivíduos cuja posição pode revelar experiências pessoais e profissionais marcadas pelo envolvimento com a premiação — combinam-se com a análise de um ciclo anual de preparação do concurso e a observação etnográfica da cerimônia de premiação de 2000, comemorativa dos 45 anos de existência do PEJ. Assim, espero compreender os mecanismos da construção do lugar dominante desse prêmio na concessão de títulos da excelência jornalística no Brasil.

No relato da festa ocorrida no Rio de Janeiro em 19 de dezembro de 2000, na qual aconteceu o anúncio dos vencedores, a entrega dos prêmios em dinheiro, diplomas e troféus referentes ao Prêmio Esso de Jornalismo 2000, descrevo o que se passa no momento de desfecho de um processo que se iniciou com a apresentação da edição 2000 e a abertura das inscrições no mês de agosto. Do meu ponto de observação, pude constatar a discrepância entre a estrutura formal do PEJ, anunciada no material de divulgação e no noticiário da imprensa diária, e aquela que se apresenta no ápice ritual da competição. Percebi que existem dois níveis de evidenciação da hierarquia jornalística no PEJ: a dos textos e a da festa. A última repete a primeira quase no todo. Contudo, diferenças antes ocultas se apresentam na celebração festiva.

Naturalmente, o que é dito pelos jornalistas premiados e apresentadores — a voz e a opinião da Esso e dos organizadores — constitui a informação primordial sobre os significados enunciados a respeito do fazer jornalístico em geral e da reportagem, em particular. A dimensão visual e sonora aí presente está a serviço da enunciação do que é o PEJ e de sua importância para jornalistas e o jornalismo no Brasil.

Em seguida, acompanho os efeitos, nas carreiras individuais de jornalistas, da participação nas comissões de julgamento e na conquista do PEJ. Os eventuais impactos de ser reconhecido como um dos melhores entre os bons, ou o excelente entre os melhores (Esso, 1980:117), serão analisados tendo em vista a narrativa de editores e repórteres de Minas Gerais e do Ceará.[59] Esses sujeitos que trabalham em contextos regionais, por eles reconhecidos como periféricos ao núcleo prestigioso do jornalismo nacional (São Paulo e Rio de Janeiro), formulam suas autoimagens profissionais considerando o(s) Prêmio(s) Esso de seus currículos. O sentido de pertencimento a um grupo seleto de profissionais colocado por meus entrevistados coabita com a percepção das ambiguidades, desigualdades e diferenciações notadas no PEJ, as quais frequentemente comunicam que existem classes distintas de jornalistas — mensagem que se sobrepõe ao ideal de uma comunidade imaginada dos jornalistas brasileiros.

Devo mencionar ainda a apropriação que as empresas jornalísticas fazem da conquista do Prêmio Esso. Se a Esso investe no PEJ para vender sua imagem e se destacar perante suas concorrentes, as empresas que publicaram trabalhos vencedores utilizam-se do PEJ para aumentar seu cacife na luta contra as outras empresas do ramo.[60] A publicidade institucional

---

[59] A opção por trabalhar com jornalistas de Minas Gerais e Ceará deve-se à presença considerável desses dois estados nas categorias regionais do PEJ. Pela mesma razão, poder-se-ia escolher o Distrito Federal e os estados do Rio Grande do Sul, Pernambuco, Pará, Amazonas ou Bahia. Entretanto, por razões pessoais, as entrevistas com os jornalistas das cidades escolhidas puderam ser mais facilmente obtidas.

[60] A competição e concorrência características do campo empresarial são ritualizadas em rivalidades de várias ordens, inclusive em torno de quem é melhor na área da chamada "filantropia empresarial", como ocorre no Prêmio Eco (a semelhança com o nome do Prêmio Esso, exemplo de ação bem-sucedida no marketing empresarial, não deve ser por acaso), analisado por Sérgio Góes de Paula e Fabíola Rohden (1998). As atividades filantrópicas dentro das empresas são geridas, muitas vezes, por setores ligados ao marketing/publicidade e comunicação. Para os autores, "isto significa que para as empresas não é verdade a máxima da filantropia tradicional, onde o 'bem' tem sua recompensa em si mesmo e onde não se deve proclamar as boas ações realizadas" (Goes de Paula e Rohden, 1998:193). Qualquer vitória sobre as outras empresas deve ser alardeada, quanto mais se a concorrência for entre os melhores, os procedimentos de escolha forem honrados e os julgadores, renomados.

divulgada após a festa anual de premiação contém a representação da vitória em qualquer categoria do PEJ. Esses anúncios são afirmações da identidade dos jornais e revistas em um espaço de concorrência acirrada, em que os adversários são antes os candidatos mais próximos (da mesma cidade ou que visam o mesmo público-alvo), do que a totalidade das outras publicações. Ou seja, o autoelogio de um se faz sobre a derrota (ou a menor qualidade jornalística) do outro. Assim o fazem *O Estado de S. Paulo* e a *Folha de S. Paulo*, *O Globo* e o *Jornal do Brasil*, *O Povo* e o *Diário do Nordeste*, *O Dia* e o *Extra*, o *Correio Braziliense* e o *Jornal de Brasília*, a *Veja* e a *Istoé*, e outros mais. Essa ocasião abastece com carga nobre uma competição que já existe durante todo o ano em várias frentes. Os prêmios jornalísticos conquistados — principalmente o mais prestigiado deles, nunca o deixam de afirmar — são o atestado da superioridade de um produto jornalístico em relação a seu adversário no mercado.

Finalmente, busco como referências as reportagens vencedoras do PEJ, resumidas no material informativo sobre a história da competição. Para a percepção do que é a reportagem de valor nesse contexto, o tema do trabalho poderia ser um critério importante na escolha dos julgadores. Não sendo eu jornalista, esta foi uma das primeiras questões que apareceram na pesquisa. Contudo, a apresentação das reportagens concorrentes ou vencedoras nos dá indicativos de que a execução da reportagem, ou seja, o trabalho do repórter para conseguir as informações narradas, é uma qualidade bastante apreciada entre os julgadores e reconhecida por seus pares profissionais, especialmente se associada a certas pautas que exigiram exposição à aventura, ao risco, a condições penosas ou insalubres vividas pelos sujeitos reportados. Cabe, então, ressaltar o modo de fazer reportagem como um valor caro aos jornalistas e claramente explicitado no PEJ. O texto, a foto, os assuntos de que tratam e os autores desses trabalhos premiados se combinam para resultar em produtos do melhor jornalismo. É, portanto, a explicitação do que é a reportagem, o núcleo da diferença do jornalismo em relação a outras narrativas da realidade cotidiana deste país.

A primeira vez

A primeira festa do Prêmio Esso de Reportagem aconteceu no Rio de Janeiro, em dezembro de 1955. Na ocasião, foi entregue a reportagem "Uma tragédia brasileira: os paus de arara", com textos de Ubiratan de Lemos e fotos de Mario de Moraes, jornalistas de O Cruzeiro, que receberam o "prêmio único" da competição. No ano seguinte, o Prêmio Esso começou a agregar novas categorias, além do prêmio principal.

Qual a razão de uma empresa multinacional distribuidora de petróleo empreender a organização e o patrocínio de um concurso para jornalistas brasileiros? A Exxon se instalou no Brasil em 1912, com o nome de Standard Oil Company of Brazil. Distribuía produtos como gasolina e querosene, armazenados em tambores e latas. A entrada de empresas multinacionais estrangeiras na economia brasileira, especialmente em setores estratégicos como o petrolífero, foi alvo de oposições nacionalistas acirradas, notadamente durante a campanha popular pela nacionalização do petróleo, que resultou na criação da Petrobras em 1953. A ideia de aproximar-se (e mesmo fazer parte da "intimidade") dos jornalistas brasileiros visava enfrentar as resistências nacionalistas à empresa.

O patrocínio do PER foi pensado e executado pelo setor de relações públicas, uma novidade trazida pelas empresas norte-americanas (automobilísticas, como a Ford, e petrolíferas, como a Esso). No final da década de 1950, essas empresas, que antes tinham seus departamentos de propaganda, criaram os departamentos de relações públicas com o propósito de convencer os clientes de que seus serviços eram necessários (Scotto, 2004:117). A adesão dos jornalistas foi o alvo privilegiado dessa estratégia de propaganda, como o revela o depoimento de um funcionário que iniciou o PER, citado logo adiante.

As iniciativas da empresa Esso na área de jornalismo no Brasil têm como antecedente o informativo radiofônico Repórter Esso, transmitido por emissoras de todo o país (Coca, 1999:10). Segundo depoimento de um dos idealizadores do programa, Emil Farhat, a intenção era reproduzir no Brasil o programa de notícias *Esso Reporter*, transmitido nos Estados Unidos. A agência de publicidade McCann-Erickson encarregou-se da produção da atração, acompanhada por ouvintes fiéis em todo o Brasil. A busca pela notícia correta e sem demagogia e a possibilidade de veiculação de sua propaganda comercial e institucional teriam motivado a empresa a criar o programa (Coca, 1999). Produzido pelo pessoal da publicidade, o Repórter Esso tornou possível múltiplas ações de divulgação do nome da empresa, fazendo frente aos opositores políticos da internacionalização da economia brasileira.

A voz que marcou o programa foi a do locutor Heron Domingues, encarregado de sua apresentação a partir do Rio de Janeiro entre 1944 e 1962. A pontualidade do início da transmissão fez com que o Repórter Esso se tornasse uma referência segura no dia a dia de muitos brasileiros, ganhando a fidelidade e a credibilidade do ouvinte, a ponto de só se acreditar na ocorrência de um fato quando este fosse noticiado no programa. É o caso do anúncio do final da II Guerra Mundial. Heron Domingues não foi o primeiro a noticiá-lo, mas diz-se que só se confiou na veracidade da informação quando falado pelo Repórter Esso. Em 1952, o programa passou a ser transmitido também pela televisão. No entanto, seu meio emblemático foi o rádio. Os conhecidos *slogans* do programa — "O primeiro a dar as últimas" e "Testemunha ocular da história" — nos remetem ao prestígio advindo de suas virtudes jornalísticas, fundadas na informação noticiosa.

A criação de um concurso para eleger os melhores trabalhos do jornalismo local deve ser entendida como parte do esforço da empresa de construir uma imagem positiva de sua presença no Brasil, aproximando-se exatamente de um grupo de profissionais com grande poder de representação e interpretação da realidade. Ney Peixoto do Vale, jornalista organizador do Prêmio Esso desde sua criação até 1960, informa sobre o projeto: "O Prêmio surgiu da necessidade de estabelecer uma ponte entre a empresa e os jornalistas, em virtude do exacerbado nacionalismo que existia na época contra as empresas estrangeiras de petróleo" (Carta à autora, 27/03/2001).

No entanto, o apoio institucional à iniciativa foi bastante cauteloso nos primeiros tempos. O entusiasmo da empresa com o evento só aconteceu quando o concurso recebeu a adesão de jornalistas renomados e ganhou a confiança do grupo quanto a sua idoneidade e seriedade em termos de procedimentos de seleção e julgamento dos concorrentes. Ou seja, é o reconhecimento da autonomia do Prêmio Esso de Reportagem o responsável por sua afirmação no meio jornalístico. Fosse só o patrocínio e a vontade da Esso em realizá-lo, sem o fundamental ingrediente da adesão da comunidade-alvo do concurso, ele teria definhado nas primeiras edições. Sobre esse ponto, Ney Peixoto do Vale lembra que: "A ideia vingou porque o jornalista carecia de estímulos e de reconhecimento pelo seu trabalho. O Prêmio elevou o *status* do repórter e este, agradecido, passou da desconfiança inicial ao apoio maciço à iniciativa pioneira da Esso" (Carta à autora, 27/03/2001).

A estratégia da organização para garantir a continuidade do Prêmio Esso consistiu em ampliar o conhecimento do concurso entre os jornalistas brasileiros que não trabalhavam no Rio de Janeiro ou em São Paulo. As viagens de divulgação por redações de jornais em várias cidades, citadas por Ney Peixoto do Vale, faziam parte das atividades de preparação anual do prêmio. O objetivo de aumentar as inscrições — que teriam sido em torno de 50 para o concurso de 1955 — implicou a criação de novas categorias para manter a competitividade. A convocação de jornalistas da periferia teve como consequência as categorias regionais — um lugar adequado para o jornalismo regional (isto é, não nacional) —, em que concorriam os jornalistas de província, mas julgadas de acordo com os parâmetros da relevância jornalística.

Outra medida decisiva para estabelecer a credibilidade do PER foi sua estreita relação com a Associação Brasileira de Imprensa (ABI). Seu presidente, Herbert Moses, presidiu a comissão julgadora de 1955 a 1961. Novamente, o depoimento de Ney Peixoto do Vale traz mais esclarecimentos sobre essa vinculação que doou prestígio ao projeto da Esso e o colocou no centro do poder jornalístico de então:

> A ABI (Associação Brasileira de Imprensa) era na época a entidade-símbolo da imprensa, graças principalmente ao prestígio pessoal e ao dinamismo do seu presidente Herbert Moses. Entendi-me com Moses,

ele concordou em dar o aval da ABI. A Esso era a patrocinadora, financiadora e organizadora do concurso, mas o prêmio era concedido pela ABI. (...) No terceiro ou quarto ano de existência do PER, diretores da ABI que representavam a ala comunista da entidade, os jornalistas Antônio Mesplé e Fernando Segismundo forçaram o Moses a retirar o aval da ABI ao concurso, pois a repercussão do PER começava a incomodar a ala esquerdista da entidade. (...) Moses teve que ceder, pois se mantinha no poder às custas de um equilíbrio de forças dentro da ABI. A partir daí ele passou a presidir todas as cerimônias de entrega do PER, porém em caráter pessoal e não mais como representante da ABI, graças à amizade que tinha comigo. O PER adquiriu tanta importância que já podia prescindir do apoio da ABI.

(Carta à autora, 27/03/2001)

A ABI, fundada em 1908, é a principal entidade de representação simbólica e política dos jornalistas perante a sociedade brasileira. Sua aliança com a Esso para a promoção do concurso acentuou as polaridades políticas do mundo jornalístico, que o projeto de relações públicas Prêmio Esso de Reportagem tentava amenizar ou neutralizar. O setor do jornalismo que se opunha ao capital estrangeiro se contrapôs à colaboração da ABI, gerando animosidades declaradas, como a do repórter Edmar Morel. Já foi comentado que Morel representou o tipo de repórter moderno na imprensa brasileira em razão de seu estilo direto e objetivo e de seu gosto pela aventura. Ele foi um nacionalista dedicado durante toda a sua vida e chegou a trabalhar em publicações defensoras dessa posição ideológica.

No livro que escreveu sobre a história da ABI, Morel detalha os acontecimentos relevantes de todas as gestões dos presidentes da entidade. Em relação ao mandato de Herbert Moses (1931-1964), nada diz sobre a realização do PER. Morel está ausente da história do prêmio e, ao que parece, por ser uma pessoa indesejável aos olhos da empresa. Em 1964, conta o repórter, "ouvi pela primeira vez meu nome ser pronunciado no Repórter Esso: o autointitulado Comando Supremo da Revolução suspendera meus direitos políticos por 10 anos" (Morel, 1999:245). A anulação de um repórter reconhecido por sua qualidade técnica da lista dos premiados do PER pode ser atribuída ao envolvimento de Morel na campanha "O petróleo é nosso", na qual teria se engajado de "corpo e alma" (cf. Morel, 1999:183-185). Os interesses da Esso e de outras empresas estrangeiras instaladas aqui foram confrontados diretamente neste momento, inclusive com reportagens que denunciaram as ligações entre a Standard Oil e o geólogo que tentou invalidar a descoberta do primeiro poço de petróleo brasileiro em 1933, na Bahia.

Apesar da adversidade política, havia, porém, um argumento forte da própria Esso para a boa recepção do PER. O Repórter Esso foi convertido, desde a primeira hora, no atestado de idoneidade da empresa no trato com o mundo jornalístico. A associação entre o programa noticioso e a competição é perceptível desde a edição inaugural. Na cerimônia de premiação dos tempos de Ney Peixoto do Vale, "o Repórter Esso da Rádio Nacional, edição das 12h55m, era transmitido, excepcionalmente, do local, na voz do locutor Heron Domingues".

De acordo com seu primeiro organizador, o concurso em seus primeiros momentos acontecia da seguinte maneira:

> A divulgação do Prêmio era feita através de uma entrevista coletiva do presidente da ABI e material de apoio como impressos com o regulamento, cartazes para afixar na redações e notícias periódicas distribuídas aos jornais sobre o número de inscritos, seleção da comissão julgadora, origem e características dos trabalhos concorrentes etc.
>
> A inscrição era feita livremente (...). Com a afluência de cerca de 300 reportagens, a comissão designava um relator para a peneiragem inicial. (...) Cada membro da comissão tinha alguns dias para examinar os trabalhos. Depois, todos se reuniam e votavam. (...) a premiação era feita em almoço em salão reservado no restaurante da Mesbla, no Rio de Janeiro, com a presença de cerca de 200 jornalistas, presidente da

ABI e diretores da Esso. Herbert Moses entregava o diploma em nome da ABI, e o presidente da Esso entregava o cheque correspondente ao prêmio em dinheiro.[61]

(Carta à autora, 27/03/2001)

Em 1955, primeiro ano de entrega do PER, havia uma única categoria de premiação que foi ganha por Ubiratan de Lemos e Mário de Moraes com a reportagem "Uma tragédia brasileira: os paus de arara", publicada na revista O Cruzeiro em 22 de outubro de 1955. O trabalho ocupava oito páginas da revista e continha 32 fotos (a maioria legendada) com detalhes de toda a viagem, sobretudo da paisagem humana que os autores revelavam para seus leitores.[62]

A reportagem, que não mereceu chamada de capa na edição, trazia no texto de Ubiratan e nas imagens de Mário um retrato de alteridade curiosa para os brasileiros leitores de O Cruzeiro dos anos 1950, que é o habitante do sertão nordestino. Na carroceria do caminhão, eles eram retirantes; fora

---

[61] As tarefas rituais que cabiam à ABI e à Esso sintetizam nesse momento a interação entre a empresa que financia e a entidade que prestigia e assina os títulos de honraria concedidos. O mérito é chancelado por pares, as recompensas monetárias pagas pelo caixa da multinacional.

[62] Ubiratan de Lemos nasceu em Humaitá (AM) em 28/6/1926 (Esso, 1980:24). Carvalho (2001b:244) informa ter ele nascido em Porto Velho, quando Rondônia ainda era território federal do Guaporé. Morreu em 7/5/1980. "Autodidata, começou no jornalismo em Manaus. Foi para o Rio com a cara, a coragem, o talento para escrever e o dom para paixões fatais. Ganhou o apelido de Baiaco e logo alinhou-se ao viés jornalístico de [David] Nasser, de quem foi primeiro pupilo e, depois, colega bem próximo" (Carvalho, 2001b:244). O trabalho vencedor do PER continha, na descrição de Carvalho (2001b:326), "boas fotos de Mário, à Cartier-Bresson, texto informativo, objetivo e rico em personagens, de Ubiratan". Para merecer tais adjetivos, Ubiratan teve de escrever fora do estilo Nasser. Como desenvolvo posteriormente, a fuga para outro estilo foi a chave da vitória. Mário de Moraes nasceu no Rio de Janeiro em 15/7/1925. Formou-se em direito em 1949, iniciando-se no jornalismo aos 17 anos. Em 1950, entrou para a redação de O Cruzeiro, onde acabou por atuar na reportagem (nacional e internacional) e na fotografia. Nesta revista, foi ainda chefe de reportagem e diretor de redação. Seu currículo profissional menciona ainda o fato de ter assinado, diariamente, durante 17 anos, a seção "A reportagem que não foi escrita", na Folha da Tarde (SP). Produziu programas para rádio (Rádio Nacional e Rádio Tupi) e televisão (Tupi, Globo e Bandeirantes). Note-se ainda que ele "ganhou por duas vezes o maior galardão da imprensa brasileira, que é o Prêmio Esso (inicialmente, de Reportagem; atualmente, de Jornalismo)".

dela, eram os sertanejos das paradas, das pequenas cidades visitadas no trajeto. Como observaram Durval Muniz Albuquerque Jr. e Viviane Ceballos (2002:238), "a figura do retirante é uma das mais importantes na elaboração de uma forma de ver e dizer o nordestino". Esta é uma peça jornalística que participa fortemente da apresentação e construção desse personagem ao Brasil leitor.

A reação dos repórteres às condições sofridas da viagem e a relação que vão tecendo com as pessoas com quem dividiram temporariamente a existência são aspectos muito relevantes para a apreciação da fabricação da reportagem de participação. Diz o texto:

> Éramos, nos primeiros momentos, como estrangeiros dentro do caminhão. Nossos companheiros espiavam, com desconfiança, para a máquina fotográfica. Demos tempo ao tempo para a escolha de bons flagrantes daquele submundo sobre rodas. Tínhamos 12 dias presumíveis de viagem e sabíamos ser inevitável a familiaridade que desejávamos. Já no terceiro dia conseguimos romper a barreira do silêncio e das respostas. Usamos o processo mais simples: dar cigarros e contar anedotas. No arraial da beira do rio São Francisco estávamos nós, legítimos cidadãos-araras.

A confiança adquirida permite que se passe à entrevista. Em outro momento, o repórter confessa que ambos deram algumas "cusparadas" para fora do caminhão como faziam os outros viajantes, o que o leva a concluir que: "A verdade era que estávamos virando 'araras': achávamos saborosa a 'paçoca' sertaneja e até aprendemos a sotaquear à moda Catulo".

A narrativa de quem viveu o que conta marca várias passagens do texto.

> Não, não há quem se acostume com a dureza dos bancos de um caminhão-arara. Basta uma hora de aperta-cunha no lombo de um desses transportes para se ficar dormente da cintura para baixo.
> (…)

Rodamos dia e noite. De dia, era a poeira, o sol. À noite, o frio, a chuva, o vento gelado, rompendo a lona furada e doendo nos ossos do pessoal. (...) O sono castigava a todos, porque não se dormia mais de duas em 24 horas.

Há também as más passagens:

> Um dos momentos mais dramáticos da viagem ocorreu quando o toldo do caminhão ameaçou desabar sobre as *cabeças chatas dos passageiros*. Rachara, com os sacolejos o travessão central. O motorista não quis parar o caminhão, na estrada, para os devidos reparos, ficando de o fazer na próxima cidade. Tivemos assim de sustentar o peso da cobertura, sobre a qual iam malas e uma máquina de costura (grifos meus).[63]

O relato da viagem que resultou na reportagem ganhadora do Esso é retomado em inúmeras ocasiões por Mário de Moraes — como os artigos sobre sua experiência de repórter no periódico fundado por ele, *Revista de Comunicação*, e na publicação da Esso, *25 anos de jornalismo no Brasil* — sempre enfatizando a provação física, moral e "social" que representou a convivência com mais de cem pessoas em uma carroceria de caminhão. Contudo, apesar do reconhecimento posterior do mérito da reportagem com a vitória no PER, a aceitação do trabalho pela direção de *O Cruzeiro* foi decepcionante. Para as condições de trabalho do jornalismo, há um intervalo relativamente longo entre a realização do trabalho (junho de 1955) e a sua publicação (outubro de 1955). Além do que, ela foi divulgada em condições

---

[63] Note-se a expressão usada para descrever os "araras" como um todo ou aquelas que especificam a origem dos nordestinos. É o caso de "comedores de vatapá" em referência aos baianos (trecho sobre migração interna, com dados do IBGE). "Cabeças chatas" são os passageiros nordestinos do caminhão, mas é uma denominação pejorativa para os nordestinos em geral (especialmente para os cearenses), como também uma autorreferência. Durval Muniz de Albuquerque Jr. (1999) aponta a existência do processo de incorporação de representações negativas e desqualificadoras sobre o Nordeste e o nordestino, produzidas externamente, no discurso de autoenunciação dessas identidades.

pouco favoráveis, graças a um imprevisto na editoração, que obrigou Ubiratan de Lemos a mutilar o original para caber no espaço disponível. Segundo Mário de Moraes:

> Ela [a reportagem] ficou cerca de dois meses e pouco no arquivo. O Ubiratan de Lemos, meu companheiro de viagem, insistia para que Amádio a publicasse. Até que um dia, uma matéria paga de 8 páginas, que devia vir de São Paulo (enaltecendo o governador Jânio Quadros) não chegou e o Ubiratan conseguiu colocar "os araras" em seu lugar. Com um senão: a nossa matéria tinha 12 páginas, e o espaço era de apenas 8. Ubiratan subiu ao arquivo (…), desceu correndo e, no caminho, rasgou as quatro últimas páginas e cortou uma boa parte do seu texto.
> (Carta à autora, 26/12/2000)

A Comissão Julgadora que chegou ao veredicto sobre a melhor reportagem no primeiro ano do PER foi composta por Herbert Moses (presidente da ABI), Francisco da Silva Alves Pinheiro (chefe de reportagem de *O Globo*), Otto Lara Resende (diretor da revista *Manchete*), Danton Jobim (diretor-redator-chefe do *Diário Carioca*) e Antonio Callado (redator-chefe do *Correio da Manhã*). Alves Pinheiro destacou-se no treinamento de inúmeros jovens repórteres que trabalharam em *O Globo*. Carvalho (2001b:33-34) define seu estilo como "rigoroso e exigente", cobrando de seus repórteres informações bem apuradas e, de preferência, exclusivas. Danton Jobim participou da pioneira modernização do estilo jornalístico no Brasil, ocorrida na redação composta de jornalistas que se destacariam nas décadas seguintes em várias frentes da profissão. Otto Lara Resende e Antonio Callado combinaram em suas vidas a atividade jornalística e a produção literária. Callado, além das funções de editoria, também fez reportagens. Em 1960, ganhou o Prêmio Esso na categoria "Regional 3" com o trabalho "Reportagem sobre o Nordeste" (*Correio da Manhã*).

A composição dessa comissão aponta para uma combinação que retrata exemplarmente o cenário do jornalismo de então: homens que se dividiam entre o jornalismo e a literatura, que atuavam na reportagem e no comentário político, que escreviam na velha forma e já respiravam os novos ares da objetividade jornalística. Eles são a personificação da transição do perfil do jornalista e seus padrões de trabalho. O resultado a que chegaram anunciaria também os novos ares na reportagem de nossos jornais.

A desconsideração dos editores pelo trabalho da dupla concomitante à sua consagração por cinco jornalistas de renome julgadores do Prêmio Esso de Reportagem indica a coexistência de valores distintos na avaliação de uma boa reportagem. O panorama jornalístico dos anos 1950 apresentaria maneiras diferentes de fazer e escrever uma reportagem. *O Cruzeiro*, por exemplo, era uma publicação que abrigava dois estilos diversos. De um lado, o estilo literário que fazia David Nasser parecer o mais aventureiro e corajoso dos repórteres, mesmo que de fato não o fosse. Jean Manzon se encarregava do registro visual das peripécias e artimanhas da dupla para conseguir as reportagens mais palpitantes da época. Mas na mesma redação apareciam textos escritos em estilo mais objetivo e direto. Fotos naturais, sem pose e sem preparação de cenário, caracterizavam o jeito de fotografar de alguns de seus profissionais. A situação que o concurso de 1955 revela é de hegemonia da reportagem estilo Nasser, mas já com os indícios de sua substituição por uma forma jornalística mais pura de contar uma história e de enquadrar fotograficamente a realidade observada, anunciada na valorização pública que grandes nomes da edição, da reportagem e da renovação estilística fizeram desse modelo, até então subjugado.

Entretanto, convém não tomar a transição entre formas de reportar como um processo de ruptura. Na época, parecia dominar a articulação e integração do que poderíamos chamar de estilos diferentes de narrar e fotografar. É notável que a única menção ao PER de 1955 feita em *O Cruzeiro* tenha sido um artigo de David Nasser chamado "Luz de vela", de 7 de janeiro de 1956. Nasser ilustra o artigo com uma foto de Mário e Ubiratan na carroceria do caminhão, na qual colocou a seguinte legenda: "Ubiratan de Lemos e Mário de Moraes na reportagem vitoriosa do ano. O amazonense de Lemos e o carioca de Moraes se completaram. Aquele, o excelente contador de histórias. Este, o caçador de imagens. Conquistaram o prêmio máximo de reportagem de 1955". O autor não desperdiça a ocasião e apresenta suas ideias sobre o que é a reportagem e o repórter. A criatividade de suas associações metafóricas pode ser percebida por uma pequena amostra, como a legenda que reinterpreta uma foto dos migrantes caminhando por uma estrada. Para Nasser, "a carreira de um repórter é uma estrada longa e difícil como a do 'pau de arara' que Ubiratan e Moraes tão bem descreveram. Ou é como a luz de uma vela. Sim, o cartaz de um repórter dura apenas enquanto a cera não se acaba".

Nasser não menciona a empresa patrocinadora do evento e a ABI uma única vez. O nome oficial do concurso também não é usado. Como o perfil político de Nasser não indica nenhuma indisposição com a Esso, parece-me que essa ausência se deve mais a pouca eficácia do projeto publicitário da empresa, que dispensava a referência ao santo que fez o milagre de premiar os dois repórteres. Pouco tempo depois, a nomeação da empresa patrocinadora tornou-se obrigatória.

Apesar das indicações de que o cenário jornalístico comportava diferenças de práticas narrativas, o Prêmio Esso de Reportagem foi o terreno onde a mudança de parâmetros para a reportagem se evidenciou ano a ano. Apenas qualidades jornalísticas estariam sendo apreciadas. Isso implicava a construção concomitante dos significados do que é jornalístico: em relação a que ele se diferencia? A meu ver, David Nasser representava o que a reportagem que se queria jornalística não deveria ser. Na análise de Ney Peixoto do Vale sobre o jornalismo que se fazia então,

> a profissão de jornalista naquela época carecia de recursos técnicos e de estrutura profissional. A precariedade das comunicações dificultava o acesso aos fatos e o intercâmbio de informações, até mesmo entre os grandes centros como Rio e São Paulo, o primeiro liderando a imprensa diária e as revistas. A reportagem era fruto do esforço individual — no máximo duas pessoas, repórter e fotógrafo.
>
> (Carta à autora, 27/3/2001)

Entre todos, como nota Ney, pontificavam Nasser e Manzon. Entretanto, observa que, curiosamente, "David Nasser jamais inscreveu uma reportagem no PER.[64] Ele se considerava em um nível superior aos demais repórteres da época e por isso receava competir" (carta à autora, 27/3/2001). O mais famoso repórter do Brasil poderia mesmo ter sido derrotado na competição jornalística, caso tivesse se arriscado. Talvez o próprio Nasser se visse como pertencente a uma outra raça de repórteres, das que recebem elogios de literatos e ganham prêmios literários, tão diferente dos que estão aptos a vencer um concurso jornalístico. A antes indubitável excelência de seu trabalho estava sendo posta em questão quando avaliada por critérios jornalísticos, e o poder do PER como o definidor de tais critérios crescia.

Enfim, o feito dos colegas de *O Cruzeiro* nunca foi esquecido pelos jornalistas brasileiros. A saga dos viajantes nordestinos foi narrada no texto, mas a saga dos repórteres é que será recontada tantas vezes depois. Esta associação entre interesse temático e esforço de obtenção da informação compõe o conjunto de qualidades jornalísticas que justificou a concessão do prêmio à dupla de repórteres. Na publicação comemorativa de 40 anos do Prêmio Esso de Jornalismo, o trabalho foi apresentado da seguinte forma:

> A saga dos fugitivos da seca do Nordeste, em busca de empregos e ilusões no Sul do País, é contada pelos dois repórteres que, durante 11 dias, viajaram incógnitos junto com 102 retirantes, num caminhão "pau de arara", por perigosas e esburacadas estradas, desde Salgueiro (Pernambuco) a Duque de Caxias (Baixada Fluminense).

---

[64] David Nasser recebeu uma menção honrosa do PER em 1960 com a reportagem "Por uma menina morta". Carvalho (2001b:360-365) analisa esta reportagem de Nasser, em tudo fiel ao seu estilo emotivo e mordaz de escrita. Há um relato do episódio que gerou a defesa empenhada do jornalista a favor de Aída Cury, a menina morta do título, jovem assassinada no Rio de Janeiro. De acordo com os relatos dos organizadores do prêmio, o recebimento de uma "menção honrosa" não exigia inscrição prévia na competição.

Mário de Moraes conta que a revista noticiou a conquista de seus repórteres, mas "não como devia":⁶⁵ "À cerimônia de premiação só compareceu um diretor da revista: Antônio Accioly Netto, que não tinha poder de decisão na publicação das matérias, embora, no expediente, fosse diretor-responsável. José Amádio não compareceu" (carta à autora, 26/12/2000).

Sobre a repercussão do trabalho depois da divulgação proporcionada pelo Prêmio Esso, Mário de Moraes afirma que

> a direção de O Cruzeiro abriu as portas para temas semelhantes, principalmente aqueles que falavam em aventuras. E os demais veículos de comunicação, como jornais e revistas entraram na onda. Prova disso é que, em 1959, a reportagem vencedora foi "Diário de um flagelado das secas", de Rubens Rodrigues dos Santos, de O Estado de S. Paulo.
>
> (Carta à autora, 26/12/2000)

De fato, a reportagem sobre os "paus de arara" é um registro marcante na linhagem temática de estudos jornalísticos sobre o Nordeste problemático. Dentre as reportagens vencedoras do prêmio principal, três delas podem ser classificadas nesse assunto: as de 1955, 1959 e 1960. Entretanto, é a dimensão da aventura, da presença *in loco* e da observação direta — além da sensação de participar da vida de outrem — que caracteriza fortemente a produção da reportagem, valorizada e aclamada entre os jornalistas brasileiros não só daqueles do tempo de Ubiratan e Mario e da comissão julgadora de 1955.

Outros participantes da escolha dos melhores da premiação apreciaram esse modelo de fazer reportagem sobre assuntos brasileiros — ver de

---

⁶⁵ Provavelmente os editores de O Cruzeiro acharam que o artigo do repórter mais conhecido do Brasil fosse uma homenagem justa e suficiente ao feito de seus outros dois jornalistas. Esse descaso da empresa para com a conquista do PER, do qual Mário de Moraes se ressente, mostra que a vitória na premiação não foi utilizada como item de propaganda na primeira hora. O *mana* do Prêmio Esso só será incorporado e intensamente divulgado com o posterior acirramento da concorrência entre as empresas jornalísticas.

perto e de dentro. Gerações posteriores de jornalistas experimentaram a receita de conhecer pessoalmente o Brasil e acreditaram que a reportagem assim feita é uma fórmula válida para falar ao leitor de seu país. Encontrar o Brasil permanece como traço da reportagem laureada pelo PEJ em sua história. Noto que desde a primeira escolha da comissão julgadora, segue-se cumprindo a avaliação feita por David Nasser, com a qual abre aquele texto de 1956 ("Luz de vela"). Em suas palavras,

> a vitória justa de Ubiratan de Lemos e Mário de Moraes no Concurso de Reportagens de 1955 — foi a vitória da dor de dente. Interessa ao leitor brasileiro as suas tragédias — pequenas e grandes —, os seus problemas solúveis e insolúveis — mais que todas as batalhas distantes, mesmo que essas batalhas um dia se transformem em guerras totais.

Na última parte deste capítulo, trago as reportagens vencedoras do PEJ que apoiam minha interpretação de que os jornalistas se ocuparam com a "dor de dente", ou seja, com os males que incomodavam os brasileiros dentro de sua morada — a nação.

Prêmio Esso de Jornalismo 2000

Na edição 2000 do PEJ, o concurso comemorou 45 anos de existência. As inscrições foram abertas em agosto e terminaram no final de setembro. A divulgação da premiação anual foi feita pela internet e foram enviadas informações para as redações dos jornais de todo o país. Nesse intervalo, o assessor externo do Prêmio Esso, Ruy Portilho, e o gerente de comunicação da Esso, Guilherme Duncan, viajaram pelo país visitando as redações de jornais para apresentar o formato e as regras da competição. Esse itinerário é cumprido anualmente para convocar os jornalistas a inscreverem seus trabalhos, além de ativar contatos entre a organização do prêmio e os jornalistas dispersos pelos estados brasileiros. Os cartazes do Prêmio Esso são afixados nos murais das redações, como pude constatar em visita ao *Diário do Nordeste*, em Fortaleza, em meados do mês de setembro.

Em 2000, foi iniciada a concessão do Prêmio Esso de Primeira Página. Essa e as outras categorias em que concorrerão os trabalhos inscritos são definidas pelo regulamento. O prêmio principal — chamado Prêmio Esso de Jornalismo — pode ser atribuído a texto, criação gráfica ou foto, enquanto o Prêmio Esso de Reportagem, o "segundo na hierarquia da premiação", destina-se a glorificar o trabalho de reportagem e as qualidades do repórter, sendo

> conferido, preferencialmente, ao trabalho em que ficar evidenciado o esforço acima do comum por parte do repórter ou de equipe de jornalistas para obtenção das informações utilizadas na matéria. (…) *Tem como objetivo o reconhecimento público de virtudes jornalísticas e pessoais dos repórteres como a coragem, determinação, perseverança, senso de oportunidade e isenção, entre outras, expressas no trabalho publicado.*
>
> (Regulamento do Prêmio Esso, grifos meus)

O Prêmio Esso de Fotografia e os prêmios regionais, além dos prêmios principal e de reportagem, não possuem a qualificação "especial" conferida às categorias Informação Econômica; Informação Científica, Tecnológica e Ecológica; Primeira Página; Criação Gráfica (jornal); Criação Gráfica (revista) e Interior. Essa parece ser uma indicação do caráter permanente de algumas categorias, já integradas à tradição da competição, enquanto a maior parte das outras foram inovações introduzidas na década de 1990.

A abrangência das categorias regionais do Esso, apesar de seguir a denominação usual da divisão administrativa da federação, não corresponde à distribuição costumeira dos estados.[66] A lógica dessa divisão representa um

---

[66] Na época da pesquisa, as cinco categorias regionais do Prêmio Esso eram compostas pelos seguintes estados: Região Norte (Acre, Rondônia, Roraima, Amapá, Amazonas, Pará, Maranhão e Piauí); Região Nordeste (Ceará, Rio Grande do Norte, Paraíba, Pernambuco, Alagoas, Sergipe, Bahia e Espírito Santo); Região Sudeste (Rio de Janeiro e São Paulo); Região Centro-Oeste (Mato Grosso, Mato Grosso do Sul, Tocantins, Goiás, Minas Gerais e Distrito Federal) e Região Sul (Paraná, Santa Catarina e Rio Grande do Sul).

arranjo da geopolítica do jornalismo brasileiro que o Prêmio Esso efetiva na distribuição de prêmios regionalizados.[67] O projeto de nacionalização da competição, que visa a assegurar condições de participação para todos os jornalistas brasileiros, combina-se com uma estrutura de distribuição de forças que reconhece diferenças de competitividade entre os estados.

O Prêmio Esso Especial Interior obedece às regras de regionalização, apenas no sentido da diferença entre interior e capital. Define-se no regulamento que ele seja conferido "ao melhor trabalho de imprensa interiorana, aqui entendida como aquela cujos veículos tenham como sede cidades que não as capitais dos estados e a capital federal".

O período de abrangência temporal do concurso corresponde ao ciclo de um ano de publicação impressa. Foi aceita a inscrição de material publicado entre 1º de outubro de 1999 e 30 de setembro de 2000. O PEJ não possui fichas de inscrição. Os candidatos devem enviar para o endereço da matriz da Esso no Rio de Janeiro seis recortes ou reproduções dos seus trabalhos. Devem estar visíveis a data de publicação e o nome do veículo no qual foi publicado. Trabalhos sem assinatura ou assinados com pseudônimo devem ter sua autoria "atestada em declaração por escrito da direção ou chefias da publicação (editores, chefe de reportagem ou de redação, secretário de redação, editor-chefe, diretor de redação)". O limite para a inscrição é de cinco trabalhos por jornalista, que automaticamente passa a concorrer a todos os prêmios previstos, com exceção do Prêmio Esso de Fotografia, que só admite fotos.

O material recebido é organizado e distribuído pelas categorias correspondentes da competição. O concorrente não escolhe ou indica previamente a categoria na qual pretende concorrer. Depois dessa fase, os conjuntos de trabalhos, já divididos por categorias, são enviados aos julgadores

---

[67] Cyro Siqueira, ex-diretor de redação do *Estado de Minas* e julgador do Prêmio Esso por duas vezes, comentou, em resposta à pergunta que fiz sobre o fato de Minas Gerais competir na categoria regional Centro-Oeste (e não Sudeste, conforme a divisão regional usual), que, de outra forma, o estado de Minas jamais ganharia um Prêmio Esso. É a "lógica política" do PEJ, segundo ele.

da Comissão de Seleção, cuidando para que o membro da comissão receba um material de uma categoria distante de seu interesse direto. Por exemplo, um representante do Nordeste recebe os concorrentes da categoria regional Sul para selecionar. A remessa é feita para o endereço residencial do julgador para garantir o sigilo de sua participação, que deve selecionar individualmente seus candidatos finalistas ao prêmio.

Em 2000, toda a Comissão de Seleção reuniu-se nos dias 21 e 22 de novembro no Hotel Glória, no Rio de Janeiro, para escolher apenas três trabalhos em cada categoria, bem como indicar as pessoas ou empresas que mereceriam a menção de Melhor Contribuição à Imprensa, atribuição exclusiva desta comissão. Neste momento, cada julgador deve defender perante os colegas suas indicações, justificando suas escolhas. Selecionados os finalistas, encerra-se a primeira etapa do processo de julgamento. Em seguida, a divulgação desse primeiro resultado é feita pela internet e, normalmente, os jornais noticiam as eventuais indicações recebidas.

No dia 19 de dezembro, aconteceu a reunião da Comissão de Premiação, composta por cinco jornalistas,[68] na qual se definiu os vencedores de cada categoria, inclusive do Prêmio Esso de Jornalismo 2000. Neste ano, foi inaugurado o procedimento de julgamento das fotos via internet por uma comissão de 45 julgadores. Tanto o exame das fotos concorrentes quanto o processo de votação foram realizados eletronicamente. De acordo com o regulamento, o sistema de votação dessa Comissão Especial teve sua segurança garantida pela habilitação de cada jurado mediante nome e senha. O processo de votação da melhor foto foi encerrado uma semana antes da festa de premiação.

A Comissão de Premiação reuniu-se durante o dia no Hotel Sofitel, no Rio de Janeiro. No mesmo local, ocorreu a cerimônia de entrega dos prêmios em um jantar para cerca de 400 pessoas, acomodadas em mesas redondas de 10 cadeiras. Por volta de 19h — horário em que cheguei — só havia

---

[68] A comissão julgadora foi composta por Armando Mendes (*Correio Braziliense*, relator da Comissão de Seleção), Celso Pinto (*Valor Econômico*), Dácio Malta (*O Globo*), Hélio Campos Melo (*Istoé*) e Maurício Dias (*Jornal do Brasil*).

um convidado, o jornalista Ayrton Baffa.[69] O coquetel que precedeu a festa propriamente dita estava marcado para as 20h. Aos poucos, foram chegando os convidados que rapidamente se organizaram em grupos de afinidade de idade ou local de trabalho. Claramente, este é um momento de reencontros e apresentações entre colegas. Há o comparecimento significativo de jornalistas veteranos que aproveitam a ocasião para confraternizar com seus ex-companheiros de lida. No decorrer do evento, percebi que em uma sala separada do grande salão reunia-se a diretoria da Esso, distanciada dos convidados jornalistas. Entre um e outro grupo circulavam os organizadores do evento: funcionários da empresa e jornalistas, atuando como os mediadores entre a Esso e o campo jornalístico. Ao se aproximar as 22h, a ansiedade pelo início do jantar e da entrega dos prêmios era visível. Algumas pessoas já se posicionavam junto às portas de entrada do salão para garantir assento nas melhores mesas (as mais próximas do palco). Entre 22h e 22h30m foram abertas as portas do salão de festas. A composição das mesas tendeu a repetir os grupos formados no coquetel: colegas do mesmo jornal sentavam-se próximos. A diretoria da Esso tinha lugares reservados nas mesas posicionadas em frente ao palco. Convidados especiais também tinham assento marcado, como os familiares de jornalistas que seriam homenageados.

Nos telões instalados nas laterais do palco a fusão de imagens com o símbolo da Esso e seu mascote — o tigre — indicava o início da premiação. A voz do apresentador do Repórter Esso anunciava que estava no ar "o seu Repórter Esso, em edição extraordinária, em homenagem aos jornalistas do Brasil". O casal de apresentadores da noite, Sérgio Rondino e Viviane Medeiros, iniciaram a cerimônia saudando os convidados, e o presidente da Esso foi chamado ao palco para o discurso de recepção. A seguir, foi feito o anúncio do show da noite, que durou entre 30 e 40 minutos. O jantar já estava sendo servido quando o show começou. Em seguida, os apresentadores reapareceram e resumiram a "mecânica do julgamento 2000" do Prêmio

---

[69] Ayrton Baffa ganhou o prêmio em 1983 (*O Estado de S. Paulo*) e em 1988 (*Jornal do Commercio*); foi julgador em 1985.

Esso de Jornalismo. Anunciaram também o sorteio de uma passagem Rio-Nova York-Rio (com direito a acompanhante) para o final da festa, mas não eram todos os presentes que concorriam às passagens. Observei que na recepção de entrada havia duas listas diferentes de convidados e que uma das mesas possuía uma urna onde eram depositados os nomes dos concorrentes ao sorteio.

Foi então anunciado o Prêmio Esso de Melhor Contribuição à Imprensa, destinado à "entidade ou profissional que, no entender da Comissão de Seleção, se destacou no mercado jornalístico". O prêmio foi entregue pelo gerente de comunicação da Esso, Guilherme Duncan, aos editores dos jornais *Correio Braziliense* (Ricardo Noblat) e *Valor Econômico* (Celso Pinto). O primeiro jornal foi escolhido "pela coragem e ineditismo demonstrados ao editar a manchete 'O *Correio* errou', reconhecendo a incorreção das informações veiculadas também em manchete do dia anterior". Já o segundo foi destacado "pela abertura propiciada ao mercado do jornalismo econômico com o seu surgimento e ainda pela ampla abordagem dos temas de conteúdo econômico e social da vida nacional". Cada representante fez um breve discurso de agradecimento. A apresentadora esclareceu que esta premiação era atribuição exclusiva da Comissão de Seleção e independia de inscrição.

Iniciou-se a entrega dos prêmios aos concorrentes das outras categorias. No telão, uma apresentação da história do Prêmio Esso de Jornalismo recuperava a ligação da Esso com a imprensa brasileira, iniciada antes da criação do PEJ. Foram relembradas as transmissões do Repórter Esso no rádio e na televisão. Ressaltou-se o crescimento e a modernização da imprensa na década de 1950 com a introdução de inovações técnicas (*lead, sublead*) e gráficas e que no ano de 1955 acontecia a primeira edição do concurso, "a mais tradicional consagração do jornalismo brasileiro". Informou-se também que as comissões julgadoras eram compostas exclusivamente por profissionais da imprensa. Na edição de 2000, aconteceu o recorde histórico de inscrições no concurso (1.093 trabalhos inscritos), dos quais apenas 14 foram premiados. Em seguida, foram anunciados os nomes componentes das comissões de seleção e premiação, além do local e data das reuniões ocorridas. Diante do número de concorrentes, a apresentadora concluiu que "todos os finalistas podem se considerar vencedores". De fato, o regulamento destaca os indicados com o Certificado de Mérito. Esses certificados são entregues no dia da festa, após a cerimônia, e os diplomas dos vencedores são confeccionados na reunião da Comissão de Premiação. Enquanto acontece a definição do vencedor de cada categoria, há um caligrafista que finaliza os diplomas que serão entregues depois do anúncio do resultado final. Das 13 categorias a serem premiadas, todos os finalistas concorrem ao Prêmio Esso de Jornalismo, considerado o primeiro na hierarquia da premiação (de maior distinção e valor monetário).

Iniciou-se o anúncio dos finalistas por categoria. É feita uma breve apresentação de cada trabalho concorrente e de seus autores. No telão, as fotos dos jornalistas competidores. A pessoa destinada a entregar o prêmio é convocada ao palco para anunciar o nome do vencedor (ou vencedores). O discurso do ganhador da última e principal categoria encerra a cerimônia. A dispersão dos convidados aconteceu por volta das 2h da madrugada.

A festa de premiação do PEJ acontece na forma de um *ritual*, termo utilizado por Stanley Tambiah (1979) para caracterizar um processo ordenado, de natureza coletiva, que se efetiva por uma série de atos significativos. O PEJ pode ser considerado um ritual por três motivos: (1) os nativos [os jornalistas] tratam os acontecimentos da matéria jornalística como distintos dos acontecimentos cotidianos; (2) na premiação há uma *performance* coletiva para atingir determinado fim; (3) o evento possui uma ordenação que o estrutura (Peirano, 2002).

A ocorrência anual dessa cerimônia, entendida como o momento conclusivo da sequência das fases seletivas dos trabalhos jornalísticos inscritos, efetiva-se como um ritual para uma "comunidade imaginada" (em tese, qualquer jornalista em exercício de seu ofício pode se inscrever) de jornalistas brasileiros. O Prêmio Esso realiza-se há quase cinco décadas apresentando "feições antecipadas, programadas, duração determinada, traços e fases recorrentes" (Peirano, 2002:35).

Os rituais são atuações observáveis. O que suscitam em seus participantes, sua capacidade de gerar identidades pessoais e coletivas, pode ser relatado com base na percepção de quem nele se envolveu. Um ritual de cunho competitivo como o PEJ institui novas ordens pessoais e profissionais para os jornalistas notabilizados nas duas etapas seletivas do concurso. O significado da condição adquirida ao final de uma participação vitoriosa revela o efeito perene do ritual de consagração. Esse "rito de instituição" investe os vencedores de uma nova condição, porque, como explicitou Pierre Bourdieu (1996:99), "a *investidura* (...) consiste em sancionar e em santificar uma diferença (preexistente ou não), fazendo-a *conhecer e reconhecer*, fazendo-a existir enquanto diferença social, conhecida e reconhecida pelo agente investido e pelos demais".

O *mana* do Prêmio Esso de Jornalismo

Quando o fotógrafo Zulmair Rocha, ao levantar seu diploma do Prêmio Esso de Fotografia 2000, gritou "Este é o meu Oscar!", repetia uma comparação recorrente entre o PEJ e o prêmio cinematográfico americano. A apresentadora daquela noite, a jornalista Viviane Medeiros, comentou: "Mas o Prêmio Esso de Jornalismo é o Oscar do jornalismo brasileiro!". A equivalência entre os dois eventos, que supõe incontestável a supremacia do prêmio cinematográfico, indica que ganhar o PEJ é tão glorioso e transformador para um jornalista quanto a conquista de um Oscar para alguém do ramo do cinema. A honra e o prestígio que ambos atribuem ao profissional demonstram sua capacidade de modificar as histórias e as carreiras dos que por eles foram agraciados. A vitória em uma competição tão acirrada cria para o ganhador um novo *status* profissional.

A tentativa de assemelhar o PEJ ao Oscar vai além do prestígio que intenta produzir entre os jornalistas brasileiros. A observação da cerimônia de entrega revelou a reprodução de aspectos do formato ritual do Oscar. Assim como a premiação americana, houve uma seleção prévia da produção jornalística anual (que tenha sido inscrita segundo o regulamento), concluída com a indicação dos concorrentes de cada categoria. Na festa, os finalistas são anunciados com uma breve apresentação do seu trabalho e currículo. O convidado para a entrega de cada prêmio abre o envelope e o anúncio é feito pela famosa fórmula "E o vencedor é...". Ele ou ela sobem ao palco e dizem algumas palavras de agradecimento. Quando o prêmio é conquistado por uma equipe, apenas um de seus integrantes é designado para discursar. Na noite de 2000, o diretor de redação do jornal *Correio Braziliense*, ganhador do "prêmio principal", fez o discurso mais longo da cerimônia, o último antes da despedida feita pelos apresentadores da festa.

A característica comum a esses acontecimentos ritualizados é a mudança de *status* que advém do processo de seleção dos melhores entre um coletivo profissional. A definição de magia elaborada por Marcel Mauss (1974:48) observa que os atos rituais são capazes de produzir algo, "são eminentemente eficazes; são criadores, fazem". Por isso, rituais são "atos tradicionais que têm uma eficácia *sui generis*". A noção de *mana* é uma representação desse poder do rito e do seu modo de ação (Mauss, 1974:108). A conquista de novos atributos por indivíduos competidores pode ser entendida com base na noção de *mana*, a força mágica que age transformando a natureza das coisas e das pessoas envolvidas no rito.

Ao traçar uma linha de separação entre os jornalistas, o PEJ

> exerce uma eficácia simbólica inteiramente real pelo fato de transformar efetivamente a pessoa consagrada: de início, logra tal efeito ao transformar a representação que os demais agentes possuem dessa pessoa e ao modificar os comportamentos que adotam em relação a ela (a mais visível de todas essas mudanças é o fato de lhe conceder títulos de respeito e o respeito realmente associado a tal enunciação); em seguida, porque a investidura transforma ao mesmo tempo a representação que a pessoa investida faz de si mesma, bem como os comportamentos que ela acredita estar obrigada a adotar para se ajustar a tal representação.
>
> (Bourdieu, 1996:99)

Ritos mágicos compreendem "agentes, atos e representações" (Mauss, 1974:47). No Prêmio Esso, quem exerce as funções de agentes rituais são os componentes das comissões julgadoras. Eles sim, apesar de não oficiarem a cerimônia de entrega dos prêmios, são aqueles especialistas que realizam as práticas mágicas, por serem os responsáveis pela concessão da nova identidade aos concorrentes vencedores, que encarnam a autoridade de realizar a investidura de seus pares. O seu prestígio e reconhecimento como os "sábios" do meio jornalístico dota-os de uma qualidade mágica — o *mana* — que distribuem no ato de escolha dos melhores.

Há a circulação de *mana* no Prêmio Esso de Jornalismo, como em outras cerimônias seculares existentes no contexto cultural individualista e competitivo, sejam elas concursos jornalísticos ou de outra natureza. Como se sabe, a propriedade de instituir fronteiras de um grupo em relação a outro, bem como o efeito de ressaltar divisões internas a uma coletividade, são aspectos nucleares das recriações ritualizadas da sociedade sob o ponto de vista de uma de suas partes. Os jornalistas da imprensa brasileira compõem um grupo de demarcação relativamente impreciso, considerando-se apenas o critério de reconhecimento legal da atuação de uma pessoa como jornalista.

Há dois modos de inclusão básicos no grupo: aqueles que aprenderam a fazer jornalismo na prática e os que garantiram a legalidade de sua atividade pelos meios indicados na legislação que progressivamente garantiu o mercado para os que detêm um diploma universitário de jornalismo, os quais, hoje em dia, compõem o subgrupo numericamente dominante. Ou seja, os jornalistas podem ser reconhecidos por sua atuação na área (sem estudo especializado) ou pelo título que portam (o título escolar que autoriza o recebimento do título profissional). Mas, conforme a análise do PEJ revela, existem outras partições ativas nesse universo. Interesso-me por aquelas que, a meu ver, são as mais marcadas por esse concurso: as clivagens regionais e as diferenças geracionais. Elas indicam modos distintos de aprendizagem profissional e de atuação jornalística no território brasileiro.

Os primórdios do Prêmio Esso teriam acentuado a preocupação em demarcar as diferenças do jornalismo principalmente em relação à literatura, ou, mais exatamente, ao modo literário de escrever em jornal. O concurso específico para a reportagem queria se opor a esse estilo. Os novos tempos no jornalismo brasileiro indicavam a vigência da "moderna técnica jornalística". O praticante desse novo jeito de fazer jornalismo se distinguia dos "diletantes e intelectuais" que dominavam as redações até metade do século XX.

A extinção do anonimato foi uma realidade que paulatinamente se estabeleceu nas páginas de jornais e revistas. Em O Cruzeiro, os nomes de repórteres e fotógrafos encabeçavam as reportagens de fôlego, tornando seus nomes conhecidos pelos leitores, aos poucos capazes de associar pessoas a estilos de texto e temáticas. O Prêmio Esso de Reportagem reforçou a personalização do texto jornalístico, destacando o indivíduo-autor como objeto de mérito e reconhecimento público. Os regulamentos mais recentes, por exemplo, condicionam a inscrição à apresentação do nome dos autores dos trabalhos (caso tenham sido publicados sem assinatura, a autoria deve ser comprovada através de documentos). O jornalista não mais se confunde com outros escreventes em jornal: a reportagem se faz por repórteres com nome e rosto próprios. O texto pessoal sobressai sobre o linguajar padronizado, indistinto, da escrita pré-jornalística. O aparente paradoxo da individualização do texto em uma época que estabeleceu procedimentos jornalísticos sistematizados e padronizados é explicável. A instituição de métodos de apuração e organização da informação se compatibiliza com a expressão individual de escrita, desde que respeitados alguns limites. A imposição da assinatura revela também o desejo de se diferenciar não apenas pelo nome — o estilo será a marca do bom repórter. O bom repórter é o repórter conhecido, que por sua vez é o repórter premiado no Prêmio Esso de Reportagem. O repórter premiado é o melhor repórter: eis a equação que até os dias de hoje a organização do PEJ quer fazer valer.

Ganhar um PEJ jamais deprecia um indivíduo, mas essa honraria não é distribuída de forma igualitária, pois segue as diferenças características do campo jornalístico brasileiro. Para demonstrá-lo, as histórias de quem faz jornalismo fora do que se concebe como "imprensa nacional" (sinônimo de jornalismo feito em regiões centrais e em publicações prestigiosas) são o contraponto ao discurso da igualdade para todos. Homens e mulheres, jovens e veteranos, têm muito a dizer sobre a hierarquia que de fato existe entre os jornalistas, mesmo que tenham sido um dia reconhecidos em sua competência jornalística pelo "Oscar do jornalismo brasileiro".

Nacional e regional: classificações do jornalismo brasileiro no PEJ

Os entrevistados falam da honra advinda da participação na Comissão de Seleção e julgamento. A convocação para integrar o círculo de eminentes personalidades que compõem o grupo de jurados do PEJ significa reconhecimento profissional e lhes confere o sentido de participação na comunidade nacional de jornalistas. Os entrevistados do Ceará fazem menção à divulgação do trabalho proporcionada pela conquista do Esso, rompendo o âmbito de circulação local do jornal em que a reportagem foi publicada. Foi o que aconteceu com J. C. Alencar Araripe, ganhador do PER de 1958 (regional Norte-Nordeste) com a série de reportagens "Seca, açudagem, irrigação e piscicultura no Nordeste", publicadas nos jornais O Povo (Fortaleza) e *Diário de Notícias* (RJ). O trabalho ainda gerou discussões na Câmara e no Senado federais. A repórter Ariadne Araújo (PEJ Regional Nordeste 1999, finalista em 1996, 1998 e 1999, com dois trabalhos) e a editora Ana Márcia Diógenes (Comissão de Seleção 1998) comentaram as ações conscientes de divulgação dos trabalhos de relevância feitos em O Povo, remetidos para redações de jornais de todo o país.

    O PEJ assegura que a cena impressa nacional esteja ao alcance dos periódicos regionais. Entretanto, os jornalistas problematizam a hierarquia expressa na divisão regional-nacional. Captar a crítica a essa divisão que afirma não haver um jornalismo brasileiro no singular, com iguais condições competitivas às maiores honrarias da profissão, é o principal objetivo da pesquisa com os profissionais de Minas Gerais e do Ceará. A divisão nacional-regional, evidenciada na estrutura do PEJ e constante nas imagens do jornalismo brasileiro elaboradas pelos entrevistados, remete não apenas a uma representação puramente geográfica, mas também a uma demarcação do espaço social (no caso, do espaço do jornalismo). Nos termos expressos por Pierre Bourdieu (1989:138):

> Estes dois espaços [geográfico e social] nunca coincidem completamente; no entanto, muitas diferenças que, geralmente, se associam ao efeito do espaço geográfico, por exemplo, à oposição entre o centro e a periferia, são o efeito da distância no espaço social, quer dizer, da distribuição desigual das diferentes espécies de capital no espaço geográfico.

Confio nos benefícios explicativos que um olhar periférico pode oferecer sobre as desigualdades manifestas em um espaço de competição supostamente homogêneo — organizado de acordo com as regras ditas, escritas e registradas em cartório pelo PEJ —, comparando-o com o ponto de vista de quem está no lugar dos vencedores, predestinados a esse papel seja pela vitoriosa tradição de suas publicações, seja pela força que possuem no cenário jornalístico dos grandes centros. Esta visão, construída pela experiência de quem esta à margem, opera com categorias espaciais para falar das hierarquias que instituem posições aos jornalistas brasileiros. Instâncias nacionais e regionais de produção jornalística são detectadas por meus entrevistados, que fazem uso de um vocabulário próprio para descrever o espaço nacional, seus recortes regionais e as tensões entre a ordem central e a periférica (Neiburg, 2003; Shils, 1992). Os traçados do mapa de seu mundo profissional é o que nos interessa, pois são comunicados por meio de *"native conceptualizations of the social geography of the national space, which designates all that is not of, and that opposes, the center"*.[70]

---

[70] Tradução-livre de Neiburg (2003:65): "conceituações nativas da geografia social do espaço nacional, as quais designam tudo o que não pertence, ou que se opõe, ao centro".

No encerramento da entrega do Prêmio Esso de Jornalismo 2000, o diretor de redação do jornal *Correio Braziliense*, Ricardo Noblat, revelou publicamente haver dificuldades para a conquista do prêmio maior da competição — e que repórteres seus acabavam de receber — por publicações jornalísticas feitas fora do "eixo Rio-São Paulo". Nascido e formado em Pernambuco, Noblat ganhou o Prêmio Esso Regional Norte-Nordeste em 1976, com reportagem publicada no *Diário de Pernambuco*. Em 1986, integrou a comissão de julgamento representando o *Jornal do Brasil*, e em 1994 participou da comissão de premiação como jornalista do *Correio Braziliense*. Seu discurso insistiu na estatística de que apenas três vezes o prêmio principal foi ganho por jornais regionais, sendo que duas delas foram para um jornal de Brasília. Ele afirma que a realidade da imprensa brasileira havia mudado, e que o PEJ deveria respirar os novos ares, pois a imprensa, que antes estava no eixo Rio-SP, começava a manifestar-se em outras regiões. Havia, então, outros jornalistas capazes de "disputar prêmios considerados maiores". Entre eles, cita os profissionais de *O Povo*, de Fortaleza, e do *Tribuna de Minas*, de Juiz de Fora. O grupo de jornalistas que dirigia na redação brasiliense teria esperado "para poder se credenciar a ganhar o Prêmio Esso de Jornalismo". A sugestão de Ricardo Noblat foi a de que o PEJ deveria ser ampliado, para premiar "o jornalismo no que ele tem de melhor e não os veículos". Em outras palavras, reconhecer os jornalistas onde quer que eles estejam, e não as empresas jornalísticas, cujo poder econômico é muito desigual e concentrado.

Como visto anteriormente, o regulamento do concurso diz que qualquer um dos trabalhos selecionados entre os finalistas, independentemente do local e veículo de publicação, pode ser escolhido como o melhor em determinado ano. No discurso dos organizadores, a forma do concurso foi sendo modificada justamente para incluir todas as manifestações do jornalismo local. A percepção de que existem barreiras não ditas para a chegada de alguns concorrentes às categorias "nobres", no entanto, revela que tal equanimidade de acesso não é verdadeira. As posições de maior prestígio são vistas como pertencentes ao âmbito nacional, enquanto as atribuições chamadas regionais são mais desvalorizadas, além de estarem remetidas a uma condição fixa de subalternidade no quadro do jornalismo brasileiro. Ou seja, ganhar os prêmios principal, fotografia, reportagem, criação gráfica e primeira página, significa ter o melhor trabalho entre todos os produzidos no Brasil naquele intervalo anual. Vencer a competição em todas as cinco categorias regionais significa apenas ser o melhor em relação a um subconjunto da produção de todo o país. Vencer entre iguais é menos notável do que estar entre os competidores superiores.

A crítica de um jornalista como Ricardo Noblat explicitou o inusitado da subversão da ordem tradicional da hierarquia refletida e reforçada pela estrutura do concurso. Ana Márcia Diógenes utiliza a expressão "furar o nacional" para as tentativas de jornais regionais, excluídos do grupo que faz o chamado jornalismo nacional, de competir e vencer nas categorias "nacionais" do PEJ.

Ana Márcia Diógenes e Ariadne Araújo relataram as tensões resultantes da alteração momentânea dessa ordem de posições regional/nacional quando da publicação das reportagens "O caso Campelo" (investigação sobre o envolvimento do superintendente da Polícia Federal com a tortura no período militar, indicada ao prêmio em 1999). A primazia da informação foi disputada com outros jornais do Rio e São Paulo na reunião da Comissão de Seleção no Rio de Janeiro. Por fim, concluiu-se que a data de publicação da reportagem em O *Povo* havia sido anterior à dos outros jornais, e consequentemente, a primeira notícia sobre o caso em território nacional. Foi-lhes concedido o PEJ Regional Nordeste, apesar do impacto nacional da reportagem, que gerou a exoneração de Campelo e um enorme constrangimento para o governo federal, e que, portanto, teoricamente, estaria em condições de concorrer nas categorias nacionais de reportagem e prêmio principal. Enfim, a alocação do "furo" de reportagem do jornal cearense na categoria Regional Nordeste foi uma espécie de defesa à hierarquia momentaneamente ameaçada por um jornal estadual.

Teria havido uma disputa na época da divulgação da notícia em relação à autoria da descoberta dos documentos incriminadores do então superintendente da Polícia Federal. O correspondente da *Folha de S. Paulo* teria utilizado documentos cedidos pela reportagem de *O Povo*, com a condição de dar o crédito ao jornal, em uma reportagem publicada um dia depois da edição cearense que trazia o fato. Como disse Ana Márcia Diógenes, os grandes jornais "não podem levar furo", quanto menos de um jornal pequeno e regional.

Por causa dessa e de outras reportagens, o jornal *O Povo* disputou o PEJ em categorias consideradas nacionais (como desenho gráfico, por exemplo). Ele foi uma das publicações citadas por Ricardo Noblat no discurso feito em nome da equipe que conseguira romper com a tradição e "furar o nacional"; ele reclamava publicamente o direito de competir em função de qualidade jornalística. Neste caso, os julgadores deveriam abstrair onde foi publicado o trabalho.

O episódio envolvendo o jornal cearense e jornais do Rio e de São Paulo demonstra como as relações entre os jornalistas brasileiros se estruturam à maneira da inter-relação entre estabelecidos e *outsiders*, descrita por Norbert Elias (2000), com base nas observações em Winston Parva. O PEJ expôs a tensão diante de uma situação que foi percebida como uma violação da ordem jornalística estabelecida. Esta ordem impõe lugares definidos aos jornalistas regionais, cujo trabalho deve ter apenas impacto regional (e consequentemente, só pode disputar as categorias regionais do PEJ). Ao conseguir visibilidade nacional com uma notícia que extrapolou as fronteiras do Ceará e do Nordeste, *O Povo* provocou a reação de representantes da "grande imprensa" (uma outra forma de falar imprensa "nacional") contra a "pequena imprensa", que ousava ir além dos assuntos que lhe cabia tratar.

Neste cenário, pensam e agem como estabelecidos os jornalistas que se consideram dotados de competência superior, verdadeiros representantes da "minoria dos melhores" (Elias, 2000). Pertencem ao grupo daqueles que se afirmam superiores, dotados, por sua própria condição profissional, da excelência jornalística que lhes habilita tratar dos temas nobres, das notícias importantes porque nacionais.

A atitude dos julgadores exemplifica a ambiguidade manifesta no PEJ quanto à divisão nacional/regional, da qual deriva a oposição entre estabelecidos e *outsiders*. O reconhecimento de que o "furo" sobre o caso Campelo caberia ao *O Povo* foi uma decisão baseada no princípio igualitário. Nesse aspecto, o argumento da homogeneidade de todos os concorrentes foi invocado, havendo apenas um critério de julgamento, que é exclusivamente jornalístico (a data de publicação, independentemente do local). O mérito dos repórteres foi acatado, mas sua consagração se fez na categoria regional, o que os recolocou no lugar de *outsiders*.

Sem questionar a pertinência dos resultados finais, as jornalistas de *O Povo* apontam a heterogeneidade no mundo dos jornalistas, esta sim a face persistente das suas relações. O espaço de concorrência do PEJ não oculta as diferenças internas ao grupo — como demonstra a estrutura da competição —, mas parece haver um acordo tácito entre organizadores e julgadores convocados de que os diferenciais de poder realmente existentes entre os jornalistas devem ser administrados de forma a garantir um grau de coesão interna, que permita ao PEJ ser festejado como "patrimônio de todos os jornalistas brasileiros". A construção de uma identidade comum aos jornalistas é enunciada e propiciada pelo PEJ, na medida em que ele se apresenta como um espaço de sociabilidade jornalística, mesmo sendo um evento extraordinário no curso cotidiano das interações pessoais, em que dominam os encontros e trocas nas redações, bares e festas após o expediente (Travancas, 1993; Pereira, 1998).

A sobrevivência do Prêmio Esso, um ritual com poder de agregação — ainda que (ou mesmo porque) tenha-se procurado acirrar sua dimensão competitiva por meio de várias transformações de forma e procedimento —, comprova a afirmação de que "a homogeneidade não é condição necessária nem suficiente para a coesão" (Boltanski, 1982:53-4) de um grupo social. Está em jogo, a cada ano, no período entre a abertura das inscrições e a festa de premiações, o trabalho de construção das fronteiras do grupo dos jornalistas profissionais e da coesão possível entre eles por meio da heterogeneidade.

Reportagens vencedoras

As comissões de julgamento que decidem sobre as melhores reportagens a cada edição do PEJ levam em conta o modo de realização desses trabalhos. Neste caso, está sendo avaliada a etapa de busca das informações, que depois serão relatadas no texto publicado. O repórter *em ação* mereceu destaque nas premiações conferidas, constituindo-se em critério de julgamento do valor jornalístico de uma reportagem. Aventura, risco e dificuldade são características apreciadas, que recebem a devida ênfase no momento da narração do trabalho. São partes do discurso produzido no processo de seleção e julgamento, registrado nos documentos de responsabilidade dos organizadores, o qual, afinal, constitui uma representação do que confere valor a uma reportagem.

O reconhecimento à atuação do repórter existe desde o primeiro ano de concessão do PEJ; aliás, naquela ocasião era a reportagem o produto jornalístico por excelência, posto que o evento era denominado Prêmio Esso de Reportagem. Os aspectos destacados na reportagem vencedora eram a duração da viagem, a distância percorrida, o meio de transporte utilizado, a relação dos jornalistas com os personagens locais. A experiência vivida pelo repórter para realizar seu trabalho conferiu qualidades excepcionais a vários outros trabalhos reconhecidos pelo PEJ.

No ano seguinte à premiação de Mário de Moraes e Ubiratan de Lemos, o repórter de O *Globo*, José Leal, mereceu o prêmio principal em razão da

> dramática narrativa do repórter, interno numa clínica de tratamento de alcoólatras, editada em uma série de reportagens que expõe a questão do confinamento da pessoa humana em comunidades controladas. O relato autobiográfico adquire o sentido de uma dolorosa confissão e se constitui num libelo contra os abusos a que eram submetidos os pacientes.
>
> (Esso, 1995:17)

Aqui, o repórter não se imaginou no lugar do outro — ele mesmo tornou-se um personagem ao compartilhar a experiência da internação.

Na reportagem vitoriosa de 1958, de autoria de Márcio Moreira Alves, o repórter foi vítima da situação que presenciava:

> Durante a votação do *impeachment* do governador Muniz Falcão pela Assembleia Legislativa de Alagoas, em 1957, homens armados de metralhadoras interromperam a sessão com um intenso tiroteio. Ferido na coxa, o repórter, na cama do hospital, ainda consegue ditar para um médico o preciso relato de 18 linhas publicado no dia seguinte na primeira página do *Correio da Manhã*.
>
> (Esso, 1995:18)

Em 1959, Rubens Rodrigues dos Santos, de *O Estado de S. Paulo*, tem o sua reportagem "Diário de um flagelado das secas" reconhecida como a melhor daquele ano. Tratava-se da

> realidade da grande seca de 1958 no Nordeste, contada numa série de reportagens que denunciou a exploração criminosa dos flagelados, o comércio de votos na região e o pouco interesse dos políticos em solucionar o problema. *Para escrever seu diário e fazer as fotos, o repórter viveu como um flagelado, chegando a alistar-se na "frente de trabalho"* que construía o então Açude Gargalheiras, uma das obras apontadas como exemplo da ineficácia no combate à seca.
>
> (Esso, 1995:19, grifos meus)

Como em 1955, o repórter assume a condição de flagelado; e é desse ponto de vista que produz sua narrativa.

Outro relato baseado na vivência pessoal será premiado em 1969. Na reportagem de Luís Edgar de Andrade para o jornal *Última Hora* (RJ) sobre a psicanálise, o "testemunho pessoal do repórter" foi um dos elementos utilizados (além de entrevistas, depoimentos, descrição de técnicas e pesquisa) para informar sobre a prática terapêutica que "entrava em moda no Brasil".

O repórter-navegador do *Jornal do Brasil*, Humberto Borges, recebeu a maior distinção do PEJ em 1974 pela reportagem resultante dos 36 dias que esteve preso em Cuba, após se perder e ser capturado no mar do Caribe.

A viagem longa e penosa foi exaltada por julgadores do PEJ em duas outras ocasiões. O relatório de Mário Mazzei Guimarães sobre o rio São Francisco, que exigiu "muitos dias de viagem, nos mais diferentes meios de transporte disponíveis no Médio e Baixo São Francisco", venceu em 1960. A edição especial sobre a Amazônia, produzida pela equipe da revista *Realidade*, recebeu o prêmio principal em 1972, e é descrita como uma verdadeira empreitada aventureira no material do PEJ:

> Uma das mais completas descrições já feitas do universo amazônico, mobilizou 16 jornalistas em deslocamentos mata adentro e visitas a mais de uma centena de cidades, *num percurso maior que o de uma viagem à Lua*. Da Amazônia, trouxeram 30 mil fotografias, incontáveis relatos e uma visão de contrastes onde 1,5 milhão de pessoas viviam uma existência de miséria sobre a riqueza mitológica do solo.
>
> (Esso, 1995:54, grifos meus)

Essa expedição jornalística de feições tão grandiosas foi responsável pela concessão, no mesmo ano, do prêmio de Melhor Contribuição à Imprensa à *Realidade*.

Em 1995, na edição comemorativa dos 40 anos do PEJ, Rebeca Kritsch, de *O Estado de S. Paulo*, recebeu o Prêmio Esso de Jornalismo pela reportagem "Viver nas ruas". O texto de apresentação do trabalho informa que

> para realizar sua reportagem, Rebeca viveu cinco dias como uma sem-teto nas ruas de São Paulo. Durante esse período, aprendeu a mendigar, entrou no ramo da reciclagem de latas e se abrigou na vasta rede de autoajuda e solidariedade que os sem-teto estenderam pela cidade, constatando que o povo das ruas tem que estar bêbado para enfrentar a vergonha de pedir.
>
> (material interno do PEJ)

Estes são exemplos de reportagens que alcançaram o reconhecimento máximo no PEJ. Todos eles foram resultantes do que a segunda vencedora solitária na categoria principal do concurso (a primeira foi Sílvia Donato, em 1961) chamou de trabalho de campo. O ato de tornar-se o outro, exigindo deslocamento espacial ou social — diz-se que Rebeca Kristch tentou "reproduzir os hábitos da classe média na rotina dos mendigos"[71] — caracteriza inúmeras reportagens de sucesso no PEJ. A modalidade do contato do repórter com a realidade que descreve é tanto mais admirada quanto mais perto ele (e, raramente, ela) chega de um local e de seus habitantes e hábitos.

Na atual estrutura da competição, durante a festa de premiação, ocorre a "apresentação" (por meio de breves textos) dos finalistas em cada categoria no momento da divulgação do vencedor. Um dos concorrentes ao Prêmio Esso Regional Centro-Oeste 1994 recebeu o seguinte comentário:

> Ricardo Leopoldo, 29 anos, 6 de jornalismo, *viajou 10 mil quilômetros durante 21 dias* para testemunhar o drama de crianças brasileiras obrigadas a trabalhar desde muito cedo para completar o orçamento familiar. De tudo que viu resultou a série "Morte na infância", publicada no *Correio Braziliense*.
>
> (Apresentação dos finalistas do PEJ 1994 — material interno do PEJ, grifos meus)

Em 1998, para realizarem o trabalho "Amazônia ameaçada" (concorrente na categoria Informação Científica, Tecnológica e Ecológica), os repórteres de *O Globo*, Chico Otávio e Vannildo Mendes, "percorreram, por terra, rio e ar, 18 cidades de três estados brasileiros e uma cidade do Peru".[72]

Outra reportagem, finalista do Prêmio Esso Regional Sul de 1999, escrita por uma repórter do jornal *Zero Hora*, resultou de uma viagem pela rodovia Transamazônica. A apresentação do PEJ diz: "Barro e desilusão

---

[71] "*Estado* ganha Prêmio Esso de Jornalismo", *O Estado de S. Paulo*, s.d.
[72] Apresentação dos finalistas do PEJ 1998 — material interno do PEJ.

formam o cenário que a repórter encontrou ao percorrer, *durante sete dias ininterruptos*, as estradas que um dia foram consideradas pelo governo militar como uma reta de mão única para o progresso".[73]

A comissão julgadora de 1976 premiou a equipe de *O Estado de S. Paulo* pela série de reportagens "Assim vivem os nossos superfuncionários":

> Regalias, vantagens e abusos na concessão de benefícios a funcionários públicos e de empresas estatais foram minuciosamente investigados por uma equipe de 40 repórteres em todo o Brasil e denunciados numa série de 3 reportagens. A repercussão do trabalho popularizou a expressão "mordomia", rótulo utilizado pela burocracia para designar as despesas que funcionários dos mais altos escalões da administração pública podem fazer. *A publicação desta reportagem marcou o fim da censura prévia na Imprensa, vigente desde 1968.*
>
> (Esso, 1995:65, grifos meus)

Os próprios jornalistas afirmam que as reportagens investigativas sobre os aspectos da administração pública e da vida política tiveram relação direta com a redemocratização acontecida paulatinamente desde finais da década de 1970. O faro dos repórteres se volta para os espaços ocultos e desconhecidos do poder. Entretanto, persiste a ideia de que o modo de execução da reportagem — sinônimo de superação de toda sorte de riscos e obstáculos, de perspicácia na coleta de informações e perseverança na espreita de "fontes" — é que lhe confere maior valor, mesmo em relação a temáticas hegemônicas nas últimas edições do PEJ.

A coleção de reportagens, fotografias e criações gráficas que compõem o acervo do Prêmio Esso de Jornalismo são alvo de panoramas celebrativos que rememoram os grandes feitos dos jornalistas brasileiros por meio de edições comemorativas, entrevistas e memórias, artigos de divulgação do concurso etc. Esses exemplares prestigiados do fazer jornalístico, relicários

---

[73] Apresentação dos finalistas do PEJ 1999 — material interno do PEJ, grifos meus.

de modelos do bem-realizar, são parte importante da "simbólica comum" responsável pela existência de um grupo, a saber, os jornalistas brasileiros.

A ocasião do concurso, em todos os seus momentos, expõe conceitos e valores, além de representações sobre a função social do jornalista, compreendida pelas gerações de profissionais envolvidos com o Prêmio Esso. O lugar que eles acreditam ocupar na sociedade encontra-se enunciado nas várias dimensões do PEJ que apresentei neste capítulo. As reportagens consideradas excelentes surgiram da procura do Brasil, localizaram as "dores de dente" mais perturbadoras, dando notícia de sua passagem por um país desigual em tempos civilizatórios, tal como o fez Euclides da Cunha nas mais que centenárias reportagens sobre Canudos.

Com as transformações que significaram a maior inclusão de variedades da produção jornalística, identificáveis pela mudança do prêmio "de reportagem" para um prêmio "de jornalismo", poder-se-ia esperar a diluição da força da reportagem e do repórter na constituição da identidade de jornalista. Não foi o que aconteceu. O trabalho do repórter, ainda que seja parte da produção jornalística — segundo Louis Dumont (1985) a reportagem seria uma categoria englobada em relação ao jornalismo, contudo, em uma condição de inversão hierárquica — permanece da mesma forma em todos esses anos: a versão mais prestigiada, consagrada e glamourosa do universo social emulado no Prêmio Esso.

CONSIDERAÇÕES FINAIS

Os primeiros passos deste livro foram dados com a leitura das reportagens do jornal *Folha de S. Paulo*. Na tentativa de ampliar a referência empírica da pesquisa e o seu alcance interpretativo, procurei algumas das reportagens que eram citadas por jornalistas como modelos do gênero. Uma delas, publicada na revista *Realidade* em abril de 1967, interessou-me especialmente pelo título — "O Piauí existe". Meu estado de origem sempre existirá para mim e meus parentes, embora na época em que o repórter Carlos Azevedo e o fotógrafo Luigi Mamprin passaram pela terra de minha família, Campo Maior, eu ainda não tivesse nascido. Suas constatações não se dirigiam a nenhum piauiense, mas a alguém muito distante de lá. Os jornalistas contam com orgulho que a reportagem provocou reações indignadas de piauienses, que enviaram cartas de protesto à redação da revista, em razão "do provocativo título" (*Realidade*, 1999:9). "Repercussão" é a expressão nativa para as consequências de uma reportagem.

As cartas enviadas foram publicadas nas edições de maio e junho de 1967. Os emissários se sentiram ofendidos principalmente pelo título e pelo parágrafo introdutório. De Goiânia, uma piauiense escreveu: "Venho lançar meu protesto, pois reportagem dessa natureza eu jamais gostaria de ler, e acredito que nenhum piauiense". Três leitores residentes no Rio de Janeiro qualificaram o artigo como "pejorativo, solerte e insidioso". Um leitor de Juazeiro do Norte (CE) afirmou que a reportagem "é uma perfeita pilhéria jornalística, além de ser um amontoado de inverdades, as mais tristes. Foi escrita num estilo de mofa, gozação, atitudes imperdoáveis daqueles que se dizem jornalistas". Pelas cartas, somos informados de que a reportagem motivou o texto de um jornalista em um jornal de Teresina e o pronunciamento de um deputado federal do Piauí, o qual revelou que "estudantes piauienses queimaram na rua números da *Realidade*".

Os leitores que elogiaram a reportagem, alguns piauienses inclusive, concordavam principalmente com a descrição das condições socioeconômicas do estado. Esses dados compunham o miolo da matéria, juntamente com a narrativa de situações vividas e a caracterização das pessoas encontradas nas cidades que visitaram. O diretor de redação não reconheceu motivo para tantas reclamações, e declarou que os protestos

> partiram dos que não compreenderam o tom emotivo, humano e participante com que o repórter Carlos Azevedo manifestou a ternura com que viu e sentiu os problemas do Piauí. Mas, felizmente, a maioria sentiu que a matéria inteira é uma tomada de posição em defesa do homem e da terra piauienses.

Pode-se crer nas boas intenções do repórter. Contudo, os recursos estilísticos usados para apresentar as impressões de sua viagem ao Piauí foram lidos como desrespeito à autoimagem de alguns piauienses. A lógica da comunicação jornalística — que justifica plenamente o uso de um determinado tipo de tom para chamar a atenção do comprador e instigá-lo a ler o resto da reportagem — resulta de fato na criação de estereótipos e na utilização de expressões que desqualificam e rebaixam alguns grupos sociais. A reportagem de *Realidade* não é um exemplo solitário; existem diversos outros casos que corroboram a ideia de que o Brasil está repleto de lugares como o Piauí, ou seja, lugares a serem descobertos.

O estranhamento que moveu os moradores ou os nascidos no Piauí que tiveram acesso à revista deve ter sido semelhante ao que senti ao ver inúmeros lugares conhecidos, familiares, serem objeto de descrições jornalísticas feitas em épocas diferentes para publicações variadas. Parto, então, do desencontro entre o conhecimento próximo e a autorrepresentação que produzimos a respeito de nossa (minha e de meus conterrâneos em 1967) terra e aquelas representações jornalísticas feitas por forasteiros em viagens apressadas, mas que possuem o "poder de nomear" adquirido pela reportagem desde sua invenção. Assim, acredito ser de fundamental importância relacionar as reportagens que pretendem "descobrir o Brasil" com a produção de estereótipos atribuída ao trabalho midiático (Herzfeld, 1997). O modo como a imprensa retrata o Islã (Said, 1997; Montenegro, 2002) ou as gangues das grandes cidades norte-americanas (Sánchez-Jankowski, 1994) possui semelhanças com os registros do interior do Brasil e das vidas problemáticas de tantos brasileiros pobres. Além disso, o conteúdo das narrativas dos repórteres acaba por nos levar aos seus próprios autores — pois a escolha temática e os modos de dizer podem ser explicados pelas determinações do mundo profissional a respeito da construção do nome de um repórter e da fama de suas reportagens.

Uma diferença central entre os personagens reportados no Brasil e os já citados Islã e as gangues americanas é que estes últimos ensaiam reações, produzem contradiscursos (Montenegro, 2002), ou chegam mesmo a manipular os jornalistas oferecendo-lhes o que querem ouvir (Sánchez-Jankowski, 1994). Os brasileiros apresentados pelos repórteres não poderiam estar em condição mais desigual. O lugar de subalternidade em relação ao entrevistador e ao leitor da reportagem oferece-lhes apenas a opção do silêncio e da inércia diante do que quer que digam sobre ele, sua família, sua casa e sua terra. É necessário refletirmos sobre quem é objeto das reportagens, qual a posição que ocupa diante do inequívoco poder das palavras daqueles curiosos que o abordaram. O povo do Piauí retratado na revista *Realidade* não está nem mesmo ao lado dos piauienses que protestaram contra a reportagem, posto que provavelmente nunca terá acesso a esse trabalho. Quero considerar os homens, mulheres e crianças que foram citados nas reportagens e não aqueles piauienses indignados que leram a matéria e se inserem em uma comunidade regional e nacional de leitores de jornais e revistas. Gostaria de finalizar este trabalho refletindo sobre a representação jornalística dos subalternos da sociedade brasileira.

Os três últimos capítulos trouxeram dados colhidos em diversos momentos e espaços do jornalismo brasileiro que pontuam a visão compromissada e empenhada do repórter em mostrar o que é o Brasil. Muitos deles traduzem o ato permanente de explorar ou reencontrar a realidade brasileira como a "missão" do melhor jornalismo aqui praticado. Com isso, ressaltam os objetivos públicos que a reportagem — entre outros gêneros jornalísticos, como os editoriais e artigos — têm a cumprir na sociedade brasileira. Dessa forma é que os editores traçam suas políticas temáticas com vistas a contribuir para novas percepções e novas ações sobre os problemas nacionais, como o revelam meus entrevistados da *Folha de S. Paulo*. Com propósitos semelhantes, os prêmios jornalísticos consagram os trabalhos que foram "mais longe e mais fundo" na investigação de questões que pensam ser relevantes para a sociedade brasileira.

As tarefas nas quais os jornalistas se empenham querem trazer resultados coletivos. Entretanto, como Martín Sánchez-Jankowski (1994) o demonstrou, o trabalho de exposição de aspectos da vida social de uma nação está orientado antes de tudo para os efeitos internos, quer dizer, para a própria comunidade de profissionais do jornalismo. Questionando a recorrência e a similitude entre as abordagens jornalísticas das gangues urbanas nos EUA, o autor afirma que "as gangues representam então para os jornalistas um assunto — ou, para ser mais preciso, um produto — de modo que pode se revelar ainda particularmente eficaz para ganhar dinheiro, prestígio e poder" (Sánchez-Jankowski, 1994:108). De acordo com as avaliações dos próprios jornalistas, existiriam alguns veios temáticos mais fecundos que outros. Isso explicaria porque certos objetos jornalísticos aparecem e reaparecem constantemente na imprensa. Entre nós, o interior brasileiro, a vida pobre no sertão, a fome, as relações econômicas arcaicas, o isolamento, a ignorância, o atraso dentro das grandes cidades e longe delas, são assuntos sempre presentes. Que propriedades esses temas possuem para pôr em ação um mesmo modo de descrever? Acredito que a possibilidade de imputar-lhes a alteridade, a diferença, em relação ao leitor, é a principal razão para essa repetição interminável (mesmo que se defendam afirmando que são só "enfoques" diferentes). O propósito de caracterizar certos grupos e seus modos de viver como "inimigos do interior" — não só porque estão em locais recônditos no sentido geográfico, mas porque estão dentro da nação — põe os repórteres brasileiros lado a lado com aqueles que querem entender como funcionam as gangues ou o que significa ser muçulmano.

O projeto da "grande reportagem" explicativa, que compreende profundamente a realidade descrita, pode não se realizar nem em nosso jornalismo nem naqueles de outras paragens. Os repórteres estão sempre recriando lugares-comuns preexistentes sobre culturas e espaços, atuando simplesmente como *fazedores* e *refazedores* de mitos sobre a nação. O entendimento dos fenômenos e das realidades pessoais e sociais, por estar subordinado aos objetivos profissionais e comerciais de reconhecimento, prestígio e vendagem (Sánchez-Jankowski, 1994), dificilmente poderá ser concretizado. Caricaturas e estereótipos podem ser o resultado último do esforço dos mais bem-reconhecidos no meio jornalístico. A criação do homem-gabiru (que tratei no capítulo 3) exemplifica não só o percurso de sucesso de uma dupla (repórter/fotógrafo) e de uma reportagem, mas também seu entrelaçamento com a atribuição de características redutoras, generalizantes e, por último, desumanizadoras, de um indivíduo e do grupo a que o associam. A apropriação jocosa da expressão utilizada pelo repórter Xico Sá — que por certo nenhum repórter admitiria como responsabilidade sua — só foi possível por causa do tipo de rotulação de impacto que os jornalistas acham que devem fazer para chamar atenção para seu trabalho. Tal como o autor da reportagem "O Piauí existe", os repórteres que descobriram o Brasil na *Folha de S. Paulo*, ou aqueles que foram consagrados no Prêmio Esso de Jornalismo desde sua primeira edição, parecem acreditar (paradoxalmente, pois muito falam da força do "quarto poder") na inocência das palavras.

As palavras que carregam estereotipia e estigma nada têm de inofensivas. Michael Herzfeld (1997:157) percebeu esse fato com agudeza:

> O ato de estereotipar é por definição redutor e, como tal, sempre marca a ausência de alguma propriedade presumidamente desejável em seu objeto. Dessa forma, ele é uma arma de poder discursivo. Ele faz algo, e algo muito insidioso: ele de fato retira do outro certa propriedade, e o perpetrador reclama sua inocência moral com base no argumento de que a propriedade em questão é mais simbólica que material, que o *ato de estereotipar é "meramente" uma maneira de falar, e que "as palavras nunca podem te machucar"* (grifos meus).

Considerar os usos estilísticos das palavras na reportagem, ressaltando suas qualidades estéticas, é a prática usual entre os jornalistas, interessados nas virtudes literárias do narrador. O significado político dos nomes dados para descrever os outros e das fórmulas de construção da reportagem está presente nas "meras" palavras de um título, nos predicados de um sujeito ou lugar, nas legendas de uma foto. Ao dirigirmos a atenção para esses elementos de representação, talvez pôssamos entender a inquietação que Catherine Lutz e Jane Collins sentiram ao olhar as fotografias da *National Geographic*, perguntando-se "que tipo de representações estimulam o entendimento e a empatia e que tipos a bloqueiam, e como certas fotografias podem despertar curiosidade sobre modos de vida não familiares enquanto outras alimentam a categorização estereotipada" (Lutz e Collins, 1993:14). A arquitetura de uma reportagem que trata de universos subalternos procura reforçar características que não estão ali presentes. Assim, a reportagem fala da falta, da natureza social revelada em negativo. Ler reportagens como as que foram aqui analisadas é conhecer uma lista de faltas duradouras: falta de progresso, de democracia, de ilustração, de civilização.

A opção pelo jornal *Folha de S. Paulo* como sustentação empírica deste trabalho mostrou que a dupla posição de hegemonia do periódico — que está entre os maiores jornais brasileiros, entre outras razões, por ser o mais lido em diversas grandes cidades do país e por ser produzido para circular no "centro" do espaço nacional — pode acentuar as características da representação fundada em estereótipos e da descrição esquemática das alteridades nacionais. As reportagens que reproduzi constroem um mapa do Brasil que é o resultado de um ponto de vista central sobre o periférico, fundado na relação entre centralidade e marginalidade, no sentido que Edward Shils (1992) confere a esses termos.

Mas alguns leitores deste livro podem apontar um assunto que até então foi silenciado: a questão da *recepção*. Saber como o leitor de *O Cruzeiro*, de *Realidade* ou da *Folha de S. Paulo* percebeu e elaborou as reportagens exemplificadas nunca foi uma pergunta que me inquietasse e estimulasse, porque as cumplicidades entre as visões de mundo dos leitores e dos repórteres (a *centralidade* que comungam no espaço cultural, econômico e político) parecem ser bem mais significativas que as dissonâncias pontuais, como as cartas endereçadas à *Realidade*. O veio de ouro para a crítica antropológica da representação jornalística reside em outro terreno, a saber, aquele lugar de inferioridade, distância e silenciamento em que se mantêm os reportados que vivem no chamado "Brasil Quarto Mundo" ou no "Brasil surreal" ou ainda no Piauí que não existia até 1967.

Roberto Lima, ao realizar seu trabalho de campo em Xique-Xique (BA), encontrou os penitentes retratados na reportagem de *O Cruzeiro* publicada em 26 de abril de 1952. O relato de Herberto Sales e as fotos de Flávio Damm, publicado com o título "Sangue para as almas", ecoaria a visão envergonhada da elite local sobre a prática religiosa empreendida pelos mais pobres devotos da cidade. A imputação de significados negativos aos símbolos religiosos e rituais daquela gente pelos narradores vindos da capital se mantém até os tempos atuais.

Segundo Lima (2002:190-191), "a leitura da reportagem parece indicar que, menos que a vivência, ou mesmo a observação desapaixonada, era à descrição de Herberto Sales e Flávio Damm — em '"que 50 negros seminus' emitiam gritos 'selvagens e desarticulados', numa procissão de sangue", "saltavam feito loucos" entregando-se à "prática de ritos primitivos" — a que se remetiam historiadores locais para contar sobre os acontecimentos religiosos populares de sua cidade. Lima, ao conversar com os penitentes sobre essas versões, registra a indignação de quem se espantava com o poder deturpador da escrita tornada documento. A reportagem se sobrepôs à vivência, à observação direta e ao sentido que a penitência tinha para os moradores de Xique-Xique: tornou-se a versão dominante sobre o ritual, mesmo que alguns teimem em desmentir os fatos.

O parágrafo que introduz a reportagem sintetiza o modo de ver e de contar do texto inteiro:

> Na cidade de Xiquexique, às margens do Rio São Francisco, O *Cruzeiro* surpreende um espetáculo de fé primitiva entre canoeiros e pescadores — Uma cerimônia sangrenta, realizada todos os anos na noite de Sexta-feira da Paixão — Açoites com navalhas na extremidade, para flagelar corpos humanos — Cânticos fúnebres entoados à porta de cemitérios e sacrifícios dedicados às almas.

O tom da descrição jornalística revela o estranhamento de quem veio de longe e que ao observar de perto os passos daquela gente, os registrou com incredulidade e sem empatia. Essa reportagem, realizada no início da década de 1950, mostra que certas características sobre o "Brasil das margens" foram construídas antes do impacto da televisão sobre a imprensa escrita. Tempos depois, perceberemos narradores mais sensíveis à experiência das pessoas encontradas em suas viagens, mas o espanto com o que se pode achar pelo Brasil permaneceu preservado entre repórteres de outras gerações.

Este trabalho procurou dar conta tão somente dos modos de falar sobre os subalternos e as periferias brasileiros, conforme aparecem na narrativa jornalística típica de nossos tempos. Articulando-se ainda a reportagem, especialidade empreendida por jornalistas treinados de maneira mais ou menos sistemática para executá-la, com a conformação de identidades no mundo jornalístico e seus mecanismos de distribuição de prestígio, poder e honrarias. Um desafio da pesquisa foi encontrar as pessoas que foram informantes dos repórteres. Considero, por exemplo, o senhor Amaro da Silva, que passou a ser conhecido apenas por homem-gabiru, entre aqueles que leram a reportagem de Xico Sá e Antonio Gaudério. Como ele relata seu encontro como os jornalistas? Quais suas impressões? Que efeitos a reportagem gerou na vida de sua família? Qual sua autopercepção? Ela foi transformada por aquelas visitas? Será que ele sabe que ficou conhecido por homem-gabiru?

Reencontrar as vozes e as vidas que foram editadas nas reportagens figura como uma das possibilidades de "politizar o espaço discursivo" (Carvalho, 2001a:139), desafio maior da antropologia da representação jornalística que constrói imagens da nação, porque formas de narrar o Brasil demasiado presentes e longevas como a reportagem confirmam que "em nosso país, o silenciamento sistemático de vozes é exercido constantemente no interior do espaço da nação" (Carvalho, 2001a:139).

A reportagem, sob a proteção do desejo, muitas vezes sincero, de revelar o Brasil a certos brasileiros, acaba impedindo o encontro concreto ou cognitivo com o outro, pois o olhar antecipado do repórter e do fotógrafo dispensa o leitor de olhar por si; silencia e invisibiliza de fato o mundo à parte do leitor, tantas são as falas e as imagens que querem dizer sobre ele e representá-lo.

Alguns repórteres, viajantes modernos entre as nações ou no interior delas, podem realmente ter empatia por temas subalternos, pelas realidades sociais marginais. Outros, como João do Rio, têm interesse, mas não empatia. Nas visitas aos redutos da miséria carioca, "quando o envolvimento parece intensificar-se, o repórter samba fora" (Gomes, 1996:76). Talvez o mesmo olhar de interesse distanciado apareça na reportagem de Lúcio Vaz sobre os penitentes baianos de Xique-Xique. Ao conhecermos a lógica da carreira jornalística, percebemos que o importante é fazer um trabalho aventureiro, desgastante, repleto de viagens aos confins do Brasil, goste-se ou não de quem está lá.

Os repórteres aprenderam a escrever como jornalistas. Os recursos narrativos manejados trabalham para produtos semelhantes, apesar dos sentimentos diferentes que os movem rumo ao encontro do "verdadeiro" Brasil. O moinho das naturalizações jornalísticas sobre o país vem girando há décadas por duas razões centrais. Primeiro porque os percursos de consagração internos ao campo jornalístico só fazem reforçar e estimular tais naturalizações. A segunda razão diz respeito ao fato de que, como notou Herzfeld (1997), as elites encorajam a construção de estereótipos.

Este livro terá cumprindo seus objetivos se o leitor passar a desconfiar e a relativizar os retratos da nação disseminados por meio de reportagens, buscando compreender as relações sociais que as motivam.

REFERÊNCIAS

ABRAMO, Cláudio. *A regra do jogo*: o jornalismo e a ética do marceneiro. São Paulo: Companhia das Letras, 1988.

ABREU, Alzira Alves de. Os suplementos literários: os intelectuais e a imprensa nos anos 50. In: _____ et al (Orgs.). *A imprensa em transição*. Rio de Janeiro: FGV, 1996.

_____. *A modernização da imprensa* (1970-2000). Rio de Janeiro: Jorge Zahar, 2002.

_____; LATTMAN-WELTMAN, Fernando; ROCHA, Dora (Orgs.). *Eles mudaram a imprensa*. Depoimentos ao Cpdoc. Rio de Janeiro: FGV, 2003.

ABREU, Regina. *O enigma de Os sertões*. Rio de Janeiro: Funarte/Rocco, 1998.

ACCIOLY NETO. *O império de papel*: os bastidores de *O Cruzeiro*. Porto Alegre: Sulina, 1998.

ALBUQUERQUE Jr., Durval Muniz. *A invenção do Nordeste e outras artes*. São Paulo: Cortez; Recife: Massangana, 1999.

_____; CEBALLOS, Viviane Gomes de. O nordestino: a miséria ganha corpo. In: CAVALCANTI, Helenilda; BURITY, Joanildo (Orgs.). *Polifonia da miséria*: uma construção de novos olhares. Recife: Massangana, 2002.

ALMEIDA, Cícero Antônio F. de. O álbum fotográfico de Flávio de Barros: memória e representação da Guerra de Canudos. *História, Ciências, Saúde: Manguinhos*. Rio de Janeiro, Fundação Oswaldo Cruz, v. 5 (Suplemento), p. 305-315, jul. 1998.

ALONSO, Ana Maria. The politics of space, time and substance. State Formation, nationalism and ethnicity. *Annual Review of Anthropology*, Palo Alto, n. 23, p. 379-405, 1994.

ANDERSON, Benedict. *Nação e consciência nacional*. São Paulo: Ática, 1989.

AVIGHI, Carlos Marcos. *Euclides da Cunha jornalista*. Tese (Doutorado em Ciências da Comunicação) – Escola de Comunicação e Artes da Universidade de São Paulo, São Paulo, 1987.

AZEVEDO, Fernando de. *A cultura brasileira*. 5. ed. São Paulo: Melhoramentos, Edusp, 1971.

BAHIA, Juarez. *Jornal, história e técnica*. 4. ed. São Paulo: Ática, 1990.

BARBOSA, Rui. *A imprensa e o dever da verdade*. 2. ed. Rio de Janeiro: Organização Simões, s.d.

BHABHA, Homi K. (Ed.). *Nation and narration*. London: Routledge, 1990.

BOLTANSKI, Luc. *Les cadres*: la formation d'un groupe social. Paris: Les Éditions de Minuit, 1982.

_____. *La souffrance à distance*: morale humanitaire, médias et politique. Paris: Métailié, 1993.

BONFIM, João Bosco B. *A fome que não sai no jornal*: o discurso da mídia sobre a fome. Brasília: Plano, 2002.

BOURDIEU, Pierre. A identidade e a representação. Elementos para uma reflexão crítica da ideia de região. In: _____. *O poder simbólico*. Lisboa: Difel; Rio de Janeiro: Bertrand, 1989.

_____. L'Emprise du journalism. *Actes de la Recherche en Sciences Sociales*, Paris, n. 101-102, p. 3-9, mar. 1994.

_____. *A economia das trocas lingüísticas*: o que falar quer dizer. São Paulo: Edusp, 1996.

_____. Le champ économique. *Actes de la Recherche en Sciences Sociales*, Paris, n. 119, p. 48-66, 1997.

BROCA, Brito. *A vida literária no Brasil – 1900*. Rio de Janeiro: Ministério da Educação e Cultura, Serviço de Documentação, 1956.

BURNETT, Lago. *A língua envergonhada e outros escritos sobre comunicação jornalística*. 3. ed. Rio de Janeiro: Nova Fronteira, 1991.

CAMPOS Jr., Celso de et al. *Nada mais que a verdade*: a extraordinária história do jornal *Notícias Populares*. São Paulo: Carrenho Editorial, 2002.

CANDIDO, Antonio. *Formação da literatura brasileira*: momentos decisivos. 6. ed. Belo Horizonte: Itatiaia, 1981. 2 v.

CAPELATO, Maria Helena. *Os arautos do liberalismo*: imprensa paulista (1920-1945). São Paulo: Brasiliense, 1989.

CARVALHO, José Jorge de. O olhar etnográfico e a voz subalterna. *Horizontes Antropológicos*, Porto Alegre, UFRGS, ano 7, n. 15, p. 107-147, jul. 2001a.

CARVALHO, Luiz Maklouf. *Cobras criadas*: David Nasser e *O Cruzeiro*. São Paulo: Senac São Paulo, 2001b.

CHAGAS, Mário. Mário dos primeiros andares ou o fotógrafo da Vênus do Milho. *Revista do Patrimônio Histórico e Artístico Nacional*, Rio de Janeiro, Iphan, n. 27, p. 126-135, 1998.

CHAMPAGNE, Patrick. A visão mediática. In: BOURDIEU, P. (Ed.). *A miséria do mundo*. Petrópolis: Vozes, 1997.

_____. La construction médiatique des "malaises sociaux". *Actes de la Recherche en Sciences Sociales*, Paris, n. 90, p. 64-75, dez. 1991.

CHIARINI, Adriana. As reformas de *O Globo* e do *Correio Braziliense*. In: MOTTA, Luiz Gonzaga (Org.). *Imprensa e poder*. Brasília: UnB; São Paulo: Imprensa Oficial do Estado, 2002.

CLIFFORD, James. On ethnographic authority. In: _____. *The predicament of culture*: twentieth-century ethnography, literature and art. Cambridge, Mass.: Harvard University Press, 1988.

_____. Traveling cultures; spatial practices: Fieldwork, travel, and the disciplining of antrhopology. In: _____. *Routes*: travel and translation in the late twentieth century. Cambridge: Harvard University Press, 1997.

COCA, Ana Lúcia. Repórter Esso marcou época. *Jornal da Aesp*, São Paulo, n. 181, p. 10-11, out. 1999.

COELHO, Maria Beatriz Ramos de Vasconcellos. *A construção da imagem da nação brasileira pela fotodocumentação, 1940-1999*. Tese (Doutorado em Sociologia) – Universidade de São Paulo, São Paulo, 2000.

COMUNICAÇÃO EMPRESARIAL. Editorial: os 40 anos do Prêmio Esso de Jornalismo. 1995. *Comunicação Empresarial*, Rio de Janeiro, ano 5, n. 16, 3º trimestre, 1995.

CONTI, Mario Sergio. Anotações de um Euclides tolo. *Folha de S. Paulo*, Caderno E, p. 4, 29 julho 2000.

COSTA, Cecília. *Odylo Costa, filho*: o homem com uma casa no coração. Rio de Janeiro: Relume Dumará/Rio Arte, 2000.

COSTA, Helouise. Aprenda a ver as coisas: fotojornalismo e modernidade na revista *O Cruzeiro*. Dissertação (Mestrado) – Escola de Comunicação e Artes da Universidade de São Paulo, São Paulo, 1992.

_____. Palco de uma história desejada: o retrato do Brasil por Jean Manzon. *Revista do Patrimônio Histórico e Artístico Nacional*, Rio de Janeiro, Iphan, n. 27, p. 138-159, 1998.

CUNHA, Euclides da. Os sertões. In: GALVÃO, Walnice Nogueira (Org.). *Edição crítica de Os sertões*. São Paulo: Brasiliense, 1985.

_____. Diário de uma expedição. In: _____. *Diário de uma expedição*. São Paulo: Companhia das Letras, 2000.

CURY, Maria Zilda Ferreira. *Horizontes modernistas*: o jovem Drummond e seu grupo em papel jornal. Belo Horizonte: Autêntica, 1998.

DANTAS, Audálio (Org.). *Repórteres*. São Paulo: Senac São Paulo, 1998.

DARNTON, Robert. *O beijo de Lamourette*: mídia, cultura e revolução. São Paulo: Companhia das Letras, 1990.

DELPORTE, Christian. *Les journalistes en France (1880-1950)*: naissance et construction d'une profession. Paris: Seuil, 1999.

DINES, Alberto. "Jornalismo é uma arte", entrevista a Marili Ribeiro. *Jornal do Brasil*, Rio de Janeiro, s/d, p. 6.

_____. Entrevista a Alzira Alves de Abreu e Fernando Lattman-Weltman. In: ABREU, Alzira Alves de; LATTMAN-WELTMAN, Fernando; ROCHA, Dora (Orgs.). *Eles mudaram a imprensa*. Depoimentos ao Cpdoc. Rio de Janeiro: FGV, 2003.

DUMONT, Louis. *O individualismo*. Uma perspectiva antropológica da ideologia moderna. Rio de Janeiro: Rocco, 1985.

ELIAS, Norbert. *O processo civilizador*: uma história dos costumes. Rio de Janeiro: J.Z.E., 1990.

_____. Processes of state formation and nation building. *Transactions of the Seventh World Congress of Sociology*. Geneva: International Sociological Association, Geneva. v. 3.

_____. *Mozart, sociologia de um gênio*. Rio de Janeiro: J.Z.E., 1995.

_____. Estudos sobre a gênese da profissão naval: cavaleiros e tarpaulins. *Mana*, Rio de Janeiro: MN/UFRJ, v. 7, n. 1, p. 89-116, abr. 2001.

_____; SCOTSON, John L. *Os estabelecidos e os outsiders*: sociologia das relações de poder a partir de uma pequena comunidade. Rio de Janeiro: J.Z.E., 2000.

ESSO. *25 anos de imprensa no Brasil*. LUZ, Olavo (Coord.). S. l.: s. e., 1980.

_____. *Prêmio Esso*: 40 anos do melhor jornalismo. MIRANDA, Guilherme J. Duncan de; PORTILHO, Ruy (Coords.). Rio de Janeiro: Relume Dumará, 1995.

FAERMAN, Marcos. A longa aventura da reportagem. In: DANTAS, Audálio (Org.). *Repórteres*. São Paulo: Senac São Paulo, 1998.

FARO, José Salvador. *Realidade, 1966-1968*: tempo de reportagem na imprensa brasileira. 1996. Tese (Doutorado em Comunicação Social) – Universidade de São Paulo, São Paulo. [Publicada em 1999 pela Ulbra/AGE].

FERENCZI, Thomas. *L'invention du journalisme en France*: naissance de la presse moderne à la fin du XIXe. siécle. Paris: Payot & Rivages, 1996.

FERNANDES, Terezinha F. Tagé Dias. *Jorge Andrade, repórter Asmodeu*: leitura da obra jornalística do autor para a Revista Realidade de 1969 a 1972. Tese (Doutorado em Comunicação) — Programa de Pós-Graduação em Ciências da Comunicação/Universidade de São Paulo, São Paulo, 1989.

FERREIRA, Marieta de Moraes. A reforma do *Jornal do Brasil*. In: ABREU, Alzira Alves de et al (Orgs.). *A imprensa em transição*. Rio de Janeiro: FGV, 1996.

FOLHA DE S. PAULO. *Manual geral da redação*. São Paulo: Folha de S. Paulo, 1987.

_____. *Novo manual da redação*. São Paulo: Folha de S. Paulo, 1992.

_____. *Manual da redação*: Folha de S. Paulo. São Paulo: Publifolha, 2001.

FRANÇA, Vera Veiga. *Jornalismo e vida social*: a história amena de um jornal mineiro. Belo Horizonte: UFMG, 1998.

FUSER, Igor (Org.). *A arte da reportagem*. v. 1. São Paulo: Página Aberta, 1996.

GALVÃO, Walnice Nogueira. *No calor da hora*: a Guerra de Canudos nos jornais, 4ª expedição. São Paulo: Ática, 1974.

_____. *Edição crítica de Os sertões*. São Paulo: Brasiliense, 1985.

_____. (Org.). *Diário de uma expedição*. São Paulo: Companhia das Letras, 2000.

GEERTZ, Clifford. *A interpretação das culturas*. Rio de Janeiro: Zahar, 1978.

GOES DE PAULA, Sérgio; ROHDEN, Fabíola. Filantropia empresarial em discussão: números e concepções a partir do estudo do Prêmio Eco. In: LANDIM, Leilah (Org.). *Ações em sociedade*: militância, caridade, assistência etc. Rio de Janeiro: NAU/Iser, 1998.

GOMBRICH, E. H. Verdade e estereótipo. In: _____. *Arte e ilusão*: um estudo da psicologia da representação pictórica. São Paulo: Martins Fontes, 1986.

GOMES, Renato Cordeiro. *João do Rio*: vielas do vício, ruas da graça. Rio de Janeiro: Relume Dumará/Rio Arte, 1996.

GRILLO, R. D. Introduction. In: _____ (Ed.). *Nation and State in Europe*: Anthropological perspectives. London: Academic Press, 1980.

GUÉRIOS, Paulo Renato. *Heitor Villa-Lobos*. Rio de Janeiro: FGV, 2003.

GUPTA, Akhil; FERGUSON, James (Eds.). *Culture, power, place*: Explorations in critical anthropology. Durham, London: Duke University Press, 1999.

HANNERZ, Ulf. Trouble in the global village: the world according to foreign correspondents. *Anthopologiska Studier*, n. 52-53, p. 5-19, 1995.

HERZFELD, Michael. *Cultural intimacy*: Social poetics in the Nation-State. New York, London: Routledge, 1997.

JACKSON, William A. Firme e forte aos 40 anos. *Comunicação Empresarial*, ano 5, n. 16, 3º trimestre, 1995.

JORNAL DO BRASIL. *Normas de redação*. Rio de Janeiro: Jornal do Brasil, 1964.

KOTSCHO, Ricardo. *A prática da reportagem*. São Paulo: Ática, 1989.

_____. O pipoqueiro e os filhos da pauta. In: DANTAS, Audálio (Org.). *Repórteres*. São Paulo: Senac São Paulo, 1998.

KÜNSCH, Dimas Antônio. *Maus pensamentos*: os mistérios do mundo e a reportagem jornalística. São Paulo: Annablume/Fapesp, 2000.

LAGO, Cláudia. *Burocráticos e românticos*: pontos para uma etnografia do campo jornalístico paulistano. Dissertação (Mestrado em Antropologia Social) – Universidade Federal de Santa Catarina, Florianópolis, 1995.

LEACH, Edmund. *Sistemas políticos da Alta Birmânia*. São Paulo: Edusp, 1996.

LEITE LOPES, José Sérgio; MARESCA, Sylvain. A morte da "alegria do povo". *Revista Brasileira de Ciências Sociais*, n. 20, p. 113-134, set. 1992.

LEPENIES, Wolf. *As três culturas*. São Paulo: Edusp, 1996.

LESSA, Washington Dias. Amílcar de Castro e a reforma do *Jornal do Brasil*. In: _____. *Dois estudos de comunicação visual*. Rio de Janeiro: UFRJ, 1995.

LEVINE, Robert M. *O sertão prometido:* o massacre de Canudos. São Paulo: Edusp, 1995.

LIMA, Alceu Amoroso. *O jornalismo como gênero literário*. Rio de Janeiro: Agir, 1969.

LIMA, Edvaldo Pereira. *Páginas ampliadas*: o livro-reportagem como extensão do jornalismo e da literatura. Campinas: Unicamp, 1995.

LIMA, Nísia Trindade. *Um sertão chamado Brasil*: intelectuais e representação geográfica da identidade nacional. Rio de Janeiro: Revan/Iuperj/Ucam, 1999.

LIMA, Roberto Cunha Alves de. *Um rio são muitos*. Tese (Doutorado em Antropologia) – Programa de Pós-Graduação em Antropologia Social da Universidade de Brasília, Brasília, 2002.

LINS DA SILVA, Carlos Eduardo. *Mil dias*: os bastidores da revolução em um grande jornal. São Paulo: Trajetória Cultural, 1988.

_____. *O adiantado da hora*: a influência americana sobre o jornalismo brasileiro. São Paulo: Summus, 1991.

LOMNITZ, Cláudio. El centro, la periferia y la dialéctica de las distinciones sociales en una provincia mexicana. In: _____. *Modernidad indiana*: nueve ensayos sobre nación e mediación en México. México: Planeta, 1999. p. 151-186.

LOPEZ, Telê Ancona. As viagens e o fotógrafo. In: ANDRADE, Mário de. *Mário de Andrade fotógrafo e turista aprendiz*. São Paulo: IEB/USP, 1993.

LUSTOSA, Isabel. *Insultos impressos*: a guerra dos jornalistas na Independência (1821-1823). São Paulo: Companhia das Letras, 2000.

LUTZ, Catherine A.; COLLINS, Jane L. *Reading National Geographic*. London: University of Chicago Press, 1993.

LUZ, Olavo. Prêmio Esso: legenda de vencedores. *Revista de Comunicação*, Rio de Janeiro, n. 9, p. 31-33, 1987.

MARTINS, Eduardo. Prefácio. In: O ESTADO DE S. PAULO. *Manual de redação e estilo*. São Paulo: O Estado de S. Paulo, 1990.

_____. (Org. e Ed.). *Manual de redação e estilo*. São Paulo: O Estado de S. Paulo, 1990.

MAUSS, Marcel. Esboço de uma teoria geral da magia. In: _____. *Sociologia e antropologia*. São Paulo: Edusp, 1974.

MAYRINK, José Maria. *Vida de repórter*. São Paulo: Geração Editorial, 2002.

MEDINA, Cremilda. *Notícia, um produto à venda*: jornalismo na sociedade urbana e industrial. São Paulo: Summus, 1988.

MESQUITA, Ruy. A verdade sobre a guerra. In: SANT'ANNA, Lourival. *Viagem ao mundo dos Taleban*. São Paulo: Geração Editorial, 2002.

MEYER, Marlyse. Um eterno retorno: as descobertas do Brasil. In: _____. *Caminhos do imaginário no Brasil*. São Paulo: Edusp, 1993.

MONTENEGRO, Silvia M. *Discursos e contradiscursos*: o olhar da mídia sobre o Islã no Brasil. Mana, Rio de Janeiro, UFRJ/Museu Nacional, v. 8, n. 1, p. 63-91, abr. 2002.

MORETTI, Franco. *Atlas do Romance Europeu 1800-1900*. São Paulo: Boitempo, 2003.

MORAES, Mário de. Repórter: herói ou profissional? *Revista de Comunicação*, Rio de Janeiro, ano 6, n. 22, set. 1990.

MORAIS, Fernando. *Chatô*: o rei do Brasil. São Paulo: Companhia das Letras, 1994.

MOREL, Edmar. *Histórias de um repórter*. Rio de Janeiro: Record, 1999.

NEIBURG, Federico. Intimacy and the public sphere: politics and culture in the Argentinean national space. *Social Anthopology*, v. 13, n. 1, 2003.

_____. O naciocentrismo das ciências sociais e as formas de conceituar a violência política e os processos de politização da vida social. In: WAIZBORT, Leopoldo (Org.). *Dossiê Norbert Elias*. São Paulo: Edusp, 1999.

_____. Apresentação à edição brasileira. In: ELIAS, Norbert; SCOTSON, John L. *Os estabelecidos e os outsiders*: sociologia das relações de poder a partir de uma pequena comunidade. Rio de Janeiro: J.Z.E., 2000.

NEIVA, Artur; PENA, Belisário. *Viagem científica pelo norte da Bahia, sudoeste de Pernambuco, sul do Piauí e de norte a sul de Goiás*. Brasília: Senado Federal, 1999 (*facsimile*, 1916).

NUNES, Augusto. Apresentação. In: MARTINS, Eduardo (Ed.). *Manual de redação e estilo*. São Paulo: O Estado de São Paulo, 1990.

O GLOBO. *Manual de redação e estilo*. Rio de Janeiro: O Globo, 1998.

PEIRANO, Mariza. Antropologia no Brasil (alteridade contextualizada). In: MICELI, Sérgio (Org.). *O que ler na ciência social brasileira (1970-1995)*. Antropologia. São Paulo: Sumaré, Anpocs; Brasília: Capes, 1999.

_____. A análise antropológica de rituais. In: _____. (Org.). *O dito e o feito*: ensaios de antropologia do ritual. Rio de Janeiro: Relume Dumará, Nuap/UFRJ, 2002.

PEREGRINO, Nadja. *O Cruzeiro*: a revolução da fotorreportagem. Rio de Janeiro: Dazibao, 1991.

PEREIRA, Sílvia Garcia Nogueira. *A construção da notícia em dois jornais cariocas. Uma abordagem etnográfica*. Dissertação (Mestrado) – Programa de Pós-Graduação em Antropologia Social do Museu Nacional/Universidade Federal do Rio de Janeiro, Rio de Janeiro, 1998.

PONTES, Heloisa. *Destinos mistos*: os críticos do Grupo Clima em São Paulo (1940-1968). São Paulo: Companhia das Letras, 1998.

PORTELLA, Tarciana; AAMOT, Daniel; PASSAVANTE, Zelito. *Homem gabiru*: catalogação de uma espécie. São Paulo: Hucitec, 1992.

PRATT, Mary Louise. Fieldwork in common places. In: CLIFFORD, James; MARCUS, George E. (Eds.). *Writing culture*: The poetics and politics of ethnography. Berkeley: University of California Press, 1986.

RAMOS, José Nabantino. *Jornalismo*: dicionário enciclopédico. São Paulo: Ibrasa, 1970.

RAPOSO, Alexandre. O fotógrafo, o escroque e os cachorros da madame. *Revista de Comunicação*, v. 10, n. 37, p. 4-9, 1994.

REALIDADE. Edição comemorativa. São Paulo: Abril, 1999.

RIBEIRO, Jorge Cláudio. *Sempre alerta*: condições e contradições do trabalho jornalístico. São Paulo: Olho d'Água, 2001.

RIBEIRO, José Hamilton. Fórmula de reportagem. In: DANTAS, Audálio (Org.). *Repórteres*. São Paulo: Senac São Paulo, 1998.

ROCHA, Paula Melani. *A profissionalização num jornal popular*: a concepção da notícia e a representação social sobre os leitores no Notícias Populares. Dissertação (Mestrado em Ciências Sociais) – Universidade Federal de São Carlos, São Carlos (SP), 1997.

ROMERO, Sílvio. *História da literatura brasileira*. 4. ed. Rio de Janeiro: José Olympio, 1949.

ROSAS, Roberta Jenner. *Do paraíso ao grande hospital*: dois olhares da ciência sobre o sertão (Goiás, 1892 e 1912). Dissertação (Mestrado em História Política) – Universidade de Brasília, Brasília, 1996.

SAID, Edward W. *Orientalismo*. São Paulo: Companhia das Letras, 1990.

_____. *Covering Islam*: How the media and the experts determine how we see the rest of the world. 2 ed. New York: Vintage Books, 1997.

SAINT-MARTIN, Monique. Coesão e diversificação: os descendentes da nobreza na França. *Mana*, Rio de Janeiro, Museu Nacional/UFRJ, v. 8, n. 2, p. 127-149, out. 2002.

SÁNCHEZ-JANKOWSKI, Martín. *Les gangs et la presse*: la production d'un mythe national. Actes de la Recherche en Sciences Sociales, Paris, n. 101-102, p. 101-117, 1994.

SANT'ANNA, Lourival. *Viagem ao mundo dos Taleban*. São Paulo: Geração Editorial, 2002. (Coleção Vida de Repórter).

SANTAYANA, Mauro. Momentos guardados na alma. In: DANTAS, Audálio (Org.). *Repórteres*. São Paulo: Senac São Paulo, 1998.

SAYAD, Abdelmalek. *A imigração ou os paradoxos da alteridade*. São Paulo: Edusp, 1998.

SCHUDSON, Michael. *Discovering the news*: A social history of american newspapers. s/l: Basic Books, 1978.

SCOTTO, Gabriela. *As (difusas) fronteiras entre a política e o mercado*: um estudo antropológico sobre marketing político, seus agentes, práticas e representações. Rio de Janeiro: Relume-Dumará/Núcleo de Antropologia da Política/UFRJ, 2004.

SEGATO, Rita Laura. O que faz ser paulista? *Estudos Feministas*, v. 1, n. 1, 1993.

SENA, Custódia Selma. *Os dois Brasis*: um estudo do dualismo na interpretação do Brasil. Tese (Doutorado em Antropologia) – Universidade de Brasília, Brasília, 2000.

SHILS, Edward. Centro e Periferia. In: _____. *Centro e periferia*. Lisboa: Difel, 1992.

SODRÉ, Muniz; FERRARI, Maria Helena. *Técnica de reportagem*: notas sobre a narrativa jornalística. São Paulo: Summus, 1986

SONTAG, Susan. *Diante da dor dos outros*. São Paulo: Companhia das Letras, 2003.

SOUZA, Roberto Pompeu de. A chegada do *lead* ao Brasil. *Revista de Comunicação*, v. 8, n. 30, p. 24-29, 1992.

SPITULNIK, Debra. Anthropology and mass media. *Annual Review of Anthropology*, n. 22, p. 293-315, 1993.

SPRANDEL, Márcia Anita. *A pobreza no paraíso tropical*: interpretações e discursos sobre o Brasil. Tese (Doutorado em Antropologia) – Universidade de Brasília. Brasília, 2001.

SÜSSEKIND, Flora. *O Brasil não é longe daqui*. São Paulo: Companhia das Letras, 1990.

TALESE, Gay. *O reino e o poder*: uma história do *New York Times*. São Paulo: Companhia das Letras, 2000.

TAMBIAH, Stanley. A performative approach to ritual. *Proceedings of the British Academy*, n. 65, p. 113-169, 1979.

TINHORÃO, José Ramos. O máximo da notícia no mínimo de espaço. *Revista de Comunicação*, v. 2, n. 7, p. 24, 1986.

TORRES, João Batista de Miranda. *As folhas do mal?* Espectros da antropologia na imprensa. Dissertação (Mestrado em Antropologia) – Universidade de Brasília, Brasília, 1994.

TRAVANCAS, Isabel Siqueira. *O mundo dos jornalistas*. São Paulo: Summus, 1993.

_____. *O livro no jornal*. Os suplementos literários dos jornais franceses e brasileiros nos anos 90. São Paulo: Ateliê Editorial, 2001.

VALLADARES, Lícia. A gênese da favela carioca: a produção anterior às ciências sociais. *Revista Brasileira de Ciências Sociais*, São Paulo, Anpocs, Edusc, v. 15, n. 44, p. 5-34, out. 2000.

VERÍSSIMO, José. *História da literatura brasileira*: de Bento Teixeira (1601) a Machado de Assis (1908). 4. ed. Brasília: UnB, 1981.

VICENTINI, Albertina. O sertão e a literatura. *Sociedade e Cultura*, Goiânia, UFG, v. 1, n. 1, p. 41-54, jan./jun. 1998.

VIDAL E SOUZA, Candice. *A pátria geográfica*: sertão e litoral no pensamento social brasileiro. Goiânia: UFG, 1997.

VILHENA, Luiz Rodolfo. *Projeto e missão*: o movimento folclórico brasileiro, 1947-1964. Rio de Janeiro: Funarte/FGV, 1997.

WAGNER, Carlos. Lições da estrada. In: DANTAS, Audálio (Org.). *Repórteres*. São Paulo: Senac São Paulo, 1998.

WERNECK SODRÉ, Nelson. *História da imprensa no Brasil*. 3. ed. São Paulo: Martins Fontes, 1983.

_____. Morel, o repórter. In: MOREL, Edmar. *Histórias de um repórter*. Rio de Janeiro: Record, 1999.

WERNECK, Humberto. *O desatino da rapaziada*: jornalistas e escritores em Minas Gerais. São Paulo: Companhia das Letras, 1992.

WHEELER, Valerie. Travelers' tales: observations on the travel book and ethnography. *Anthropological Quarterly*, v. 59, n. 2, p. 52-99, april 1986.

ZILLY, Bertold. Flávio de Barros, o ilustre cronista anônimo da Guerra de Canudos: as fotografias. *História, Ciências, Saúde: Manguinhos*, Rio de Janeiro, Fundação Oswaldo Cruz, v. 5 (Suplemento), p. 316-320, jul. 1998.

Este livro foi impresso nas oficinas gráficas da Editora Vozes Ltda.,
Rua Frei Luís, 100 – Petrópolis, RJ.